CMP BOOKS 机工汽车

汽车美容快修专业技能培训视频教程丛书

汽车喷涂技能教程

广东凌凯汽车技术有限公司 组编
谭本忠 编

视频讲解

本书从专业的角度出发，详细地讲述了汽车喷涂实操项目的相关知识，内容包括汽车喷涂基础、喷涂设备维护、底材处理、车漆颜色的调配与喷涂四个部分。通过大量的高清真实场景照片，从汽车喷涂相关设备、工具、耗材的认识开始，逐步讲解了如何进行喷涂设备的维护操作、底材的处理方法以及车漆颜色调配与喷涂的实际操作。本书图文并茂，操作步骤详细，并且配套有实操视频课程辅助学习，还配有教学检验表格、课后练习。本书适合汽车喷涂技术人员入门学习使用，也可以作为职业院校汽修专业的实操教材和职业培训教材。

图书在版编目（CIP）数据

汽车喷涂技能教程 / 谭本忠编 . —北京：机械工业出版社，2021.11（2025.3 重印）

（汽车美容快修专业技能培训视频教程丛书）

ISBN 978-7-111-69405-2

Ⅰ . ①汽… Ⅱ . ①谭… Ⅲ . ①汽车－喷涂－教材 Ⅳ . ① U472.44

中国版本图书馆 CIP 数据核字（2021）第 213118 号

机械工业出版社（北京市百万庄大街 22 号 邮政编码 100037）
策划编辑：连景岩 责任编辑：连景岩 徐 霆
责任校对：王 欣 封面设计：马若濛
责任印制：郜 敏
中煤（北京）印务有限公司印刷
2025 年 3 月第 1 版第 2 次印刷
184mm × 260mm · 12.25 印张 · 298 千字
标准书号：ISBN 978-7-111-69405-2
定价：69.90 元

电话服务 网络服务
客服电话：010-88361066 机 工 官 网：www.cmpbook.com
010-88379833 机 工 官 博：weibo.com/cmp1952
010-68326294 金 书 网：www.golden-book.com
封底无防伪标均为盗版 机工教育服务网：www.cmpedu.com

前言

随着我国经济持续高速发展，人民的生活越来越富足，汽车已迅速进入寻常百姓家，这使得我国汽车保有量逐年增加。汽车的存在使得人民的生活和工作更加方便快捷，但在驾驶汽车的过程中，难免会发生磕磕碰碰甚至严重的事故，这些情况一般都会损伤车漆，从而使汽车喷涂的业务量急剧加大，这也使得汽车喷涂技术人员成为紧缺人才。

由于喷涂技术培训成本高，对培训场地和设备都有较高要求，还有很多技术靠经验积累，培训难度很大。为了方便喷涂维修从业人员自学，也为了满足一些企业的汽车喷涂技术的培训需求，我们特组织一批教学经验丰富的老师和实践经验丰富的技师共同编写了本书。

本书本着“实用、适用”的原则和“通俗、精练、可操作”的特点编写，从专业的角度出发，详细地讲述了汽车喷涂实操项目的相关知识，内容包括汽车喷涂基础、喷涂设备维护、底材处理、车漆颜色的调配与喷涂四个部分。通过大量的高清真实场景照片，从汽车喷涂相关设备、工具、耗材的认识开始，逐步讲解了如何进行喷涂设备的维护保养，喷涂前底材的处理方法以及车漆颜色的调配与喷涂的实际操作。本书图文并茂，操作步骤详细，并且配套有实操视频课程辅助学习，还配有教学检验表格、课后练习。本书适合汽车喷涂技术人员入门学习使用，也可以作为职业院校汽修专业的实操教材和职业培训教材。

由于编者水平及条件有限，书中难免有不当和错误之处，敬请广大读者批评指正。

目　录
CONTENTS

BMW Concept
5 Series Gran Turismo

BMW Concept
5 Series Gran Turismo

第一章

汽车喷涂基础

第一节 了解汽车喷涂

汽车喷涂是指将涂料涂布到清洁的汽车板材上，经干燥成膜的工艺。涂料一般由成膜物质、颜色填料、溶剂、助剂等组成，是指一种涂覆在被涂物表面并能形成牢固附着的连续保护薄膜的物料总称。车漆属于涂料的一种。车身喷涂的作用主要是保护车身，保持外观美观。

一 涂料基本知识

1. 涂料的作用与组成

（1）涂料的作用

汽车涂料主要有保护作用、装饰作用和特殊标识作用。

1）保护作用。汽车用途广泛，活动范围广，运行环境复杂，经常会受到水分、微生物、紫外线、酸/碱性气体或液体等的侵蚀，有时会被刮磨而造成损伤。如果在它的表面涂上涂料，就能保护汽车免受损坏，延长其使用寿命。经过涂装的板材被雨淋后不会与雨水直接接触，避免生锈。

涂料可以从两方面对汽车起到保护作用：一方面，车身表面经涂装后，使零件的基本材料与大气环境隔绝，起到一种屏蔽作用而防止锈蚀；另一方面，有些涂料对金属来讲还能起到缓蚀作用，例如，磷化底漆可以借助涂料内部的化学成分与金属反应，使金属表面钝化，这种钝化膜加强了涂膜的防腐蚀效果。

2）装饰作用。现代汽车不但是实用的交通运输工具，而且是一种工业设计作品，具有艺术性。汽车涂装的装饰性主要取决于涂层的色彩、光泽、鲜艳程度和外观等方面。

汽车的色彩一般根据汽车的类型、车身美术设计和流行色等来选择，主要由色块、色带、图案组成，使车身颜色与车内颜色相匹配，与环境颜色相协调，与人们的爱好以及时代感相适应。

3）特殊标识作用。涂装的特殊标识作用由涂料的颜色来体现。用颜色做标识广泛应用在各个方面，目前已经逐渐标准化。例如：在工厂用不同的颜色标明水管、空气管、煤气管、输油管等，使操作人员易于识别和操作；用不同颜色的画线标明不同用途的道路；在交通领域常用不同的颜色涂料来表示警告、危险、前进及停止等信号，以保证交通安全。

在汽车上涂装不同的颜色和图案可以区别不同用途的汽车。例如：消防车涂成红色；邮政车涂成橄榄绿色，字及车号用白色；救护车为白色并用红十字标记；工程车涂成黄色与黑色相间的条纹，字及车号用黑色等。

（2）涂料的组成

涂料由主要成膜物质、次要成膜物质和辅助成膜物质组成。

1）主要成膜物质。主要成膜物质是涂料的主要成分，它是涂料的基础，涂料没有它就不能形成牢固的涂膜。主要成膜物质分为油脂和树脂两大类。

2）次要成膜物质。次要成膜物质是构成涂膜的组成部分，它不能离开主要成膜物质单独成膜。虽然涂料中没有次要成膜物质照样可以形成涂膜，但有了它可赋予涂膜一定的遮盖力和颜色，并能增加涂膜的厚度，提高涂膜的耐磨、耐热、防锈等特殊性能。

3）辅助成膜物质。辅助成膜物质分为溶剂和添加剂两大类，它也不能单独形成涂膜，但有助于改善涂料的加工、成膜及使用等性能。

① 溶剂包括真溶剂、助溶剂、稀释剂。

② 添加剂包括增塑剂、催干剂、悬浮剂、乳化剂、稳定剂。

2. 汽车常用涂料

汽车涂料是呈流动状态或粉末状态的有机物质，涂敷在物体表面上，干燥固化后形成连续的牢固附着的一层膜，包括底漆、原子灰、中涂漆、面漆等。

（1）底漆

1）底漆性能要求。底漆对底材表面应有良好的附着能力，对其他面漆或中涂漆要有良好的结合能力。具体要求如下：

① 底漆干燥后要有很好的物理性能和机械强度，能随金属伸缩、弯曲，能抵抗外来的冲击力而不开裂、不脱落，能够抵抗其上的涂层的溶剂溶蚀而不会咬底。

② 底漆要具有一定的填充力，能够填平底材上微小的高低不平、孔眼和细小的纹路等。

③ 底漆要便于施工，涂膜流平性要好，不流挂、干燥快，而且要易于打磨平整、不粘砂纸，保证漆面平滑光亮。

④ 应根据涂装的要求和使用的目的，选择不同类型的底漆，再根据工件表面状态和底漆的性质选择适当的涂装方法。

⑤ 底漆涂膜的强度和结合能力的大小决定于涂膜的厚度、均匀度及其是否完全干燥，底漆涂膜一般不宜过厚，以 15 ~ 25μm 为宜（在汽车表面装饰性要求不高，底漆上直接喷涂面漆的情况下膜厚可以在 50μm 左右），过厚则涂膜干燥缓慢，还容易造成涂膜强度不够和附着力不良。

2）底漆的种类。底漆的种类比较多，现在汽车涂装中以环氧树脂底漆和侵蚀底漆最为多见。

① 环氧树脂底漆简称环氧底漆，是物理隔绝防腐底漆的代表。环氧树脂是线型的高聚物，由环氧丙烷和二酚基丙烷缩聚而成。它具有极强的黏结力和附着力、良好的韧性和优良的耐化学性。

a. 环氧底漆具有如下优点：附着力极强，对金属、木材、玻璃、塑料、陶瓷、纺织物等都有很好的附着力和黏结力；涂膜韧性好，耐挠曲，且硬度比较高；耐化学性优良，尤其是耐碱性更为突出，因为环氧树脂的分子结构内含有键能，而醚键在化学上是最稳定的，所以对水、溶剂、酸、碱和其他化学品都有良好的抵抗力；良好的电绝缘性，耐久性、耐热性良好。

b. 环氧底漆的缺点：表面粉化较快，这也是它主要用于底层涂料的原因之一；环氧底漆使用胺类作为固化剂，胺类对人体和皮肤有一定的刺激性，因此在使用时要加以注意。

② 侵蚀底漆是以化学防腐手段来达到其防腐的目的，主要代表为磷化底漆。磷化底漆是以聚乙烯醇缩丁醛树脂溶于有机溶剂中，并加入防锈颜料四盐基锌铬黄等制成，使用时与分开包装的磷化液按一定比例调配后喷涂。

注：品牌漆中的磷化底漆一般都已经制成成品，按一定的比例加入固化剂使用即可。

a. 磷化底漆的作用：金属表面涂装磷化底漆后，磷化液（弱磷酸）与防锈颜料四盐基锌铬黄反应生成同一般磷化处理相似的不溶性磷酸盐覆盖膜，同时生成的铬酸使金属表面纯化。由于聚乙烯醇缩丁醛树脂具有很多极性基团，它也参与了锌铬颜料与磷酸的反应，转变成不溶性铬合物膜层，与上述的磷酸盐覆盖膜都起到防腐蚀和增强涂层附着力的作用。

磷化底漆作为有色及黑色金属的防锈涂料，能够代替金属的磷化处理，在提高抗腐蚀性和绝缘性、增强涂层与金属表面的附着力等方面比磷化处理层更好，而且工艺和设备要求比较简单。但磷化底漆涂膜很薄（8~15μm），一般不单独作为底漆使用，因此在涂装磷化底漆后通常用一般底漆打底。

b. 磷化底漆的优点：环氧底漆与磷化底漆对底材都具有良好的防腐性，对其上的涂层也都具有良好的黏结能力，一般在汽车修补中常使用环氧底漆做打底用，而在汽车制造成大面积钣金操作后对裸金属进行磷化防腐处理时常采用磷化底漆。

（2）原子灰

原子灰又称加成聚合型腻子，是一种膏状或厚浆状的涂料，它容易干燥，干后坚硬，能耐砂磨。原子灰一般使用刮具刮涂于底材的表面（也有使用大口径喷枪喷涂的浆状原子灰，称为“喷涂原子灰”），用来填平、补齐底材上的凹坑、缝隙、孔眼、焊疤、刮痕以及加工过程中造成的物面缺陷等，使底材表面达到平整、匀顺，使面漆的丰满度和光泽度等能够充分地显现。

（3）中涂漆

中涂漆是指介于底漆涂层和面漆涂层之间所用的涂料，也称底漆喷灰，俗称“二道浆”。

1）主要功能。其功能主要是改善被涂工件表面和底漆涂层的平整度，为面漆层创造良好的基础，以提高面漆涂层的鲜映性和丰满度，提高整个涂层的装饰性和抗石击性。

2）性能要求。具体如下：

① 应与底漆、面漆配套良好，涂层间的结合力强，硬度配套适中，不被面漆的溶剂咬底。

② 应具有足够的填平性，能清除被涂底漆表面的划痕、打磨痕迹和微小孔洞、小眼等缺陷。

③ 打磨性能良好，不粘砂纸，在打磨后能得到平整光滑的表面（现在许多品牌漆中都有免磨中涂漆，靠其本身的展平性得到平整光滑的表面）。

④ 具有良好的韧性和弹性，抗石击性良好。

提示：

对于表面平整度较好、装饰性要求又不太高的载货汽车和普通大客车，在制造和涂装修理时有时不采用中涂漆，对于装饰性要求很高的中高级客车则都采用中涂漆。

（4）面漆

1）性能要求。选择汽车用面漆时，应从以下 6 个方面来考虑，见表 1-1。

表 1-1 面漆的性能要求

要求	说明
外观	色彩鲜艳、光泽醒目、色差小、丰满度强和鲜映性好

（续）

要求	说明
耐候性及耐老化性	耐候性及耐老化性能是选择面漆时的重要指标之一。如果汽车用面漆的耐候性及耐老化性能不好，则使用不久面漆涂层就会失光、变色及粉化，直接影响汽车的装饰性，而特别显旧。因此，要求汽车用面漆要有良好的耐候性及耐老化性能
硬度和抗石击性	面漆涂膜应坚硬耐磨，具有足够的硬度及抗石击性，以保证涂膜在汽车行驶中面对路面砂石的冲击和摩擦时不产生划痕
耐湿热和防腐蚀性	面漆涂层在湿热条件下（如温度 40℃，相对湿度 90%），应不起泡、不变色或不失光。对面漆涂层的防腐蚀性要求虽然没有像对底漆涂层那样高，但与底漆涂层配套后，应能增强整个涂膜的防腐蚀性
耐化学药品性	面漆涂层使用过程中，如与蓄电池电解液、润滑油和制动液、汽油及各种清洗剂等直接接触，擦净后接触面不应有变色、起泡或失光等现象
施工性能	高温原厂漆必须适应流水生产线上的“湿碰湿”工艺、烘干温度 120 ～ 140℃、烘干时间 30min 等施工条件。在装饰性要求高的场合，还应具有优良的抛光性能 面漆还应具有较好的重涂性（即不打磨再涂面漆，结合力良好）和修补性。而汽车修补漆必须与原厂漆相匹配，并能在 60 ～ 80℃烘烤成膜，适应手工涂装

2）汽车常用面漆涂料的性能和用途见表 1-2。

表 1-2　汽车常用面漆涂料的性能和用途

类型	品种	性能	用途	备注
溶剂挥发型	Q01-1 硝基清漆	涂膜光泽，耐久性良好	可作为汽车硝基外用漆罩光，或调入色漆内罩光等。用量为 50 ～ 70g/m^2	品种有硝基纤维素涂料、热塑性丙烯酸树脂涂料、各类改性丙烯酸树脂涂料，如硝基纤维素改性丙烯酸树脂涂料、醋酸丁酸纤维素改性丙烯酸树脂涂料等
	Q01-23 硝基清烘漆	涂膜光泽好，硬度高，耐汽油和机油性能好，耐水性优于 Q01-1，可打磨抛光，但柔韧性较差	可用于各种烘烤物面罩光，如汽车的空气滤清器、喇叭等。用量为 50 ～ 100g/m^2	
	Q04-2 各色硝基外用磁漆	涂膜干燥快，外观平整光亮，耐候性较好，能用砂蜡抛光	可用于汽车上要求快干的物面	

（续）

类型	品种	性能	用途	备注
氧化固化型	C01-1 醇酸清漆	涂膜的附着力、耐久性、柔韧性、耐水性、硬度及冲击强度比氨基烘漆差，由于该涂膜易变黄，不宜单纯用它罩光，应和醇酸磁漆以不同比例混合后作为最后一道罩光涂膜	适用于喷、刷汽车内外金属和木材表面以及作醇酸漆的罩光。用量为 40 ～ 60g/m^2	品种有醇酸树脂涂料、丙烯酸改性醇酸树脂涂料等
	C01-5 醇酸清漆	涂膜干燥迅速、光亮、不易起皱，有一定的保光性和保色性，耐水性优于 C01-1，但柔韧性较差。此漆干燥快，施工以喷涂为佳。与空气接触易成胶冻状而失效，故放置应密封	主要用于醇酸磁漆和氨基磁漆的罩光涂饰。用量为 40 ～ 60g/m^2	
	C01-7 醇酸清漆	涂膜附着力好，自然干燥性能良好，耐候性优于 C01-1，但三防性较差	一般用于汽车铝镁合金或铝制品罩光，也可用少量醇酸磁漆与其混合作为 C04-2 及 C04-42 醇酸磁漆罩光用。用量为 40 ～ 60g/m^2	
热固化型	B01-10 丙烯酸清烘漆	烘烤后的涂膜具有较好的光泽、硬度、丰满度以及防盐雾性、防潮性、防霉性；保色性和保光性极好，长期在紫外线下暴露，也不易泛黄或失光	适用于乘用车表面罩光，汽车装饰件抛光金属表面保护性装饰	品种有热固性丙烯酸涂料、热固性环氧涂料、氨基醇酸树脂涂料、氨基丙烯酸树脂涂料
	B04-9 各色丙烯酸磁漆	涂膜平整光亮，附着力强，干燥快，耐候性和防潮性良好，并具有一定的防霉性能	适用于涂有底漆的轻金属表面，或作标志涂装使用。可与 H06-2 环氧底漆、B06-2 丙烯酸底漆、X06-1 磷化底漆配套使用喷涂施工	
双组分固化型	品种有丙烯酸 - 聚氨酯树脂涂料、聚酯 - 聚氨酯树脂涂料、丙烯酸 - 环氧树脂涂料			
催化固化型	品种有湿固型有机硅改性丙烯酸树脂涂料、过氧化物引发固化丙烯酸树脂涂料、氨蒸气固化聚氨酯树脂涂料等			

3. 涂料颜色调配

（1）调色的基本程序

在汽车面漆的调色过程中，应借助不同的喷涂方法对亮度、色调、色度进行调整，以达到最佳的颜色效果。调色的一般程序如下：

1）颜色分析。主要从以下三个方面分析颜色：

① 从正面或某一角度观察该面，看颜色是否太深或太浅。

② 检查色调，看色漆是否比原面漆更红、更蓝、更绿或更黄。

③ 检查刚喷的色漆的色度是否比原面漆高或低。

2）亮度调整。影响亮度的主要因素有车间环境、喷涂方法、溶剂的使用、油漆的用量、喷枪压力和混合料中的颜料用量等，调整时必须综合考虑各种因素才能得到合适的油漆亮度。

3）色调调整。在调整好亮度后才能进行色调调整，每种颜色的色调只可能沿两个方向变化。

① 色调会发绿或发红的颜色有蓝色、紫色、黄色、米黄色和棕色。

② 色调会发黄或发蓝的颜色有绿色、黑色、红色、灰色、银色和白色。

③ 色调会发黄或发红的颜色有青铜色、红色和橘红色。

④ 色调会发蓝或发绿的颜色有海蓝色和青绿色。

可以根据油漆厂家提供的资料选定能调出正确色调的调色剂，按最低限量计算调色剂用量。经充分搅拌均匀后，喷涂一小块试板，待干燥后与原面漆作颜色对比。

4）调整色度。调整好亮度和色调后再开始调整色度。如果要想把颜色调得明亮些，必须重新调整前两项；如果要想使面漆颜色调得灰些，就要喷一层湿涂层，再以较远的距离和较低的气压喷一层用少量白色与微量黑色混合起来的涂层。

5）检查及校正。最后，可以从以下三个角度进行检查：

① 垂直于汽车表面。

② 从刚好超过光源反射线的角度。

③ 以小于 45° 的角度观察汽车面漆。

检查维修喷涂后的面漆颜色是否与其他部位一致，如不一致则需要校正，直至满意为止。

（2）调色前准备

调色是汽车修补漆配色的一个重要环节，如果了解调色原理，了解周围环境对颜色的影响，拟订完整的调色程序，就可以为喷涂工艺制定一个常规的程序。调色的基本目的如下：

1）调节修补色漆与汽车原漆之间的细微差别。

2）使修补色漆与褪色的汽车面漆相匹配。

3）在无配方或无漆码的情况下，调配汽车修补色漆。

调配汽车修补面漆必须正确、认真地识别颜色，辨别出它真正的颜色。特别是要能辨别出要处理的色漆，还要能辨别出色漆中这种颜色范围内的重色调，包括暗度或亮度级、色彩的明艳或饱和度。

如果修补面漆的颜色与原汽车面漆的颜色不同，在决定是否进行调色前，一定要先确认是否由于以下原因造成颜色失配：

① 汽车原面漆是否褪色。如果确实已褪色，可以适当扩大抛光修复部位。

② 是否用错颜色。对照检查汽车生产厂的漆码和油漆厂的色漆原料号码，确定是否用错。

③ 色漆中的颜料或金属光片是否充分混合均匀。如果修补色漆搅拌不匀，罐底尚残留颜料、金属片或珠光片，都可能引起颜色失配，因此一定要彻底搅拌均匀。

④ 稀释剂的用量是否准确。稀释过度会使颜色变淡或降低饱和度。

⑤ 在作颜色对比之前，一定要清洗、抛光，去除汽车旧面漆上的粉尘和氧化层。

⑥ 使用试板时，一定要留出充裕的干燥时间。试板一般要喷涂几次，每次喷涂后一定要干透，因为油漆干燥后的颜色要深些。

⑦ 在喷涂金属漆或珠光漆时最好使用搅拌杯，因为金属片或珠光片容易沉入漆膜深处，影响色光。

⑧ 要等油漆干燥后再调整颜色。可以使用加热灯、加热枪或其他干燥方法来缩短干燥时间。

⑨ 调整颜色时，每次只许加少量调色剂。

⑩ 喷涂方法的不同可能会造成颜色的不同。喷枪靠近试板的油漆颜色比喷枪离得较远的要深，特别是喷涂金属漆时，差异更为明显。同样，降低喷枪速度比提高喷枪速度的颜色要深，各涂层间隔时间短，比间隔时间长的要深。在喷涂设备上，采用较大的液体喷嘴比较小的液体喷嘴颜色要深；减小喷束宽度比加大喷束宽度的颜色要深；减小喷束压力比增大喷束压力的颜色要深；增大流量比减小流量的颜色要深。在车间环境温度方面，车间温度低比温度高的颜色要深。

另外，必须注意，整板整修中出现颜色失配的情况比小面积整修时要多。这是因为板件（如车门）都有明确的边缘，如前门和后门紧挨着会形成鲜明的对照。而小面积整修时，修理部位却和周围区域掺和在一起，头道涂层只涂在修理部位内，以后的涂层一层比一层范围大，最终混合涂层超出原来涂层的范围。这样，虽然有些颜色失配，但是新旧面漆之间会有过渡，不会形成强烈的色差。

二 汽车漆层的组成

1. 原厂汽车漆层

新车涂膜经过200℃高温烘烤，在涂膜干燥过程中经过熔融和二次流平，涂膜干固后具有镜面光泽，并且膜质坚硬、性能好，抗氧化、抗腐蚀能力高，性能稳定，色彩纯正。此外，用于新车在全自动化生产线上完成涂装，环境洁净，无粉尘污染，亦保证了车身漆面洁净无瑕疵。

原厂漆面由镀锌钢 / 铝、磷酸锌、电泳底漆、中途底漆、色漆、清漆共六层组成，如图 1-1 所示。

图 1-1 原厂漆面

原厂喷漆工艺：车架（镀锌钢 / 铝板）浸入磷化池（进行磷化防腐技术处理）——浸入电泳漆槽——涂装底漆——静电喷涂色漆、面漆（无尘车间）。

2. 修复过的车漆层

汽车原厂涂装漆面因意外碰撞受损后，为了恢复其外貌和装饰效果，采用压缩空气喷涂方法进行修补，后经 60℃左右的高温烘烤而成，因此修补漆面各项性能较原厂漆面差。此外，因修补部位、修补面积、修补涂料的选用以及技工操作水平的不同，修补漆面的质量或多或少存在差异、瑕疵。如果仔细观察，就可以发现修补漆面纹理不均一。使用压缩空气，喷涂时喷雾落点留下的痕迹（严重者呈橘纹状），以及局部漆面可能存在沙粒等。

修复过的车漆层由镀锌钢 / 铝、环氧底漆、原子灰、中途底漆、色漆、清漆共六层组成，如图 1-2 所示。

图 1-2 修复过的车漆层

修复用车漆分类如下：

1）普通漆：主要是树脂、颜料和添加剂等。普通漆即素色漆，是最常见的一种，而且属于最基础的车漆。它的合成材质包括树脂、颜料和添加剂，比如最常见的白色、大红色和黄色都属于普通漆。

2）金属漆：添加铝粉等金属微粒，又叫汽车金属闪光漆，俗称银粉漆。在它的漆基中加有微细的铝粒，光线射到铝粒上后，又被铝粒透过漆膜反射出来。改变铝粒的形状和大小，就可以控制金属闪光漆膜的闪光度。在金属漆的外面，还加有一层清漆予以保护。

3）珍珠漆：又叫云母漆、珠光漆，也是目前流行的一种汽车面漆。它的原理与金属漆是基本相同的，它用云母代替铝粒，在它的漆基中加有含有二氧化钛和氧化铁的云母颜料。珠光漆是三种油漆里面最好的，也是反光性最好的。它的成分也最多，抗氧化能力强，一般多出现在高端车型上。但是这种车漆修补比较麻烦，费用也相对较高一些。

三 汽车修补用漆的认识和作用

1. 汽车修补喷涂用漆

1）硝基漆（单组分漆）。硝基漆耐候性差，无抗氧化能力，称为 1K 漆，一般用于有颗粒的色漆（金属漆）。

2）聚酯漆（双组分漆）。聚酯漆有良好的耐候性，且抗氧化能力强，称为 2K 漆，一般用于底漆、中涂漆和面漆（素色漆）。

3）水性漆。汽车水性漆一般为单组分，无抗氧化能力，耐候性差，一般用于汽车表面色漆。

2. 汽车修补的漆层

汽车修补的漆层主要由底漆、中间漆、面漆组成。

1）底漆（环氧底漆）分为封闭底漆、透明底漆、实色底漆。

2）中间漆又称为中涂底漆。

3）面漆分为清面漆、有色透明面漆、实色漆。

3. 中间涂层的作用

中间涂层的作用如下：

1）增加整个涂层的厚度。

2）提高化学抵抗能力。

3）抵抗潮气和水蒸气的渗入。

4）提高油漆系统的绝缘性能。

5）提高油漆系统的强度。

6）增大对底漆和面漆的结合力。

4. 面漆的功能

面漆的功能如下：

1）给整个系统以具有一定抵抗力的封闭性能。

2）形成对所处环境最初的屏障。

3）给系统提供对气候、水和某些化学品等的抵抗性能。

4）给系统以较强的耐摩擦的外表面。

5）给系统以装饰性外表。

5. 汽车面漆工序

汽车面漆分为单工序、双工序和三工序：

1）单工序采用双组分实色漆。

2）双工序包括 1K 金属漆 + 清漆。

3）三工序（白珍珠）包括 1K 白 + 白色珍珠 + 清漆。

6. 汽车喷涂工对涂料的认知和注意事项

1）涂料主要成分的有害性包括：

① 树脂会刺激呼吸道和皮肤，引起过敏。

② 有机溶剂（稀释剂）含有甲苯，会引起中枢神经、皮肤和肝脏疾病。

③ 三甲苯会引起中枢神经、皮肤和肝脏疾病。

④ 固化剂中含有异氯酸酯，会刺激皮肤、黏膜以及引起呼吸器官疾病。

2）喷涂仅供专业人员操作。

3）喷涂作业必须在通风较好的环境及安装排气系统的喷涂室中进行。

4）喷涂作业时应做好个人防护：穿戴好防毒面具、眼罩、防护手套、喷漆服（防护服）、耳塞、防尘口罩。

第二节　认识汽车喷涂的常用工具设备及耗材

汽车喷涂操作中会用到多种工具设备与耗材，对车身漆面进行处理。这些工具设备只有使用得当才能保证工作安全进行和完美完成。这就要求使用过程中不仅要了解工具的功能和用法，还要正确选择适合的工具，并注意培养良好的工作习惯（如保持工具放置有序、用后清洁保养并放回正确的位置等）。

一 汽车喷涂的工具设备及耗材的使用要求

常言道“工欲善其事，必先利其器”，对于汽车喷涂工作来讲也有“三分技术，七分工具”的说法，由此可见，正确选用工具对汽车维护来说非常重要。但很多技术人员不太重视工具和设备的使用方法，导致不能按时顺利完成任务。使用工具和设备的基本要求如下：

1）了解正确的用法和功能。学习每件工具和设备的功能和正确用法，如果用于规定之外的用途，工具或设备会损坏，而且车身漆面也会损坏或者导致工作质量降低。

2）了解使用设备的正确方法。每件工具和设备都有规定的操作程序，要确保在工作时正确使用工具，操作姿势也要正确。

3）正确选择工具。根据位置和其他条件不同，有不同的工具可用于不同的操作，要根据工作场地选择适合的工具设备。

4）力争保持安排有序。工具和设备要放在容易拿到的位置，使用后要放回原来的位置。

5）严格坚持工具设备的维护和管理。工具设备要在使用后立即清洗或清洁。如需修理就要立即进行，这样工具设备就可以永远处于完好状态。

常用的喷涂工具设备是每一个钣喷维修企业开业的必备条件，认识和掌握这些设备机具对规范维修操作、保证钣喷质量、提高工作效率至关重要。在各行各业中，工具设备的存在非常普遍，没有工具或设备，工作效率和质量就会大打折扣甚至无法开展。在汽车行业中也是一样，车身喷涂需要非常多的设备和工具。可以说，在施工作业中，工具设备的齐全程度直接关系到企业的业务量和竞争力。下面我们来认识一下在车身喷涂过程中常用的设备、工具及耗材。

二 常用设备

1. 喷枪

按照汽车涂装修补用途来划分，喷枪（图 1-3）分为面漆喷枪、底漆喷枪、小修补喷枪。按照喷枪雾化压力来划分，喷枪分为传统高气压喷枪、低流量中气压的 RP 喷枪、高流量低气压的 HVLP 喷枪。根据涂料与压缩空气的混合方式不同，可以将喷枪分为内部混合和外部混合两种。根据涂料供给方式的不同，可以将喷枪分为重力式、吸上式和压送式三种。

图 1-3 喷枪

2. 调漆专用电子秤

调漆专用电子秤又称配色天平，是一种称涂料用的专用天平，由托盘秤、电子显示器和集成电路板组成。常用的电子秤量程可达7500g，由明亮的发光二极管作显示，安装在托盘上方，使用方便、称量精准，属于专为汽车修补漆称量用的配套产品，如图1-4所示。

3. 红外线烤灯

红外线烤灯是以红外线为辐射源的干燥设备。辐射是热传递的一种方式，这种加热方法是将热能转变为各波长电磁振动的辐射能，该过程称为热辐射。红外线烤灯由碳化硅管、碳化硅板、红外线辐射灯组成，如图1-5所示。

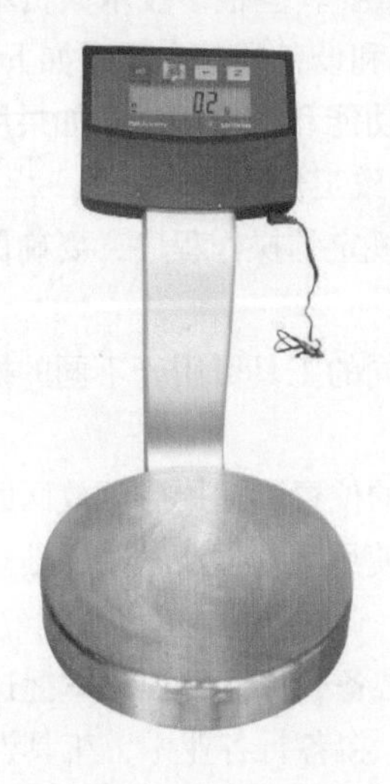

图1-4 调漆专用电子秤

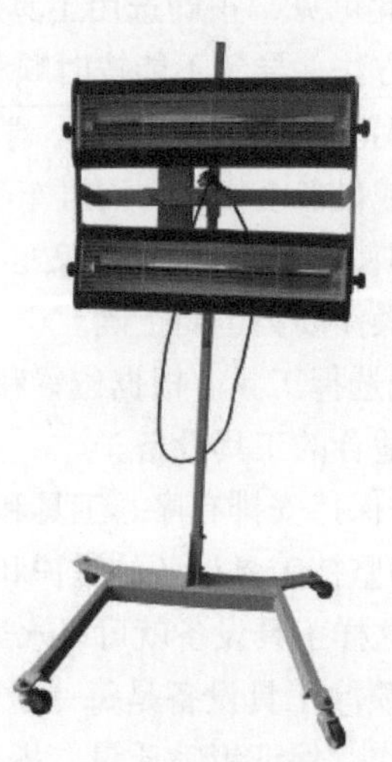

图1-5 红外线烤灯

4. 干打磨设备

如图1-6所示，打磨机根据驱动方式，可分为气动与电动两种；根据形状来分有圆盘式和板式；根据打磨工具的运动方式又分为单作用打磨机、轨道式打磨机、偏心振动式打磨机、往复直线式打磨机，适用于各种不同的工作需要。目前在汽车修理行业涂装工作中使用圆盘式打磨工具较广泛，而且以气动居多。

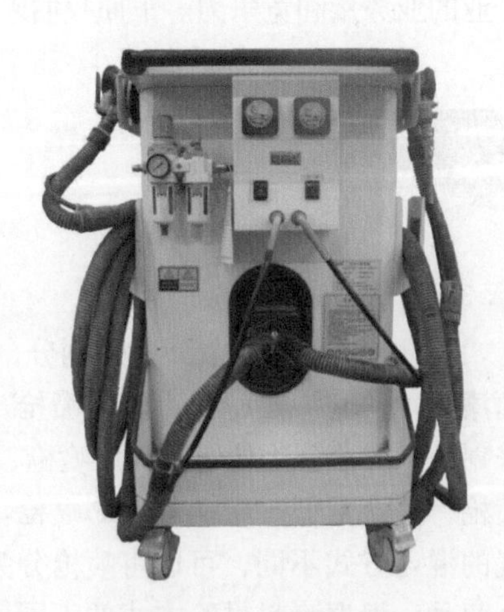

图1-6 干打磨设备

打磨机的工作原理是利用电源或压缩空气为动力，使打磨机的旋转轴旋转而做圆周运动，而装有偏心轴的会在有衬垫的轨道上运动产生双重圆周运动，或使用旋转凸轮变为直线前后运动，砂纸安装在不同旋转状态下的打磨盘上，就会产生不同的运动方向，打磨相应的物面。

气动打磨机的优点包括：工作时产生热量少，转速和转矩可调节，发生过载或失速危险性小；重量轻，便于提携；由于不直接使用电，能避免因电路短路或损坏发生触电及火花引起火灾，安全性较高；结构较简单，经久耐用，节约成本。

吸尘设备是无尘干打磨系统重要的组成部分，与气动工具配套使用的吸尘设备一般需要3个管道与接头，即压缩空气的输入、输出以及吸尘管。这里需要特别指出的是，压缩空气中有微量的润滑油，需要经过过滤才可以放出，否则容易在漆面上留下污点。干磨系统吸尘效果的好坏、作业粉尘的多少取决于吸尘系统的优劣。

5. 抛光机

抛光机（图1-7）是一种电动工具，由底座、抛光盘、抛光织物、抛光罩及盖等组成。电动机固定在底座上，固定抛光盘用的锥套通过螺钉与电动机轴相连。抛光织物通过套圈紧固在抛光盘上，电动机通过底座上的开关接通电源起动后，便可用手对抛光机施加压力，使转动的抛光盘进行抛光。

图1-7 抛光机

6. 空气压缩机

如图1-8所示，空气压缩机是一种用以压缩气体的设备。空气压缩机与水泵构造类似。大多数空气压缩机是往复活塞式的。空气压缩机是气源装置中的主体，它是将原动机（通常是电动机）的机械能转换成气体压力能的装置，是压缩空气的气压发生装置。空气压缩机（简称空压机）的种类很多，按工作原理可分为容积型、动力型（速度型或透平型）、热力型；按润滑方式可分为无油空压机和机油润滑空压机；按性能可分为低噪声、可变频、防爆等空压机；按工作形式可分为固定式、移动式、封闭式。

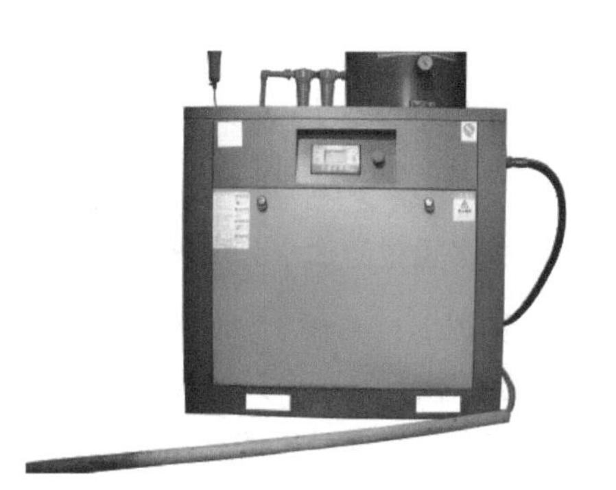

图1-8 空气压缩机

7. 储气罐

如图1-9所示，储气罐是一种专门用于储存压缩空气的压力容器。作用是用于存气缓冲，避免空压机频繁加 / 卸载和除掉大部分的液态水，主要与空压机、冷冻式干燥机、过滤器等设备配套使用，组成工业生产上的动力源——压缩空气站。

储气罐选型的基本要求如下：

1）储气罐的容积大小应在压缩机排气量的10% ~ 20%之间，一般选择15%，当用气量较大时，储气罐的容积应适当加大，如果现场用气量较小时，可低于15%，最好不要低于10%。

2）干燥机及过滤器的处理量应与压缩机的排气量相一致。

3）干燥机之前的过滤器应加装自动排水器。

4）使用吸附式干燥机时，压缩机应预留相应的气耗量。

5）干燥机安装在储气罐之后，储气罐的作用体现得较充分，起到缓冲、冷却和排污的作用，可减轻干燥机的负荷，用于供气较均匀的工况。干燥机安装在储气罐之前，可提供较大峰值调节能力，多用于用气波动较大的工况。

8. 空气净化干燥器

如图 1-10 所示，空气净化干燥器是一种用于去除压缩空气中水蒸气的设备，常用于汽车维修行业。空气在被压缩的过程中，所含的水蒸气一同被压缩，导致了压缩后的空气具有相对较高的露点。当压缩空气进入下游较低温度的管路时，会产生结露现象。在压缩的空气中过多的水，无论是液体还是蒸汽阶段，可能会给后续喷涂工作带来各种各样的问题。

图 1-9　储气罐

图 1-10　空气净化干燥器

9. 多重过滤油水分离器

如图 1-11 所示，油水分离器主要用于净化压缩空气主管路上的油和水。它的外部是一个杯状外壳，内部是一个风扇叶状的单向通道。当压缩空气通过油水分离器时，由于离心力的作用，油和水会被甩向外围的杯壁，并流到杯底被排除掉，从而对后置设备及工具起到很好的保护作用。油水分离器的辨别与选择主要是看其进出气口径是否符合要求，而且压缩空气处理量要大于进气量，否则容易损耗油水分离器或造成安全事故；其次，要看其是否具有自动排水功能，好的油水分离器可以过滤掉 95% 的油和水。

油水分离器失效，将会使喷漆后形成的漆膜产生水泡或麻点，为此，必须加强维护，确保其工作可靠。其维护作业包括：每日打开放水阀 1 ~ 2 次，将杯中的污水放掉；要定期地清洗过滤杯或存水杯。

10. 油漆搅拌机

油漆搅拌机又称调漆机。调漆机配有电动机、搅拌桨，利用这种工具很容易混合倒出涂料。涂料中的树脂、溶剂及颜料密度不同，经过一段时间就会分离，因此涂料在使用前需要充分混合。油漆搅拌机如图 1-12 所示。

图 1-11　多重过滤油水分离器

图 1-12　油漆搅拌机

三 常用工具

1. 打磨工具

打磨形式分为干磨和水磨，打磨方式又分为机器打磨和手工打磨。机器打磨多为干磨形式，又称为机器干磨式；手工打磨有干式和湿式之分，手工水磨是较为传统的打磨方式，目前在一些中小型汽车修理厂里应用较多。不管是机器打磨还是手工打磨，都必须有工具进行辅助，下面介绍打磨要用到的工具。

（1）水磨板

如图 1-13 所示，手工水磨板主要有硬橡胶打磨板、中等弹性橡胶板和海绵板三种。现在比较常用的以海绵板为主。水磨板使用时，要外垫水砂纸，一般用于湿磨原子灰层，把物面高凸的原子灰部分打磨掉，使物面达到平整的要求。水磨板的大小对磨平原子灰层有一定的影响。

（2）手磨板

如图 1-14 所示，手磨板的使用操作和水磨板差不多，主要用来打磨原子灰层，把物面高凸的原子灰部分打磨掉。不同之处是手磨板带有吸尘功能，砂纸可以由粘扣粘连，不用一边打磨一边冲水。手磨板主要用于手工干磨。

图 1-13　水磨板

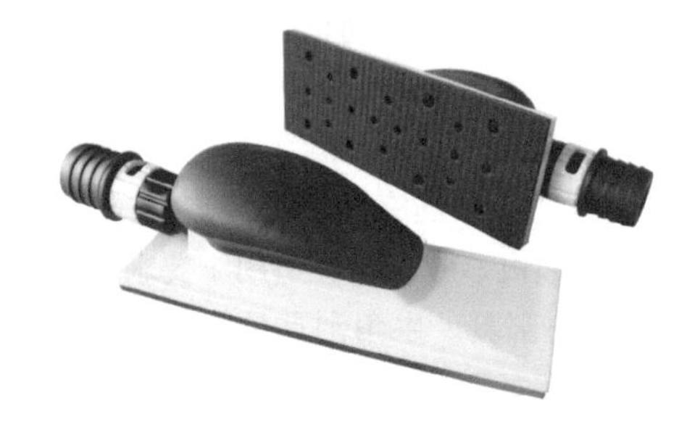
图 1-14　手磨板

（3）轨道式打磨机

如图 1-15 所示，轨道式打磨机的砂垫外形都呈矩形，便于在工件表面上沿直线轨迹移动，整个砂垫以小圆圈形式振动，此类打磨机主要用于原子灰的打磨。该类打磨机可以根据工件表面情况采用各种尺寸型号的砂垫，以提高工作效率，轨迹直径亦可随工作要求的不同而改变。

（4）双作用（偏心振动式）气磨机

如图 1-16 所示，双作用（偏心振动式）气磨机的打磨盘垫本身以小圆圈形式振动，同时又绕其自己的中心转动，因而兼有单运动及轨道式打磨机的运动特点、切削力比轨道式打磨机强。当打磨机用于表面平整或初步打磨时，要考虑轨道的直径大小。轨道直径大的打磨较粗糙，反之较细。

打磨操作时气压应调到 450 ~ 490kPa 范围内，用右手握住打磨机手柄，左手施加较小压力并控制打磨机均匀移动。为了不损坏镀铬层，在镀铬饰物（或嵌条）外 2cm 范围内不进行打磨。打磨前，应将这些部位用防护带粘贴好，以免造成不良影响。发现漆渣开始在砂纸上结块或起球时，应及时更换砂纸或用棕刷将漆渣刷掉。

除了打磨机的运动方式以及砂纸颗粒的粗细之外，振动幅度的大小是影响打磨速度与光洁度的另一个关键参数。打磨机的偏心振动直径有 7mm、5mm、3mm 三种。粗磨磨机振动幅度为 7mm，磨灰速度最快；传统打磨机的偏心振动直径为 5mm，它的主要问题是在细磨中涂底漆时不能保证无划痕，而在粗磨原子灰时速度又不够快；细磨磨机采用 3mm，保证细磨无任何划痕。

图 1-15　轨道式打磨机

图 1-16　双作用（偏心振动式）气磨机

2. 刮涂工具

原子灰的施工主要采用刮涂的施工方法，而刮具则是刮涂原子灰的主要手工工具，刮涂工具按其制造材料的不同，可分为牛角刮具、塑料刮具、橡胶刮具、金属刮具；按其软硬程度不同，可分为硬刮具和软刮具。此外，还有与刮具相配套的托板。刮具一般都较简单，绝大部分是自制的，目前市场上专用刮具的供应种类也很多。

（1）硬刮具

硬刮具适用于刮涂大的凹坑、大的平面缺陷部位，因为其刮口具有一定的硬度，所以易刮涂平整，工效高、省材料，适用于要求平整度的施工工序。

1）牛角刮具。牛角刮具是以水牛角为原料制成，要求牛角纹理清晰、角质透明、弹性良好、无杂痕，如图 1-17 所示。因为牛角来源及宽度有限且易变形，使用后需要用夹具保管，所以牛角刮具已逐渐被金属材料刮具替代。

2）塑料刮具。塑料刮具材料来源广、价格低，目前使用较广泛，常用的有硬聚氯乙烯及环氧树脂板，也可根据需要选择稍软一点的材料制成半硬刮板（图 1-18）。但塑料刮具耐磨性较差，并且温度对其柔软性影响较大。

图 1-17　牛角刮具

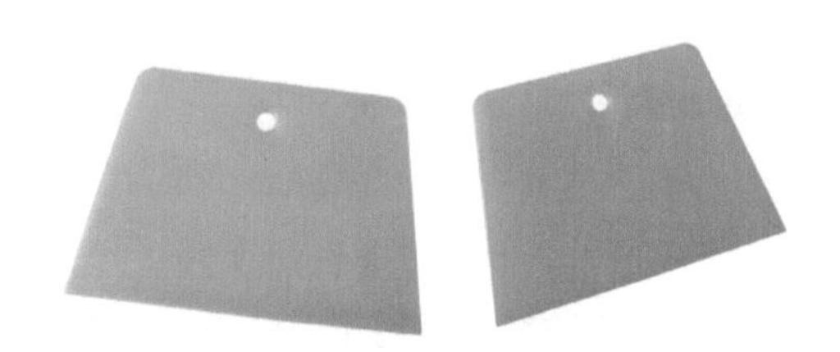

图 1-18　塑料刮具

3）金属刮具。金属刮具包括钢片刮板和轻质铝合金刮板及其他金属材料制成的刮板。金属刮板具有一定的弹性，其弹性程度可根据个人使用习惯、刮涂原子灰的对象来选择。如一般钢片刮板的厚度以 0.3 ~ 0.4mm 为宜，大刮板的刮口宽度一般以 12 ~ 15cm 为宜，小刮板的刮口宽度根据施工要求可以灵活制作。金属刮具是目前使用最多的刮具，如图 1-19 所示。

（2）软刮具

软刮具主要适用于刮涂圆弧形、圆柱形和曲面形状的部位，以及要求以光滑度为主的部位。

1）橡胶刮具。橡胶刮具是用耐油橡胶板制成，刮口面磨成斜口，俗称橡胶刮板，如图 1-20 所示。橡胶刮板一般自行制作，大的橡胶刮板厚度为 6 ~ 8mm，刮口宽度以 100mm 为宜，小的橡胶刮板厚度为 3 ~ 4mm，刮口宽度根据施工需要制作。

图 1-19　金属刮具

图 1-20　橡胶刮具

2）塑料刮具。塑料刮具一般用软性塑料板制成，刮口面磨成斜口，形状大小根据需要制作，其基本要求与橡胶刮板相似，如图 1-21 所示。

（3）使用刮具时的注意事项

1）刮具的刮口要平直，不能有齿形、缺口、弧形、弓形等。

2）对于易变形的牛角、塑料刮具，使用后要用专用夹具夹好。

3）刮具使用完毕后，要立即用溶剂清洗干净，以免原子灰聚集于刮板上，固化后不易清洗，影响下次使用效果。

图 1-21　塑料刮具

4）目前使用聚酯原子灰较普遍，对于平面缺陷或凹坑较大部位应使用硬刮板。

四 常用耗材

1. 前处理材料

（1）除油剂

如图 1-22 所示，除油剂主要针对裸铁金属、旧漆面的油脂和污染物清洁前处理。它属于多用途的温和除油污清洁剂，适用于旧漆面、底漆、原子灰、金属表面和塑料纤维件等。

1）施工比例：不需混合，直接使用。

2）使用方法：用一块干净的抹布蘸除油剂擦拭需喷涂的表面，然后用另一块干净的抹布揩除除油剂及油脂等残留物。

（2）除油布

配合除油剂使用，用于擦拭喷洒除油剂的车身表面，揩除除油剂及油脂等残留物，如图 1-23。

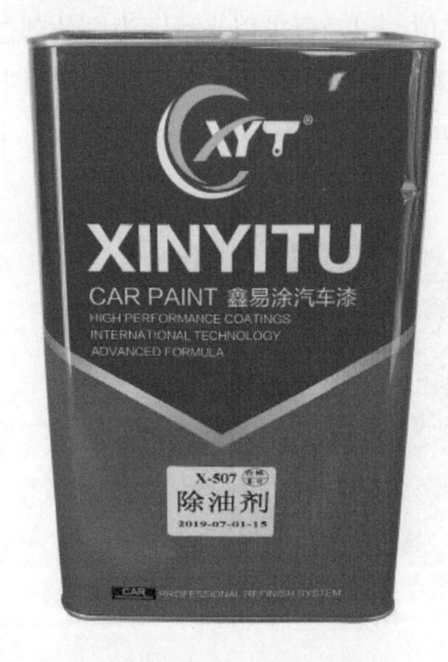

图 1-22　除油剂

图 1-23　除油布

（3）海绵软垫

海绵软垫（图 1-24）用于保护打磨机托盘，尤其在长时间恶劣环境下使用无尘网砂时，可以防止磨损和撕破。这种经济有效的托盘保护垫放置于托盘和砂纸之间，可延长托盘的使用寿命。在湿磨时使用真空隔离垫能有效地阻隔湿气进入集尘系统，从而保护了磨机和除尘系统。

（4）干打磨砂纸

干打磨砂纸（图 1-25）一般选用特制牛皮纸和乳胶纸，选用天然和合成树脂作为黏结剂，经过先进的高静电植砂工艺制造而成，具有防堵塞、防静电、柔软性好、耐磨度高、磨削效率高、不易粘屑等特点，适用于干磨。它有多种细度可供选择，适于打磨金属表面、腻子和涂层。砂纸的级别通常采用“P”表示，比如 P240，数字越大，说明砂纸细度越小（也可称为“240# 砂纸”）。

图 1-24 海绵软垫

图 1-25 干打磨砂纸

（5）粘尘布

粘尘布用于擦拭喷涂清漆前底材、中涂层、色漆表面的灰尘，如图 1-26 所示。

（6）打磨指示剂

使用打磨指示剂（炭粉）可以让微细的不平整之处立刻变得清晰可见，避免不必要的返工。在使用产品时，通过按压手柄控制出粉量，使用简单，单手操作，带隔膜的炭粉筒可以闭合，炭粉筒内的炭粉不会撒到外面，不会堵塞砂纸。炭粉盒确保手工或机器打磨的成果更加可靠，不含溶解剂，如图 1-27 所示。

图 1-26 粘尘布

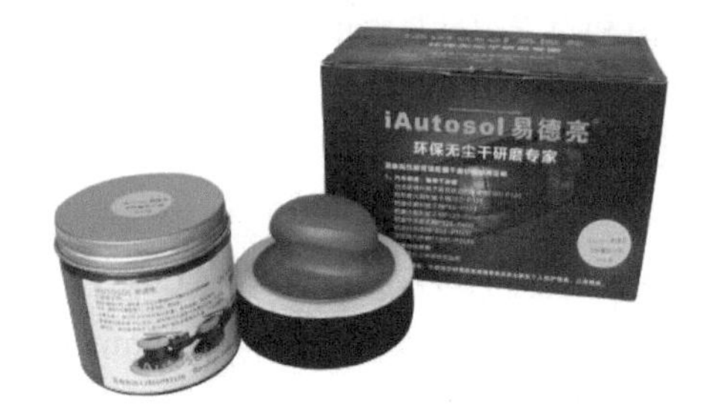

图 1-27 打磨指示剂（炭粉）

（7）原子灰

原子灰（图 1-28）又称加成聚合型腻子，是一种膏状或厚浆状的涂料，它容易干燥，干后坚硬，能耐砂磨。原子灰一般使用刮具刮涂于底材的表面（也有使用大口径喷枪喷涂的浆状原子灰，称为“喷涂原子灰”），用来填补齐底材上的凹坑、缝隙、孔眼、焊疤、刮痕以及加工过程中所造成的物面缺陷等，使底材表面达到平整、匀顺，使面漆的丰满度和光泽度等能够充分地显现。

（8）钣金灰

钣金灰（图 1-29）用于填补金属表面凹坑，具备良好附着力。它的特性为具有精细粒状结构、易刮涂、快干、易打磨，适合在不锈钢、铝合金及打磨好的金属表面和旧漆面上使用。调配好的材料使用时间一般为 3~5min，彻底干燥时间为 20~30min。

（9）填眼灰

如图 1-30 所示，填眼灰为单组分、快干、易打磨、幼细体质纤维。它的特性是填补微细砂痕、砂眼及划痕。适用于打磨好底漆、原子灰的底材。施工方法为刮薄层，每层间隔 5~10min；25℃时干燥时间为 15~20min。

图 1-28　原子灰

图 1-29　钣金灰

2. 底漆类

（1）环氧底漆

如图 1-31 所示，环氧树脂底漆简称环氧底漆，是物理隔绝防腐底漆的代表。环氧树脂是线型的高聚物，以环氧丙烷和二酚基丙烷缩聚而成。它具有极强的黏结力和附着力、良好的韧性和优良的耐化学性。

图 1-30　填眼灰

1）特性：具有抗化学腐蚀、防锈能力、优异的附着力。

2）适用底材：裸铁、铝合金、不锈钢、镀锌板。

3）闪干时间：8~10min。

4）干燥时间：5~6h/25℃；40~60min/60℃烘烤；15~20min/ 短波红外线灯烘烤。

5）打磨：干磨砂纸 P320~P600，水磨砂纸 P800~P1000。

图 1-31　环氧底漆

（2）中涂底漆

中涂底漆是丙烯酸双组分封闭底漆，常用于汽车大面积修补，可更好提高漆膜的丰满度、鲜映性及光泽，如图 1-32 所示。

1）特性：具有优异的填充性，极好的层间附着力和金属附着力，易打磨。

2）适用底材：裸铁、原子灰、环氧底漆、旧漆面。

3）闪干时间：8~10min/25℃。

4）干燥时间：3~4h/25℃；30~40min/60℃。

（3）塑料底漆

塑料底漆为空气干燥的单组分底漆，适用于汽车塑料零部件，具有增加塑料与面漆之间附着力的特性，如图 1-33 所示。

1）适用产品：PP、PA、PVC、ABS、TPO 等塑料底材。

2）挥发时间：3~5min/25℃。

3）干燥时间：15~20min/25℃。

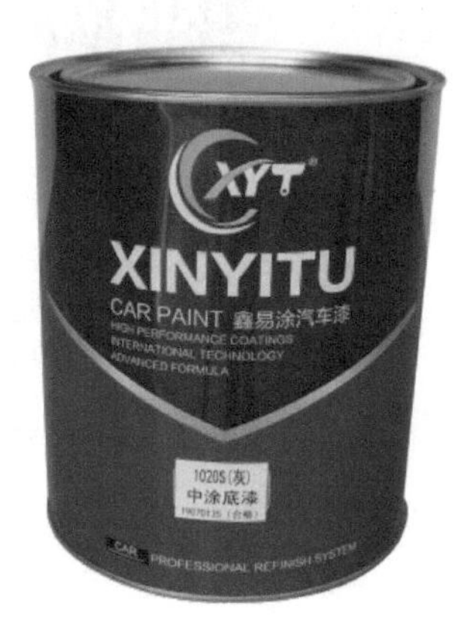

图 1-32　中涂底漆

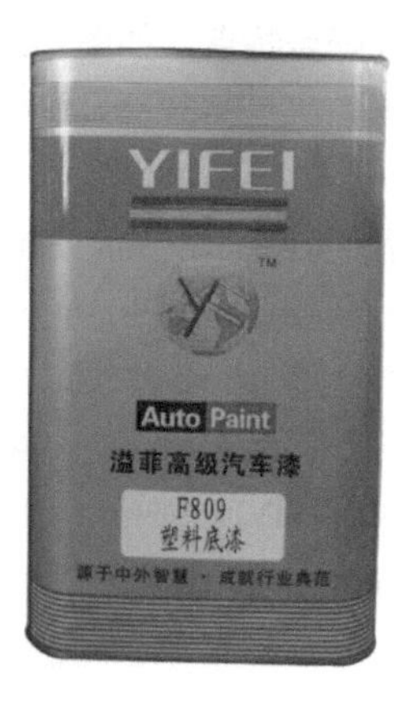

图 1-33　塑料底漆

3. 色漆类

（1）单组分色漆

单组分色漆包括双层面或三层面通用汽车车身修补漆系列，有素色银粉、珍珠漆色母，金属效果明显，干燥速度快，易于施工，如图 1-34 所示。

1）底材处理：经 P800~P1000 砂纸打磨后及除油污之旧漆面或底漆面。

2）表面清洁：除油清洁剂去蜡、硅物质及其他杂质。

3）可用时间：24h/25℃。

4）喷涂黏度：14~17s−4 杯 /25℃。

5）施喷涂层：2~3 层，15~25μm。

6）闪干时间：5~10min/25℃。

7）喷涂设备：普通喷枪 1.4~1.6mm，气压 3~4bar（1bar = 10^5Pa），喷涂距离 15~20cm；HVLP 喷枪 1.3~1.4mm，气压 1.5~2bar，喷涂距离 10~15cm。

图 1-34　单组分色漆（1K 漆）

（2）双组分色漆

双组分、单层面通用汽车车身修补漆系列具有施工性能好、干燥速度快、流平性佳、漆膜坚硬、光亮度高、颜色鲜艳、耐候性好等特点，如图 1-35 所示。

图 1-35　双组分色漆（2K 漆）

1）底材处理：经 P800~P1000 砂纸打磨后及除油污之旧漆面或底漆面。

2）表面清洁：除油清洁剂去蜡、硅物质及其他杂质。

3）施喷涂层：2~3 层，30~60μm。

4）相隔时间：5~10min/25℃。

5）喷涂设备：普通喷枪　1.4~1.6mm，气压 3~4bar，喷涂距离 15~20cm；HVLP 喷枪　1.3~1.4mm，气压 1.5~2bar，喷涂距离 10~15cm。

4. 清漆

双组分高浓清漆提供优异的漆膜保护性、耐久性和光亮度，适用于修补和全车喷涂，如图 1-36 所示。

图 1-36　清漆

1）特性：高光泽，高硬度，饱满度，干性快。

2）适用底材：各类底色漆，经研磨清洁处理彻底干燥的原厂漆面上。

3）可使用时间：4~5h/25℃。

4）施工黏度：15~17s/25℃。

5）喷涂工具：普通喷枪 1.4~1.6mm，气压 3~4bar，喷涂距离 15~20cm；HVLP 喷枪 1.3~1.4mm，气压 1.5~2bar，喷涂距离 10~15cm。

6）喷涂方法：喷涂两遍，第一遍薄喷，第二遍湿喷。

7）闪干时间：8~10min/25℃，烘烤前静置闪干 10~15min。

5. 辅助产品

（1）固化剂

如图 1-37 所示，固化剂是一种能够加速涂膜干燥的物质，对干性油膜的吸氧、聚合起着催化作用。使用方法如下：固化剂应在搅拌的情况下缓慢加入模板漆中，并应搅拌均匀，防止局部交联；加入固化剂的模板漆应在 4h 之内用完；使用时，应计算好模板漆的用量，随用随配，防止剩料浪费；计量要准确，掺量过多将影响模板漆的性能；固化剂需密封保存，防止水分渗入。

（2）稀释剂

稀释剂是把原料加工成粉剂时，或为了使其便于喷涂所加入的进行稀释的惰性物质，如图 1-38 所示。热固性树脂需加入稀释剂来降低它的黏度而便于进一步加工，这些稀释剂实际上都是比树脂便宜的有机溶剂，因此也起到降低加工成本的作用。

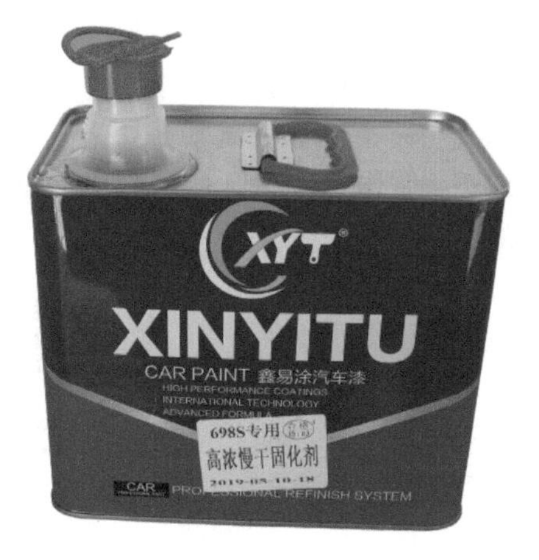

图 1-37 固化剂

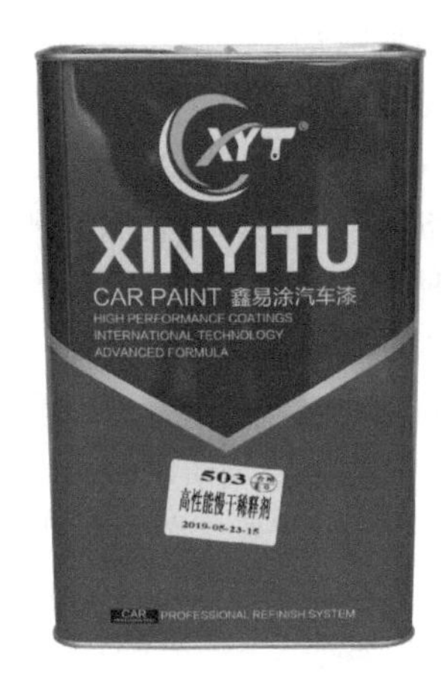

图 1-38 稀释剂

（3）驳口水

驳口水（图 1-39）一种特别配制的强溶剂，用于局部修补，使修补驳口边缘位置的漆膜颜色更加完整光滑。

它的特性是溶解新旧漆驳口部位的粗颗粒使新旧漆膜溶为一体。

1）喷涂工具：普通喷枪 1.4~1.6mm，气压 2~2.5bar，喷涂距离 15~20cm；HVLP 喷枪 1.0~1.3mm，气压 1~1.5bar，喷涂距离 10~15cm。

2）喷涂方法：完成清漆施工后，立即于驳口位置轻喷一遍驳口水，间隔 15s 后再轻喷一遍。

（4）天那水

天那水是由多种有机溶剂按一定比例混合而成的液体，常温下易挥发，有浓烈的香蕉气味，又叫“香蕉水”，也称稀释剂（图 1-40）。它是一种易燃易爆的化学危险品，有毒，多用于漆类、胶类溶解，挥发性仅次于汽油。天那水属于有机溶剂，对眼、鼻、喉有刺激性，口服后口唇、咽喉有烧灼感，然后出现口干、呕吐、昏迷等，皮肤长期反复接触可致皮炎，吸入人体后会对人体的造血细胞造成一定的危害。如果吸入其挥发气体过量，应当立刻将中毒者转到空气流通的地方让其平躺好，并解开其腰带以及领口处的扣子，周围不能围太多的人群。情节严重者要立刻采取急救措施并及时送往医院。

图 1-39 驳口水

图 1-40 天那水

（5）高效脱漆剂

图 1-41　高效脱漆剂

高效脱漆剂（图 1-41）分为酸性脱漆剂、碱性脱漆剂、中性脱漆剂脱漆剂，又叫褪漆剂、洗漆剂或去漆剂，由氯代烃、酮、酯、醇、苯系物等溶剂混合而成。它利用溶剂对覆盖物具有渗透溶胀作用，能有效去除各种基材表面油漆、涂层等。其使用方法如下：

1）浸泡式：将需要脱漆的工件全部浸泡在脱漆剂中 0.5~5min，旧漆膜产生强烈溶胀，鼓起，即可全部脱落，取出后用高压水冲掉在工件表面的残余漆片，用清水洗净即可。

2）涂刷式：对于大工件，可用毛刷或棉纱将脱漆剂涂于漆的部位，对于漆膜厚的工件，可反复涂刷 2~3 次，直至漆膜脱落，后清洗工艺与浸泡式一样。

3）浸泡时，将本剂置于防腐容器中，加适量水使其封住本剂防止挥发，因树脂不同处理时间不同；涂刷时，直接涂于漆膜表面，漆膜会慢慢鼓起脱落。

（6）遮蔽膜

遮蔽膜属于遮蔽产品的一种，主要用于汽车维修喷漆时遮挡油漆、遮挡涂料及汽车美容操作时遮蔽车身漆面或部件，如图 1-42 所示。产品分为耐高温和常温两种（根据产品制造工艺喷完漆后烤漆的温度环境不同），可有效地提高生产的效率，节约人工，改善以前用废报纸挡漆会渗漆的现象。

（7）遮蔽纸

遮蔽纸以牛皮纸为基材，上面复合上美纹纸胶带而成，主要应用于汽车喷漆时遮挡油漆及室内装潢遮挡涂料，如图 1-43 所示。它的特点是防渗透、耐温、粘接性能优良，节省成本，使用方便，有效解决大面积喷漆所面临的各种问题。

图 1-42　遮蔽膜

图 1-43　遮蔽纸

（8）滤纸

大部分滤纸由棉质纤维组成，如图 1-44 所示。由于其材质是纤维制成品，它的表面有无数小孔可供液体粒子通过，而体积较大的固体粒子则不能通过，这种性质容许混合在一起的液态及固态物质分离。

图 1-44　滤纸

五 防护用品

人身安全保护是从事涂装作业必须引起足够重视的问题。只有采取了有效的保护措施才允许从事涂装作业，而操作者本人应当具备最基本的保护知识和技能。

1. 呼吸系统的安全与保护

磨料的粉尘、腐蚀性溶液和溶剂所蒸发的气体以及喷漆时的漆雾都会给呼吸系统带来危害。即使在通风良好的环境下，操作者仍需要佩戴呼吸保护器。呼吸保护器常用的有活性炭过滤面罩和防尘口罩。

（1）活性炭过滤面罩

这种面罩由一个适应人的脸型并具有密封作用的橡皮面具组成，如图 1-45 所示。它包括可拆卸的前置活性炭滤芯，可以滤去空气中的溶剂或喷雾。呼吸器还有进、排气阀门，以保证呼吸顺畅。

活性碳过滤面罩的维护主要是保持清洁，定期更换活性炭滤芯。当出现呼吸困难时，应更换活性炭滤芯；应定期检查面罩，保持良好的密封性能。

注意：目前常用的双组分油漆均含有氰化物，都无法完全用这种面罩进行过滤，同时这种面罩不可在封闭或不通风的环境下使用。

（2）防尘口罩

防尘口罩可以防止灰尘被吸入、仅用于打磨作业时佩戴，如图 1-46 所示。喷漆时不能用它代替活性炭过滤面罩使用。

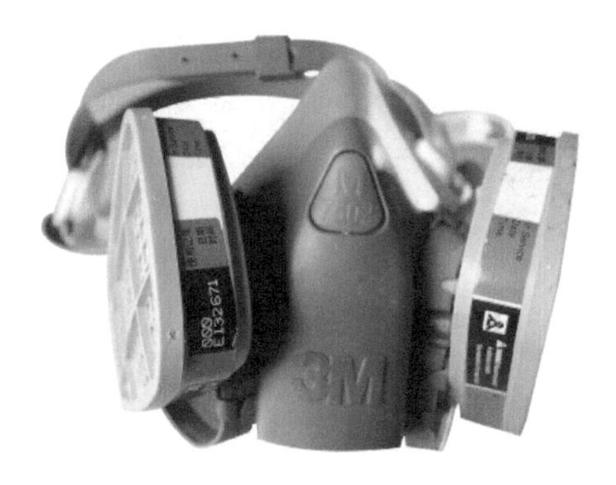

图 1-45 活性炭过滤面罩

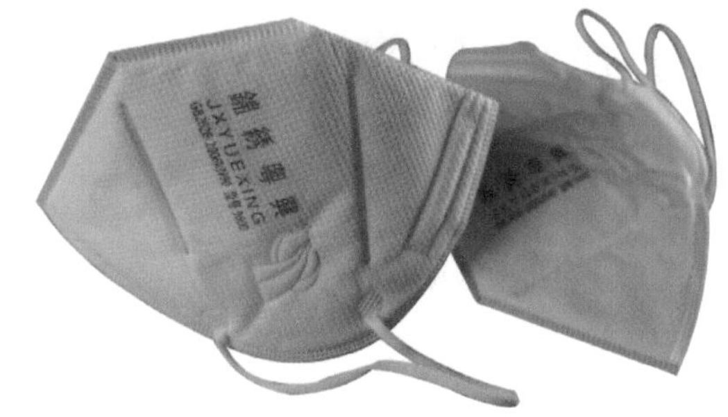

图 1-46 防尘口罩

2. 人体其他部位的保护

许多涂料及其相关产品有燃烧和毒性的危害，会刺激皮肤、眼睛、鼻子、气管等，引起眼花、头痛、倦怠、白血球减少等。长期暴露在有害物质含量、噪声较高的环境中，会导致头晕、耳聋等。这些症状不会立即出现，人会在不知不觉中逐渐慢性中毒、耳聋。因此，操作者必须采取有效的保护措施。

（1）眼睛和脸部的保护（防护眼罩）

工厂各处均有飞扬的灰尘和碎屑，可能会伤及眼睛。操作磨轮、气凿和在车底下工作时都要戴防尘镜、护目镜或防护面具（图 1-47）。在焊接时，必须戴遮光镜和头罩，使眼睛和脸部不致受伤害。

（2）耳朵的保护（耳塞）

敲打钢板或打磨时所发出的噪声，对人的听觉有不利的影响，重者会损伤耳膜。因此，在钣金作业时应佩戴耳塞，如图 1-48 所示。

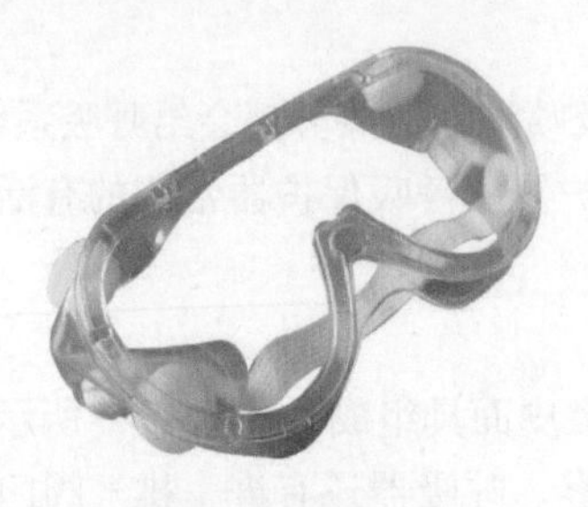

图 1-47　防护眼罩

图 1-48　耳塞

（3）手部的保护（溶剂手套）

为防止溶液、底漆及外层涂料对手的伤害，应佩戴安全手套进行操作，如图 1-49 所示。洗手时应用洗手膏，千万别用稀料。

（4）脚的保护（防护鞋）

在钣喷作业时，应穿带有金属脚尖衬垫及防滑的安全工作鞋，如图 1-50 所示。金属脚尖衬垫可以保护脚趾不被落下的物体碰伤。喷漆时，还应套上方便鞋套或鞋罩。

图 1-49　溶剂手套

图 1-50　防护鞋

（5）身体的保护（喷涂服）

应按规定穿着工作服进行作业，在喷漆场地应穿清洁的喷涂服，如图 1-51 所示。此类工作服面料不起毛，以防影响漆面质量。脏的和被溶剂浸过的衣服会积存一些化学物质，对皮肤会产生影响，未经允许不要穿着。工作服的上衣应是长袖的，袖口必须是橡皮筋扎口；工作裤要有足够的长度，裤脚口也必须是橡皮筋扎口。

图 1-51　喷涂服

第二章

喷涂设备维护

第一节　供气系统的维护与保养

供气系统对整个汽修车间有重要影响，专业的供气管道系统可以解决工具寿命短、效率低的问题。要根据厂家的用气量、各类工具的气压要求以及对压缩空气的品质要求，合理设计一整套供气系统。

喷涂是利用压缩空气的作用将涂料均匀地喷涂在板材表面，为了获得高质量的喷涂层，除了高质量的涂料和熟练的喷涂技巧之外，保持压缩空气供应系统的高效和稳定运转是十分重要的。压缩空气是一种重要的动力源。与其他能源比，它具有下列明显的特点：无色透明，输送方便，没有特殊的有害性能，没有起火危险。空气压缩机（可简称为空压机，俗称气泵）是提供压缩空气的设备。除了喷漆需要用压缩空气之外，所有气动工具和设备都要利用有一定压力和流量的压缩空气作为动力源。

空气压缩机有很多种类。用于汽车喷涂的一般是采用容积式的空气压缩机，容积式的空气压缩机又有转子式、螺旋杆式、活塞式、膜片式，用于汽车喷涂的主要以螺旋杆式和活塞式的较为常见。

一　车间供气系统

1. 认识维修车间供气系统

汽车维修车间的喷涂、干打磨都离不开压缩空气，而压缩空气是由车间的供气系统将空气加压，通过管路送到各个需要用气的工位。供气系统主要由空气压缩机、储气罐、油水分离器、气体净化干燥器、管路组成。

大气中的空气由空气压缩机吸收、过滤、加压后送入储气罐，类似于日常生活中给自行车轮胎打气，储气罐是轮胎，打气筒是压缩机。储气罐中的空气含有水分、油污等，需通过油水分离器除掉其中的水分和油污，最后将干燥纯净的气体通过管路输送到各个阀门以供使用。

油水分离器主要用于压缩空气管路粗略过滤，安装在过滤器前端，能够有效地清除压缩空气中的水、油、尘埃等。设备内部同时采用直接拦截、惯性碰撞、布朗扩散及凝聚等机理，可有效减轻后部过滤器的负荷。

此外，空气冷冻干燥机主要用于降低压缩空气的温度。它既可以吸收气流的热量，又可以清除杂质和残余的油、水。空气中的油和水未清除干净会造成喷涂缺陷。

2. 空气压缩系统的组成

为了保证正常生产及良好的品质，空压机房的基本配置应包括空气压缩机（图 2-1）、储气罐（图 2-2）、油水分离器（图 2-3）、气体净化干燥器（图 2-4）、气体输送管道（图 2-5）、多重过滤油水分离器（图 2-6）等。

（1）空压机

空气压缩机是所有空气系统的心脏，它的作用是将普通空气的气压大幅提高。它必须具有足够的产气量以保证工具设备正常运转，一般来说，功率越大压缩机的工作能力越强。

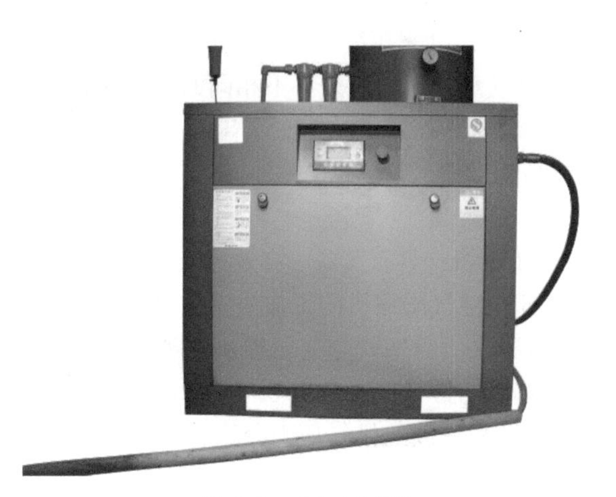

图 2-1　空气压缩机

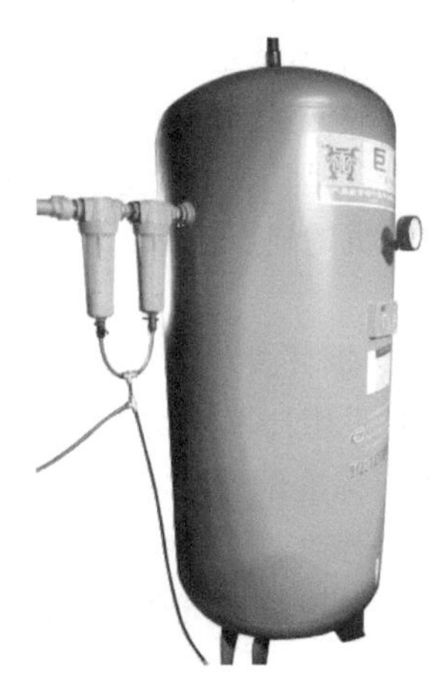

图 2-2　储气罐

图 2-3　油水分离器

图 2-4　气体净化干燥器

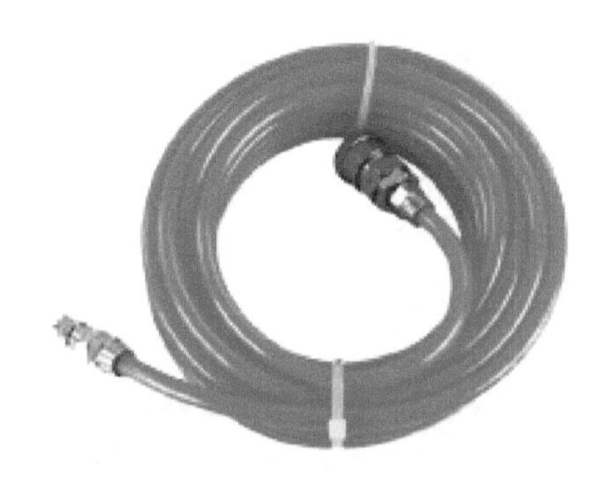

图 2-5　气体输送管道

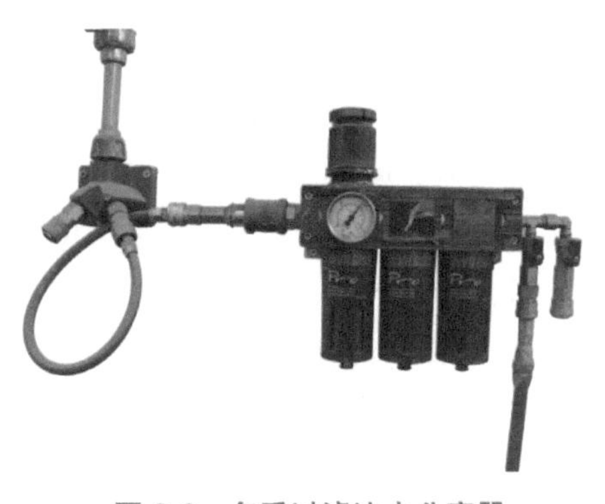

图 2-6　多重过滤油水分离器

汽车维修行业使用的空压机类型如下：

1）活塞式。活塞式空气压缩机是利用活塞的往复运动来压缩空气的，并在活塞运动过程中不断提高压力。根据生产的情况和需要，所需的空气量和压力值是各不相同的。活塞式空气压缩机适合于小型修理厂或用气量不大的喷漆车间。

活塞式空压机的缺点包括：压缩空气温度过高且含油量超标；功率小，产气量小；噪声大，振动大。

2）螺杆式。螺杆式空气压缩机是新一代空气压缩机，具有美观、高效、低速、低噪声、节能的特点，同时采用计算机仪表控制板操作。螺杆式空气压缩机的工作效率和可靠性很高，已在工业领域成为标准配置，在汽车修理行业将逐步取代活塞式空气压缩机。利用螺杆形转子在气缸内作回转运动来压缩和输送气体的回转压缩机的排气量通常为25～38000m³/h。在大气压力下吸气时，单级的排气压力可达0.5MPa，两级和三级的排气压力分别在1.2MPa和3MPa以上。

螺杆式的优点包括：功率大，产气量大；压缩空气品质好；振动小、噪声低；安装经济。

空压机房设计、设备安装必须由专业人士完成，必须保证电源的供应，机房设置、防振、隔声、通风、散热、排水等一系列问题必须合理解决。

注意：在选择压缩机时须经专业技术人员精确计算确定其型号、功率等一系列参数。功率过大，造成不必要的浪费；功率过小，影响正常生产，无法保证供气量。

（2）储气罐

空气压缩机输出的压缩空气一般都要进入储气罐暂时储存。只有当储气罐气体的压力达到气动工具所需要的压力值时，气动工具才能正常工作。储气罐实质上是个蓄能器，其容积越大，所能储存的压缩空气量越多。只有当气动工具使用时，压力下降到一定值，压缩机才会起动重新向储气罐充气。可见储气罐的作用在于减少压缩机的运转时间，同时又能保证供给气动工具用气的需要，因此可以减少压缩机的磨损和维修工作。

（3）油水分离器

油水分离器又称油水过滤器，用来净化压缩空气。它把空气中含有液体和杂质成分从流经过滤器的空气中分离出来。如果没有过滤器，这些成分将对接在后面的设备的工作效果产生不利影响。

（4）AO级过滤器

压缩空气中含有大量灰尘、油污、杂质等，AO级过滤器过滤精度可达1μm，对工具和设备起到保护作用。

（5）空气干燥装置

由于空气中含有一定量的水蒸气，压缩空气的同时水蒸气也被压缩了，如果外界条件变化或空气膨胀，那么空气中就可能形成水滴或雾，从而影响到喷漆的质量。因此，需要使用空气干燥装置来除去空气中的水蒸气。

空气干燥装置主要有两类：冷却型干燥器和吸收型干燥器。在冷却型干燥器中，空气的温度被降到露点以下，于是水蒸气便凝结成水滴，随后被排放出去。在吸收型干燥器中，水蒸气是被介质吸收的，如硅胶。硅胶吸足水后需要更换，但在比较昂贵的干燥器中，硅胶是可以再生的。还有一种叫旋风式过滤器，这种过滤器可以安装在喷枪的空气进口处，不需要时可以随时卸掉。它可以除去压缩空气中的大部分脏物，但由于它是密闭的，无法将液体排出，故必须定期更换。

（6）管道

空压机若是心脏，管道就像是血管，要选用合适的管道直径。另外在管道选材上也要特别注意，若选材不当，那意味着埋了一颗定时炸弹。

1）管材选购材质要求。管道材质要保证各项性能，包括耐温、耐压、防锈和抗腐蚀，以免压缩空气中的腐蚀性物质和锈渣损坏气动工具及污染涂装用的供气管。

2）管道的安装与合理布局。整体布局要求美观、合理，具有合适的安装高度，分段分区安装阀门和活接；用专用工具或胶水粘接，确保不漏气。

3. 供气岗

（1）通用供气岗

通用供气岗适合机修车间使用。岗位配置有单隔油水分离器，主要是隔水作用，保护工具，防止工具生锈而缩短其寿命；另需配压力调节器，以保证工具在最合适的气压下正常工作。

（2）气动工具供气岗

气动工具供气岗主要适合用气量较大的打磨、风炮、矫正台等设备工具使用。

（3）喷漆专用供气岗

喷漆专用供气岗主要适合烤房喷漆用，由于喷漆对所需压缩空气的要求很高，须安装高精密度的专用油水过滤器，保证 0.01μm 以上的杂质可以过滤干净。

另外由于喷涂时所需气流量大，必须考虑过滤器的通气量，同时需选择合适的喷漆软管，喷漆时必须备有压力调节表以便正确操作各类喷枪。

（4）喷漆气动两用供气岗

喷漆气动两用供气岗主要适合小量喷漆、抛光、美容、轮胎充气等使用。

（5）供气散件的使用

1）快速接头：漏气往往与接头有关，普通接头使用寿命为 10 天 ~ 1 个月左右，且常常引起漏气。优质快速接头可 10 万次可靠使用，并有一年保质期，如出现问题保质期内包换，漏气现象几乎不存在。

2）欧式接头通气量：普通接头为 883L/min，大号为 1800L/min。

3）亚式接头通气量：1966L/min。

4）软管内的压降：软管的长度越长，则工具端的压力越小；软管的内径越大，供气量就越大，压力降就越小。

二　供气系统的使用

接通电源开关，旋转打开急停开关，如图 2-7、图 2-8 所示。

注意：只要按停机按钮，空压机就开始延时停机状态，这时备机指示灯闪烁，经过一段时间后，空压机自动停机。如果空压机在运行时已停机，按停止按钮后就可完全停机。

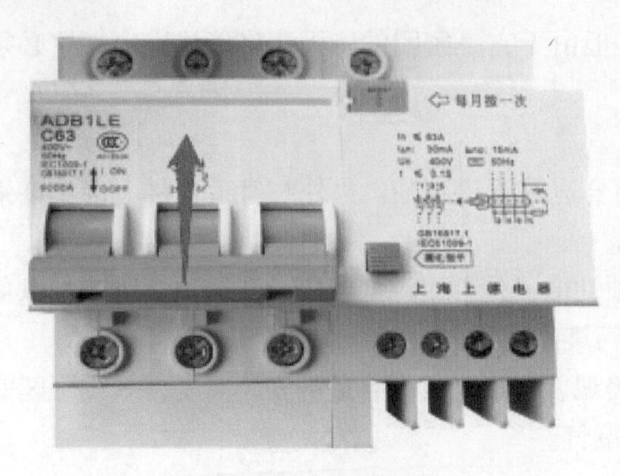

图 2-7　电源开关

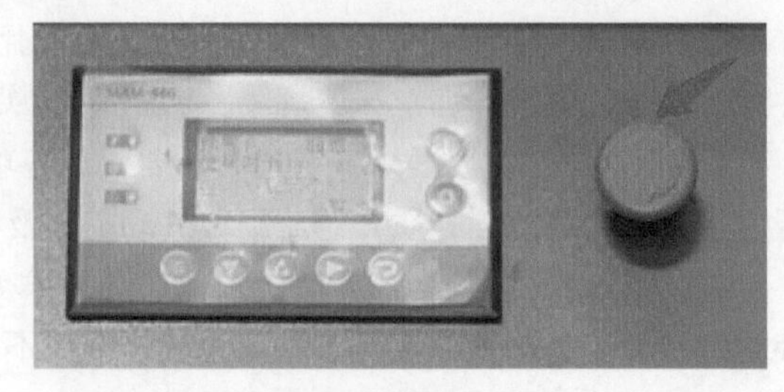

图 2-8　急停开关

按下程序开关，运行压缩机（图 2-9）。压缩机压力显示达到 0.8MPa 时即可达到使用压力要求。应该避免压力过高，否则会导致设备负载加大，加速磨损和管道破损，缩短设备寿命；压力过低则会使气压达不到使用要求。

图 2-9　压缩机程序开关

三　供气系统的定期维护

供气系统的定期维护主要是对油水分离器中油水的排放。由于长时间分离油水等物质，会让油水分离器储存油液和水，同时储气罐底部也会沉积大量油液和水，需要每天及时排放，避免过满。如果发现进入供给使用的压缩空气中有油液和水分时，应该立即检查油水分离器（图 2-10）是否正常，必要时更换。

图 2-10　油水分离器

每周应检查各安全阀和管道接口是否漏气、老化；清洁空压机空气滤芯（图 2-11），检查空压机机油量是否正常，清洁整个供气系统的尘埃污垢，保持整个供气系统的干净整洁。

每月应更换压缩机空气滤芯，检查空气压缩机的传动机构是否正常，检查空压机上各螺钉是否松动和气泵压力上升时间是否正常；机油应每6个月更换一次，如图2-12所示。

图2-11　空压机空气滤芯

图2-12　空压机机油

四　供气系统维护

1. 穿戴维护供气系统的防护用品

防护用品包括防尘口罩、棉纱手套、防护眼罩等，如图2-13所示。

图2-13　穿戴防护装备

2. 放出储气罐中的油液和水

储气罐底部也会沉积大量油液和水，需要每天及时排放，避免过满，如图2-14所示。

3. 放出油水分离器中的水分

应该在停机的状态下进行放水，并且需要等待让冷凝水温度降低到正常状态。为保证冷凝水排放得充分，应在看到有机油流出的情况下再关闭球阀。如果发现进入供给使用的压缩空气中有油液和水时，应该立即检查油水分离器是否正常，必要时更换，如图2-15所示。

注意：停机后，将储气罐出风口截止阀关闭，排放储气罐的污水；在停机5min以后，打开排油球阀，排尽油气分离器的冷凝水，直到有油流出为止。

图 2-14　储气罐放水

图 2-15　油水分离器放水

4. 放出烤漆房多重空气过滤器中的水分

应根据当地的实际空气湿度进行水分排放时间的设定，比较潮湿的地区可以相应增加排放频次，如图 2-16 所示。

5. 开启空气压缩机，观察压力是否正常

压缩机压力显示达到 0.8MPa 时即可达到使用压力要求。应该避免压力过高，否则会导致设备负载加大，加速磨损和管道破损，缩短设备寿命。压力过低则会使气压达不到使用要求，如图 2-17 所示。

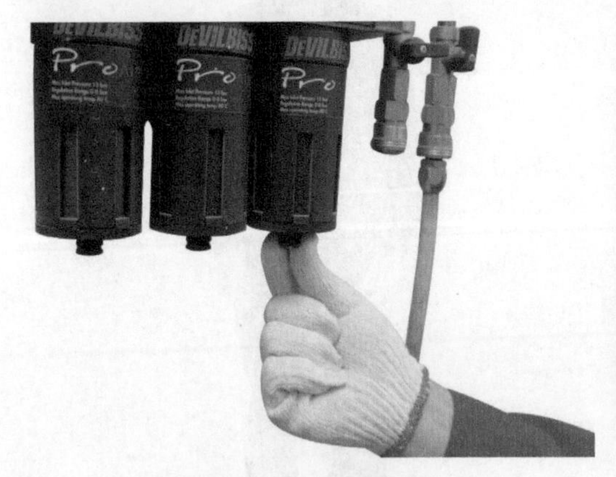

图 2-16　过滤器放水

图 2-17　检查压缩机

6. 检查各放水开关是否漏气

空压机运行中如果发现严重漏气时，应停机检查、排除故障，如图 2-18 所示。

7. 检查压缩机机油

检查机油液面是否正常，油气分离筒上的油镜油位不能低于油标下限，在运行时也一样，如图 2-19 所示。

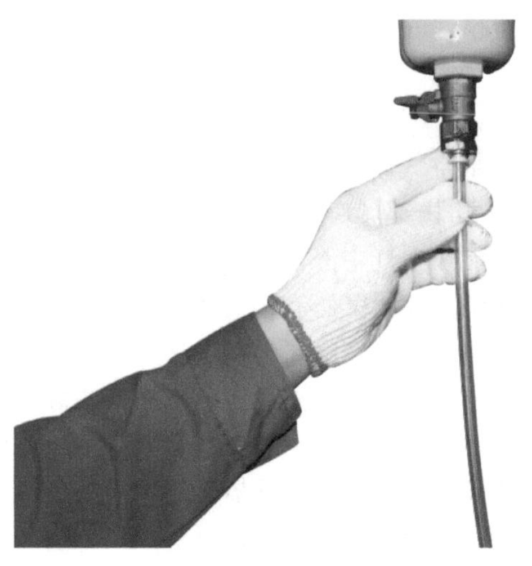

图 2-18　检查放水开关

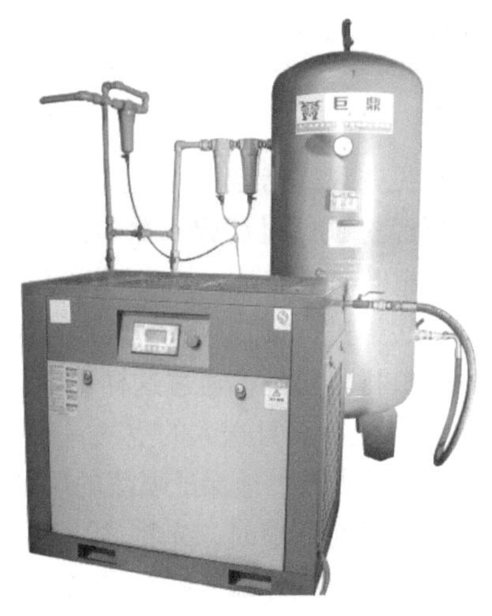

图 2-19　检查压缩机机油

第二节　烤房的使用维护与保养

汽车喷涂不但能起到美观的作用，而且还能起到保护作用，可以防止车身在恶劣环境中遭到腐蚀，防止金属件被侵蚀，延缓塑料件的老化。烤漆房就是通过对物体表面进行喷涂染色及烘干，同时具有装饰、修复作用的专业设备。

烤漆房一般是用来喷涂和烘烤漆的，因此，对烤漆房最确切的描述应为“喷烤漆房”。烤漆房广泛用于汽车、机械、五金、家具、玻璃钢制品、化工设备等工件的表面喷漆、烤漆施工作业。

烤漆房按气流方向来分类，可以分成横流式烤漆房、侧面下冲式烤漆房、全下冲式烤漆房。

1）横流式烤漆房：气流从房的一端流向另一端。此种机型成本低，易安装。缺点是雾状物沿着车身侧面移动，且雾气不能从操作者的面部周围除去，工作环境不尽人意，室内烤漆温度不平衡，影响质量。

2）侧面下冲式烤漆房：空气通过天棚的过滤装置进入烤漆房，由房的侧面墙根排出。这是中档价格的烤漆房。由于雾状物远离车身，且能从操作者的周围除去雾气，因而喷漆效果和工作环境均较理想。

3）全下冲式烤漆房：体现了当今最先进的技术，空气从天棚进入，通过地坑或地下室排放到外面。这种排气方式可得到较洁净的喷漆过程和安全的工作环境。但其成本高，占用空间大。

烤漆房按加热方式来分类，可以分成柴油烤漆房、电加热烤漆房、蒸汽加热烤漆房、远红外烤漆房、废机油烤漆房、天然气烤漆房等。

烤漆房按漆雾处理方式来分类，可以分成干式烤漆房和湿式烤漆房（水处理）两大类。其中，使用最多的是干式烤漆房，其过滤系统（主要是指初级过滤棉和次级过滤棉等）要定期检查并进行更换，否则轻则影响喷涂质量，重则可能引起火灾。

随着科学技术的进一步发展，处理多余漆雾的方式越来越先进。

一 烤漆房的工作原理

以常见热风式烤漆房为例，烤漆房在喷漆时，外部空气通过进风口棉过滤后，由风机送到房顶，再经过顶部过滤棉二次过滤净化后，进入烤漆房内部。房内空气采用全降式，以 0.2 ~ 0.3m/s 的速度向下流动，使喷漆时产生的漆雾微粒不能在空气中停留，而直接进入烤漆房底部出风口的底棉进行第三次过滤，滤去喷漆过程中产生的过喷漆雾、有害气体，经处理的废气直接从排气口排出房外。通过这样不断的循环流通，使得烤漆房在喷漆过程中房内空气清洁度始终在 98% 以上，而且送入的空气具有一定的压力，可在车的四周形成恒定的气流以去除过量的油漆，从而最大限度地保证喷漆的质量。

当需要进行烤漆时，先将烤漆房的风门调至烤漆位置，烤漆房加热器和烤漆房换气系统都开始工作。风机将外部新鲜空气泵进换气系统后，利用热风进行循环，通过进风口棉进行初过滤，空气与热能转换器发生热交换后被送至烤漆房顶部的气室，再经过顶棉的二次过滤净化，进入烤漆房内部后成为热空气由底棉流出，借助风门的内循环作用，除吸进少量新鲜空气外，绝大部分热空气又被继续加热利用，使得烤漆房内温度逐步升高。当温度达到预定的干燥温度时，烤漆房的加热器会自动停止工作；当温度下降到设置温度时，风机和加热器又自动开启重新工作，从而使烤漆房内温度保持相对恒定。最后，当烤漆时间达到设定的时间时，烤漆房自动关机，烤漆任务完成。

二 烤漆房的结构

世界上汽车维修生产用烤漆房的结构原理都是相同的，其主要由房体、送排风系统、空气净化系统、加热系统、照明系统和控制系统组成。

从环保的角度考虑，烤漆房对空气净化率要求非常严格，因此须采用空气过滤材料来保证空气质量。一般选用高效无纺过滤布，在长时间使用、污染严重时，要更换新的过滤布。

烤漆房的房内照明和烘烤设备也有相关要求。房内照明要求光线明亮、柔和，使用寿命长，这样才能看清车身表面，保证喷漆质量；烘烤设备要求温度恒定，烘烤均匀。烤漆房多采用电控系统对烤漆过程进行程序控制，保证设备使用方便、稳定可靠，这样才能使汽车的油漆修补涂装达到满意的效果。

1. 房体

如图 2-20 所示，房体作为汽车烤漆房的基础部件，是其外在质量的主要体现。烤漆房外形皆为长方体。由于生产工艺水平的差异，各种型号烤漆房的外观品质呈现出明显的区别。烤漆房房体结构可分为框架结构和墙板组合式结构两类。框架结构在进口烤漆房中比较常见，它是在房体骨架的内、外铺以镀锌铁皮，中间夹厚度为 40 ~ 60mm 的隔热保温材料。国产烤漆房普遍采用墙板组合式结构，它是用轻质保温板拼装而成的。保温板表层为彩色钢板，芯材为阻燃型聚苯烯或聚氨酯泡沫塑料。墙板组合式结构重量轻，隔热保温性能好，不需要房体骨架，生产工艺性和经济性都比较好。

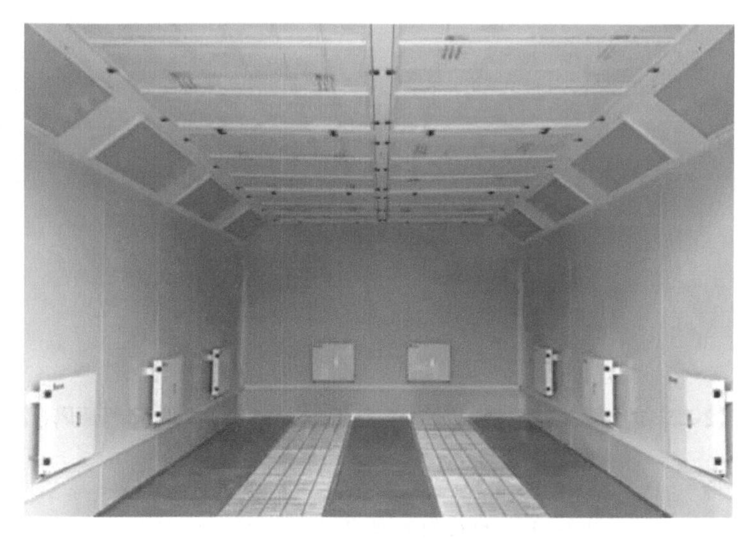

图 2-20 烤漆房及其内部

2. 送排风系统

如图 2-21 所示，为减少有害气体和漆雾的危害，要将这些气体排除到室外。排风扇开启后，将室内的有害气体排到室外，室内形成负压。室外的新鲜空气因负压作用从进气口进入室内，产生流动。如此循环才能更好地将室内的有害气体和漆雾排除，减轻对操作人员的危害并提高喷涂质量。

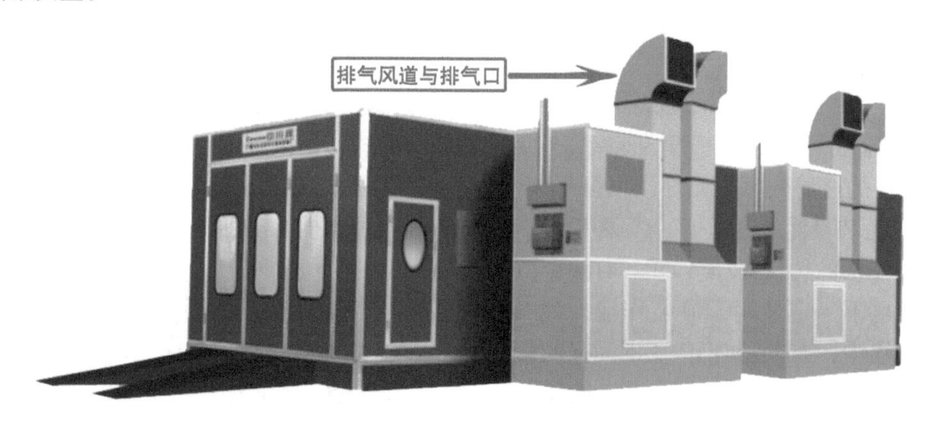

图 2-21 烤漆房排风装置

进气通风过滤棉过滤空气中的灰尘，保证烤漆房内尽量做到无尘。它安装在汽车烤漆房的顶棚，作为最终空气供给过滤棉，采用抗断有机合成纤维构成的高性能热熔法加工而成。它具有递增结构，利用逐渐加密多层技术，即往纯净空气方向的纤维密度逐渐增大，较高过滤效率，可根据尘埃大小被阻挡在不同密度的层次，更有效地容纳较多尘埃，如图 2-22 所示。

排气通风过滤棉能过滤喷涂时产生的漆雾，不对室外形成污染。它安装于烤漆房隔栅底部或排风机底部，用于收集烤漆房在作业时产生的过量喷漆游离粒子，广泛用于干式涂装工程，如喷漆台、汽车喷漆房的排出漆雾系统，如图 2-23 所示。

过滤棉的终阻力和容尘量决定了过滤棉的使用期限，也是评定过滤棉性能的重要指标。

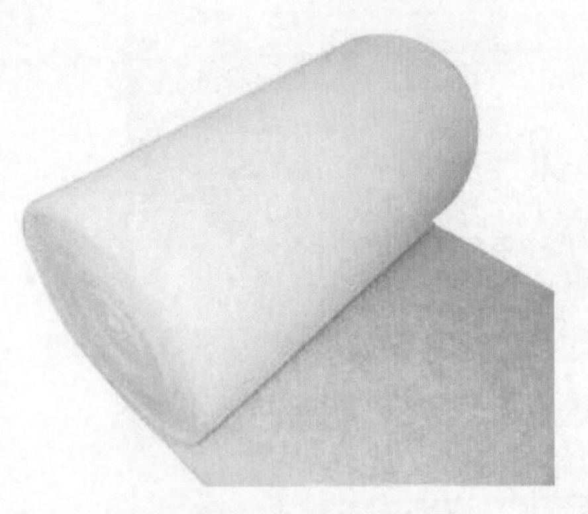

图 2-22 进气通风过滤棉

图 2-23 排气通风过滤棉

3. 空气净化系统

空气净化系统的结构及性能水平是保证烤漆房作业区洁净度的关键。烤漆房作业区实际上就是一个洁净室，进入作业区的空气要净化，自作业区排出的气体也要净化。烤漆房依靠空气净化系统实现空气净化。

国内外汽车烤漆房空气净化系统都采用过滤法，其结构形式相同，在送风系统中，设置两道过滤器，在进气口设置粗效过滤器，在顶棚设置高效过滤器，过滤面积应不小于顶棚面积。在排风系统中，一般设置一道过滤器。

空气净化系统净化空气的能力完全取决于过滤器的结构与性能。过滤器由框体和滤芯组成，顶棚过滤器多由若干个小面积的过滤器组装而成。过滤器的滤芯采用干式无纺化学纤维滤芯（通称过滤棉）。

显然，过滤效率越高，过滤器的净化作用就越好。过滤器的过滤效率不仅取决于滤芯，还取决于过滤器的结构，如过滤器连接、安装面的结构形式及框架刚度直接影响其密封性，从而影响过滤器的过滤效率。此外，顶棚框架与房体安装接缝的密封性差会造成烤漆房顶棚“掉灰”，即使是装最优质过滤棉的烤漆房也难免“掉灰”。过滤棉有多种类型和规格，即使是符合欧盟国家公认的德国标准（DIN24185）分类的过滤棉也不一定适用于涂装作业，如 EU5 类的过滤棉中，有的适用于涂装，有的就不适用于涂装。按欧盟的规定，只有能滤除大于等于 10μm 的颗粒物以及效率在 98.7% 以上的 EU5 类过滤棉才适用于涂装。涂装用的过滤棉的规格代码在欧盟各国也不相同，如荷兰为 FF-560、CC-600G，意大利为 6/50、6/51、6/60、6/61。不同规格过滤棉的技术特性（过滤效率、终阻力、容尘量等）不相同。图 2-24 所示为 UV 光氧净化器。

图 2-24 烤漆房 UV 光氧净化器

4. 加热系统

红外线烤灯（图 2-25）的作用是对漆房升温，达到最佳喷涂温度，从而提高喷涂质量。喷涂完成后打开红外线烤灯能快速干燥漆面，使漆面快速固化，增强其硬度，提高工作效率。

5. 供气系统

供气装置（俗称气泵）是提供压缩空气的设备。除了喷漆需要用压缩空气之外，所有气动工具和设备都要利用有一定压力和流量的压缩空气作为动力。空气压缩机如图 2-26 所示。

图 2-25 红外线烤灯

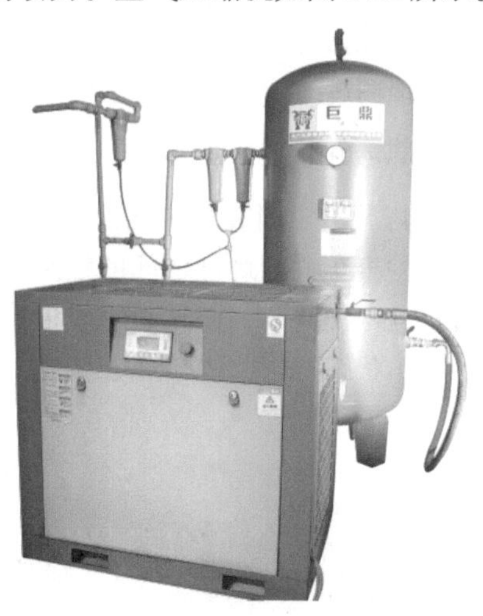

图 2-26 空气压缩机

三 烤漆房的使用

1. 打开电源总开关（检查）

打开电源总开关后，检查各电路是否正常、接通是否良好，有无接触不良现象，以免发生漏电，如图 2-27 所示。

2. 打开照明开关（检查）

照明开关打开以后，检查各电灯是否正常工作，如图 2-28 所示。

图 2-27 烤漆房电源总开关

图 2-28 烤漆房照明开关

注意：不要带易燃易爆物品进入烤漆房。在进入烤漆房前，应吹净自己身上的灰尘，以免带入烤漆房，影响烤漆房的喷涂质量。

3. 打开喷漆开关（检查）

喷漆开关（图 2-29）即烤漆房抽风装置开关，在使用前应检查排风电动机、过滤棉的性能是否达标。烤漆房过滤棉的更换周期，因使用环境及使用频率的不同会有所区别，就平均使用寿命而言，顶棚过滤棉一般为 3~6 个月，漆雾毡为 1~2 个月。

4. 打开烘烤开关（检查）

打开烘烤开关（图 2-30）之前，将烤漆房的油漆与使用的耗材工具带出，以免在高温下发生爆炸。应检查车辆与烤灯之间的距离是否达到烘烤距离，烘烤温度设置不得超过 60℃，烘烤时间设置在 45 ~ 60min，必须查看有没有易燃物在烤灯上。在烘烤期间，工作人员要时刻观察烤漆房的工作状态。

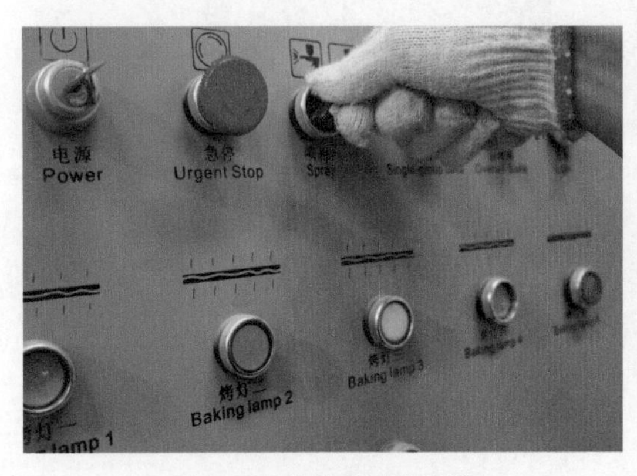

图 2-29　烤漆房喷涂开关

图 2-30　烤漆房烘烤开关

四　烤漆房的定期维护

烤漆房的定期维护主要是对进排气过滤棉进行更换。由于长时间过滤空气中的灰尘和漆雾，会导致烤漆房内空气循环不畅，漆雾不能及时排除影响喷涂效果以及增加排风电动机的负荷，根据实际情况，按工作量的多少，一般 3~6 个月更换一次过滤棉。所有更换下来的过滤棉都要进行特定处理，不得像普通垃圾一样处理旧的过滤棉。漆房烤灯用电量大，应该每天检查电线是否完好无损。在喷涂作业完成后，离开之前应去除喷涂时留下的漆雾尘埃等，保持烤漆房室内整洁、干净。

1）穿戴维护烤漆房所需的防护用品（防尘口罩、棉纱手套、耳塞、防护眼罩等），如图 2-31 所示。

2）打开烤漆房电源总开关，如图 2-32 所示。检查各电路是否正常、接通是否良好，有无接触不良现象，以免发生漏电。

图 2-31 穿戴防护用品

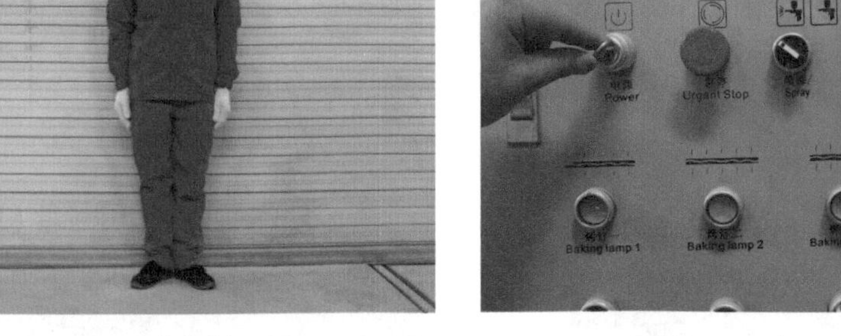

图 2-32 打开电源总开关

3）打开照明开关，检查各电灯是否正常工作，如图 2-33 所示。不要带易燃易爆物品进入烤漆房。在进入烤漆房前，应吹净自己身上的灰尘，以免带入烤漆房，影响烤漆房的喷涂质量。

标准：无易燃易爆品，自身清洁干净。

4）放好人字梯，如图 2-34 所示。使用人字梯时应做到上下人字梯时应面朝着人字梯；要做到三点接触和每次只能跨一档；手中不得拿其他任何东西（包括工具、材料等）；要保持身体的重心在人字梯的中间位置；不得超过人字梯倒数第三档以上部位；使用人字梯时必须保证始终有人扶着人字梯；人员上到 2m 高度时必须可靠系挂安全带；在人字梯上工作所需要的所有工具和材料应通过人字梯扶持人员以外的第三人传递来完成，禁止上下抛、投、扔工具材料；禁止两人同时使用同一人字梯；如有必要，则重新安放人字梯。

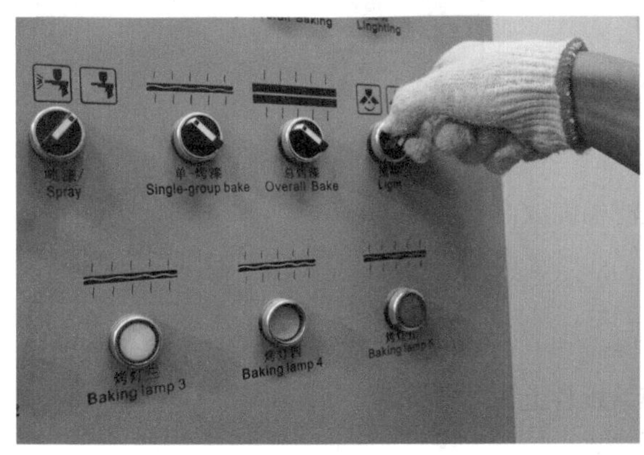
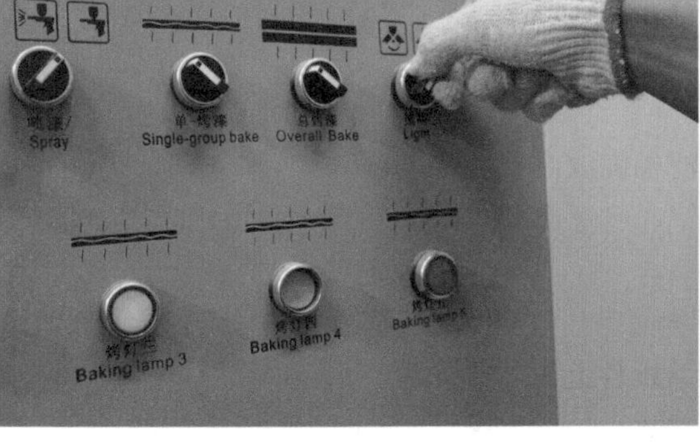

图 2-33 打开照明开关

图 2-34 放好人字梯

5）卸下进风口压棉框。压棉框拆卸下来后，应通过人字梯扶持人员以外的第三人传递来将压棉框平放到地面上，禁止直接从人字梯上把压棉框扔到地面上，如图 2-35、图 2-36 所示。

6）拆卸进风口过滤棉，如图 2-37 所示。

7）用吹尘枪对压棉框进行吹尘，吹尘时要注意角落缝隙等位置要清理干净，如图 2-38、图 2-39 所示。

标准：压棉框上无灰尘。

图 2-35 卸下进风口压棉框（一）

图 2-36 卸下进风口压棉框（二）

图 2-37 卸下进风口过滤棉

图 2-38 吹尘（一）

注意：在攀爬上人字梯时禁止手上拿着吹尘枪，应在人字梯上站稳后，通过人字梯扶持人员以外的第三人传递吹尘枪。在进行风窗吹尘作业时，身体要保持平衡，避免重心往一个方向偏离，同时另一只手应该扶住压棉框进行借力。

图 2-39 吹尘（二）

8）将进气过滤棉平铺在压棉框上面。进气过滤棉边缘一定要与压棉框平齐，不能留有有任何缝隙，如图 2-40 所示。

9）按压棉框大小剪下过滤棉，然后将过滤棉铺设在压棉框上，如图 2-41 所示。

标准：滤棉大小合适，周边无空隙。

注意：剪下滤棉时，滤料与框架和周边不得留有任何空隙。压棉框四周必须完全充满滤棉，否则就会导致灰尘从缝隙处进入烤漆房落到喷涂板件上。

10）将铺有过滤棉的压棉框一起装入进风窗内，再拧上螺钉，如图 2-42、图 2-43 所示。

注意：应通过人字梯扶持人员以外的第三人将铺有过滤棉的压棉框传递到进行安装的作业人员手上。在拧紧压棉框固定螺钉时要注意力矩。

11）将更换下来的旧过滤棉放置到指定回收位置，如图 2-44 所示。

注意：更换下来的过滤棉都要进行特定处理，不得像处理普通垃圾一样处理旧的过滤棉。

12）卸下排风口压棉框，如图 2-45 所示。

13）取出排气过滤棉放置在指定回收位置，如图 2-46 所示。

14）打开烤房喷漆开关，喷漆开关即烤漆房抽风装置开关，如图 2-47 所示。

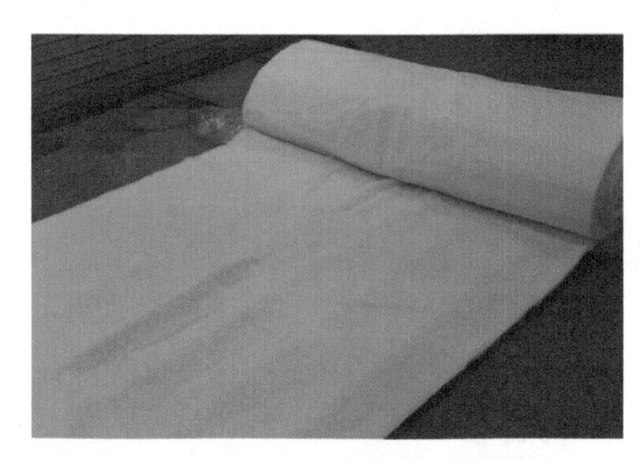

图 2-40 过滤棉平铺

图 2-41 剪下过滤棉

图 2-42 安装过滤棉框

图 2-43 过滤棉框安装完毕

图 2-44 放置过滤棉

图 2-45 卸压棉框

图 2-46 取出排气过滤棉

图 2-47 打开烤房喷漆开关

15）用吹风枪对排风窗进行吹尘，吹尘时要注意角落缝隙等位置要清理干净，如图 2-48 所示。

16）将排气过滤棉平铺在排风窗上面，排气过滤棉边缘一定要与排风窗平齐，不能留有有任何缝隙，如图 2-49 所示。

图 2-48 吹尘

图 2-49 铺过滤棉

17）用吹风枪对压棉框进行吹尘，吹尘时要注意角落缝隙等位置要清理干净，如图 2-50 所示。

18）装上压棉框，安装时要将压棉框平行放入排风窗，如图 2-51 所示。

图 2-50 对压棉框进行吹尘

图 2-51 安装压棉框

19）用刀片按压棉框大小裁下过滤棉，切割时切割面要平行，不能有歪斜，刀刃不能正对自己和他人，不要使肢体置于刀具的工作区域内，如图 2-52、图 2-53 所示。

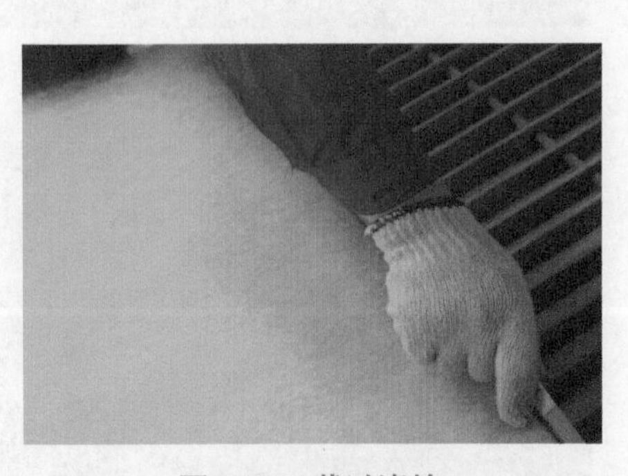

图 2-52 裁过滤棉

图 2-53 安装完毕

20）用吹尘枪和抹布清洁烤灯，对漆房内缝隙进行彻底除尘。除尘时注意角落缝隙等位置要清理干净，如图 2-54~ 图 2-56 所示。

21）放掉油水过滤器中的水分，直到有油流出则证明水分已经排除干净，应在机器停机、油气分离罐内无压力、充分冷却、冷凝水得到充分沉淀后进行，如图 2-57 所示。

图 2-54　清洁烤灯

图 2-55　清洁过滤器

图 2-56　清洁角落缝隙

图 2-57　油水过滤器放水

22）对烤灯以及用电设备电线进行安全检查，检查各电路是否正常、接通是否良好，有无接触不良现象，以免发生漏电，如图 2-58 所示。

23）6S 整理（将使用的工具设备清洁并恢复原位，对电、气进行检查并恢复原位，将废弃的过滤棉等维护过程中产生的垃圾清理干净），如图 2-59 所示。

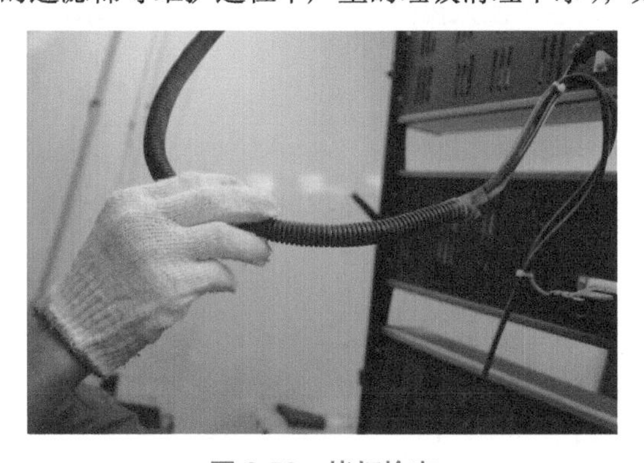

图 2-58　烤灯检查

图 2-59　6S 整理

24）关闭烤漆房照明开关及电源，如图 2-60、图 2-61 所示。

图 2-60　关闭烤漆房照明开关

图 2-61　关闭烤漆房电源

五　烤漆房维护的相关知识

1. 每天维护的内容

1）开启烤漆房。

2）扫除壁上、地上的漆尘，必要时以溶剂或脱漆水清除地面上的油漆，保持烤漆房内外清洁。

3）将压缩空气管挂好，不应有杂物及不需要的工具堆积在烤漆房中。

4）每星期清洁进风隔尘网，检查排气隔尘网是否有积塞，如房内气压无故增加，必须更换排气隔尘网。

2. 每月维护的内容

1）用吸尘机吸除漆雾过滤器上的漆尘，如需要，应予以更新。

2）检查和紧固烤漆房内的过滤器螺栓。

3）检查和维修烤漆房的加热及灯光照明系统。

4）检查和清理烤漆房门的密封胶条，确保其良好的密封性。

5）清洁进风口的尘埃过滤器。可将过滤器（或袋）浸入温热的肥皂水中，并以清水冲洗，以清除灰尘。不可用压缩空气吹干，待其半干后就可装配了。

6）每 3 个月清除掉室壁的保护层，并重新喷涂或粘贴。

7）每季度应检查进风和排风电动机的传动带是否松弛。

8）每半年应清洁整个烤漆房及地台网，检查循环风活门、进风及排风机轴承，清洗烤漆房水性保护膜并重新喷涂。

3. 每年维护的内容

1）检查进风口的过滤器，如有需要，应予以更新。

2）检查所烤漆房的加热及灯光照明系统，并更换损坏灯管。

3）检查所有安全系统开关、快速接头和风管接头。

4）给所有风机的滚珠筒加油。

5）每年应清洁整个热能转换器，每年或每工作 1200h 应更换烤漆房顶棉。

第三节 干打磨设备的使用与维护

随着汽车售后服务行业竞争的加剧，维修企业在利用各种方式提高顾客的满意度。人们对汽车维修企业的要求越来越高，消费者不再只是追求汽车维修保养的质量，而是进一步要求提高维修的速度和效率。汽车油漆修补工作在很多维修企业的业务量中占有较大的比重，那么维修企业如何实现油漆修补工作的高效率呢？那就是维修企业应该根据车间效益最大化的原则，在钣喷车间使用无尘干磨机和烤漆房等可以明显提高工作效率的设备和工具，并按照标准化的干磨工艺流程进行管理和作业。采用无尘干磨工艺的一个重点是选择合适的干磨机，如果干磨机过大会增加操作者的劳动强度并容易造成工作伤害，而干磨机过小会降低作业效率并容易致使工具受损。因此，选择合适的干磨工具非常重要。

对于维修企业来说，需要选择质量好和性价比高的工具和设备，以获得最大的经济效益。合格的干磨机应具备以下特点：高精度模块式部件（可以分部件更换）、低噪声、稳定的输出功率（可以有效地减少砂纸打磨的痕迹）、使用寿命长（通过良好的制造材料和加工工艺来保证）、符合人体工程学设计（例如容易握持）以及适宜的自重（可以减小操作者的疲劳强度，并有一定份量感）。

在国内的干磨机市场上，手持式气动干磨机占据主流地位。干磨机既要满足工作完成的质量和速度的要求，又要满足手感要求，还要考虑外形的美观等因素。不同地区的用户存在区域性差异，不同的手形大小和使用习惯都需要考虑在内。为了满足握持的手感要求，干磨机的外观几乎都是由复杂的自由曲面构成。同时，维修人员对气动工具安全性的要求越来越高，干磨机产品必须符合国家相关安全标准并取得认证。

一 打磨设备及打磨材料

汽车在运行中，始终受到自然环境（如日晒、雨淋、酸雨等）侵蚀，以及在行驶中受到意外的碰撞事故，使漆面出现氧化、起泡、龟裂、脱落、锈蚀等；同时在烤补、气焊等修理过程中也会引起部分损坏。因此，必须将旧漆膜清除掉并进行修整、打磨，为汽车的修补涂装做好准备。打磨在整个涂装工艺中起着重要的作用，它是表面预处理中重要的一环。

1. 打磨材料

砂纸是汽车维修中经常使用的打磨材料，用于砂磨旧涂层、原子灰层、除锈及漆面处理。砂纸是用各种不同细度的磨料粘结于纸上，制成各种细度的砂纸。磨料粘结牢固程度是砂纸质量的一个体现，而操作人员选择合适的砂纸细度并正确使用才能产生最佳效果。

（1）磨料的种类

制造砂纸的磨料根据原料可分为氧化铝、金刚砂（碳化硅）和锆铝三种。

根据磨料在底板上的疏密分布情况可分为密砂纸和疏砂纸两种：密砂纸上的磨料几乎完全粘满磨料面；用于湿磨疏砂纸的磨料只占磨料面面积的 50% ~ 70%。疏砂纸用于打磨较软的材料，如原子灰、塑料等，磨料面不容易被软材料的微粒粘满而失去作用。

氧化铝磨料是一种非常坚韧的磨料，能很好地防止破裂和钝化。根据粗细不同的选择，可制成用于除锈、清除旧涂层、打磨原子灰层、打磨新旧涂层的砂纸。氧化铝磨料硬度高、耐久性好、使用寿命长且不易在底层材料上产生较深的划痕，目前使用较广泛。

金刚砂（碳化硅）是一种非常锐利、穿透力极高的磨料，呈黑色，通常用于汽车旧漆面的砂磨，以及抛光前对涂面的砂磨。

锆铝磨料是已开发的第三种磨料，锆铝具有独特的自磨刃特性，在打磨操作过程中其自身不断地提供新的刀刃以提高工作效率和降低劳动强度。一般磨料在较硬的原厂清漆层上打磨会使涂层产生热量，被打磨的材料也会迅速变软并堆积在砂纸面的磨料上而降低打磨效率，而锆铝的自磨刃特性和工作时产生热量少的特性大大减小了打磨阻力，减少了材料消耗，提高了工作效率和表涂层质量。

（2）砂纸的规格

在汽车涂装修补领域使用的砂纸磨料粒度的标准一般采用欧洲的分级系统，即在标准的数字前标以字母 P，数码越大，磨料的粒度越小。粗细不同的磨粒粘结在特制的纸板上，构成适应各种施工需要的粗细不同的砂纸。

（3）三维打磨材料

三维打磨材料是研磨颗粒附着在三维纤维或海绵上形成的打磨材料，这类材料有非常好的柔韧性，适合打磨外形复杂或特殊材料的表面，可用于各种条件下的打磨。如百洁布就是三维打磨材料中的一种，主要用于塑料喷涂前的粗化、驳口前对涂膜的粗化以及修补前去除涂膜表面的细小缺陷等。

2. 打磨类型

打磨形式分为干磨和水磨，打磨方式又分为机器打磨和手工打磨。

机器打磨都是采用动力打磨机，多为干磨形式，又称为机器干磨式；手工打磨有干式和湿式之分，手工干磨由于易产生灰尘，且打磨痕迹粗糙，目前已逐渐被取代，生产中多用手工水磨方式。

手工水磨是较为传统的打磨方式，目前在一些中、小型的汽车修理厂里较多应用该方法。打磨的效果显而易见，表面较为平整光滑，手感好，适用于精细打磨，而且不易产生灰尘。但用该方法打磨裸金属和原子灰时，水分易被底材吸收，短时间里不易彻底挥发，这就为以后的喷涂留下了隐患，易造成喷涂缺陷，同时也降低了工作效率。目前的涂装施工中多采用双组分的原子灰和底漆，这些涂层不易打磨，若采用手工水磨势必会增加工人的劳动强度。而且随着全社会对环保要求的不断严格，手工水磨的废水处理又成为一个显著问题。喷漆工一年四季，无论数九寒冬还是三伏盛夏，手总是与污水接触，对身体健康造成了危害。

针对以上问题，机器干磨系统有了很大改进，德国费斯托公司率先推出了无尘干磨系统，可将 80% ~ 90% 的打磨灰尘吸进回收装置里，有效解决了灰尘污染。它能够顺应双组分涂料打磨工艺的要求，简化了喷涂准备步骤，缩短修补时间，比手工水磨提高工效 2~3 倍，降低了成本，减小了产生喷涂缺陷的隐患。它避免产生污水，符合国家关于环保的要求，同时保护了喷漆车间员工的健康。打磨机广泛地应用于涂装工艺和钣金修复工艺中，能有效地提高工作效率，降低操作人员的劳动强度并提高涂装质量。

3. 打磨机的种类、特点及工作原理

（1）打磨机的种类

根据驱动方式，可分为气动与电动两种。根据形状来分有圆盘式和板式。根据打磨工具的运动方式又分为单作用打磨机、轨道式打磨机、偏心振动式打磨机、往复直线式打磨机，适用于各种不同的工作需要。

以气动打磨机为例，应把压缩空气的压力设定在 0.45 ~ 0.5MPa 之间，适应对涂层或金属表面进行打磨、研磨、抛光等各种需要。

目前在汽车修理行业涂装工作中使用圆盘式打磨工具较广泛，而且动力以气动为多。

（2）打磨机的工作原理

利用电源或压缩空气为动力，使打磨机的旋转轴旋转而做圆周运动，而装有偏心轴的会在有衬垫的轨道上运动产生双重圆周运动，或使旋转凸轮变为直线前后运动，砂纸安装在不同旋转状态下的打磨盘上，就会产生不同的运动方向，打磨相适应的物面。

1）单作用打磨机。该打磨机有粗磨和细磨可携式两种，一般在打磨机的旋转轴上直接安装研磨盘，转速为 2000~6000r/min，研磨能力强，汽车修理厂大多用于粗打磨工作，可用于清除铁锈、旧涂层、较厚的原子灰层的打磨操作，卸下研磨盘换上抛光盘也可用于涂膜抛光。该打磨机是做单向圆周运动，盘面中心和边缘会存在转速差从而造成研磨不均匀及产生圆形磨痕，所以在操作该打磨机时不能把它平放在打磨面上，而是利用旋转边缘约 3cm 作为打磨时的研磨面，操作时要轻微倾斜，以保持最佳的打磨效果。

2）轨道式打磨机。轨道式打磨机的砂垫外形都呈矩形，便于在工件表面上沿直线轨迹移动，整个砂垫以小圆圈形式振动，此类打磨机主要用于原子灰的打磨。该类打磨机可以根据工件表面情况采用各种尺寸的砂垫，以提高工作效率，轨迹直径亦可改变。

3）双作用打磨机（偏心振动式）。打磨盘垫本身以小圆圈形式振动，同时又绕其自己的中心转动，因而兼有单运动及轨道式打磨机的运动特点，切削力比轨道式打磨机强。在确定打磨机用于表面平整或初步打磨时，要考虑轨道的直径，轨道直径大的打磨较粗糙，反之较细。

（3）气动打磨机的优点

电动打磨机和气动打磨机的基本原理是相同的，区别仅仅在于使用的动力来源不同。汽车修理厂使用气动的较多，这主要基于以下原因：

1）工作时产生热量少，转速和转矩可调节，发生过载或失速危险性小。

2）工具重量轻，便于提携。

3）由于不直接使用电，能避免因电路短路或损坏发生触电及火花引起火灾，相对来说安全性高。

4）结构较简单，经久耐用，节约成本。

4. 吸尘设备

吸尘设备是无尘干打磨系统重要的组成部分，与电动工具配套的吸尘系统连接比较简单，除了电源线之外，只需要吸尘管。而与气动工具配套使用的吸尘设备一般需要有三个管道与接头，即压缩空气的输入、输出以及吸尘管。这里需要特别指出的是，压缩废气中有微量的润滑油，需要经过过滤才可以放出，否则容易在漆面上留下污点。

干磨系统吸尘效果的好坏、作业粉尘的多少首先取决于吸尘系统的优劣。常见的吸尘方式有三种，分别是简易袋式吸尘、中央式多工位吸尘和分离式单工位吸尘。

简易袋式吸尘属于被动式吸尘方式，吸尘所需要的动力由转轴上附加的叶片轮的旋转产生，其吸尘功率受打磨机转速的影响很大。而且，吸尘袋过密会降低吸尘效果，而过疏又容易漏灰，吸尘袋容量也有限，仅适用于工作量不大的小规模作业。

中央式与分离式吸尘同属于主动式吸尘，采用专用的工业集尘器来吸尘，吸尘功率不受打磨机的影响。吸尘系统一般设有自动开关功能，使用寿命长，容量大。中央式吸尘一般适用于多个固定工位的大型修理企业。而分离式单工位吸尘因其投资小、安装维修简单、工位调整灵活等优点而被越来越广泛地使用。

5. 打磨机的使用及维护

（1）打磨机的使用

1）单作用和双作用打磨机。转速在2000~6000r/min之间，砂垫直径在13～23cm之间，可用于清除原有的涂层。重型的打磨机有两个手柄，为的是控制更平稳。使用打磨机时，一定要平稳运动，切勿在某一部位长时间停留，以免产生许多难以消除的磨痕。使用气动打磨机时，可以放在打磨表面上起动，但应注意最好放在低速档起动。

2）轨道式打磨机。除砂垫旋转外，整个砂垫还可以作摆动，它既可以进行局部环形打磨又可以同时进行往复直线打磨。使用时必须将整个轨道打磨机压平在打磨面上，才不会留下打磨痕迹。

3）操纵气动打磨机。气压应调到450～490kPa范围内。操作时，用右手握住打磨机手柄，左手施加较小压力并控制打磨机均匀移动。

4）装饰件保护。为了不损坏镀铬层，在镀铬饰物（或嵌条）外2cm范围内不进行打磨。打磨前应将这些部位用防护带粘贴好，以免造成不良影响。

5）打磨过程。发现漆渣开始在砂纸上结块或起球时，应及时更换砂纸或用棕刷将漆块刷掉。

6）调整偏心振动。除了打磨机的运动方式以及砂纸颗粒的粗细之外，振动幅度的大小是影响打磨速度与光洁度的另一个关键参数。传统打磨机的偏心振动直径为5mm，它的主要问题是在细磨中涂底漆时不能保证无划痕，而在粗磨原子灰时速度又不够快。设计人员巧妙地将打磨机一分为二，粗磨机振动幅度为7mm，磨灰速度更快；细磨机振动幅度为3mm，保证细磨无任何划痕。

（2）打磨机日常使用中的维护及注意

和任何设备一样，打磨机需要经常维护以保证正常的使用状态以及使用寿命。

1）操作之前应检查每个螺钉、螺母是否松动或脱落。

2）使用的压缩空气压力在0.6MPa以下，防止气压太高造成损坏。压缩空气应无水分，防止水汽造成打磨机内部生锈，加速机件磨损，而造成缩短打磨机的使用寿命。

3）注意使用与磨盘或衬垫尺寸相符合的砂纸。

4）打磨机连续使用30min应适当休息，防止过载负荷运转，导致缩短打磨机的使用寿命或直接造成损坏。

5）操作时发生异常声音或不正常振动，应关机检查。

6）在连接压缩空气管时，要注意避免脏物流入。

7）在打磨工作完毕时，在打磨机还未完全停下之前，不要放下打磨机，以免接触其他物体造成损伤。

8）打磨工作完成后，应把砂纸取下，清除打磨机上的灰尘、污物，不能因贪图方便而用溶剂浸泡清洗。

9）每天工作完毕，应使用专用工具将其解体进行内部清洁，使用专用润滑油按照说明书指示的方法和部位进行润滑操作，组装后应低速运转一下，使其充分润滑。

二 干磨设备的日常维护操作

1）使用打磨设备前要穿戴好防护用品（防尘口罩、棉纱手套、防护眼罩、耳塞等），防止吸入粉尘损害呼吸道，如图 2-62 所示。

2）断开干打磨设备电源，如图 2-63 所示。

图 2-62 穿戴防护装备

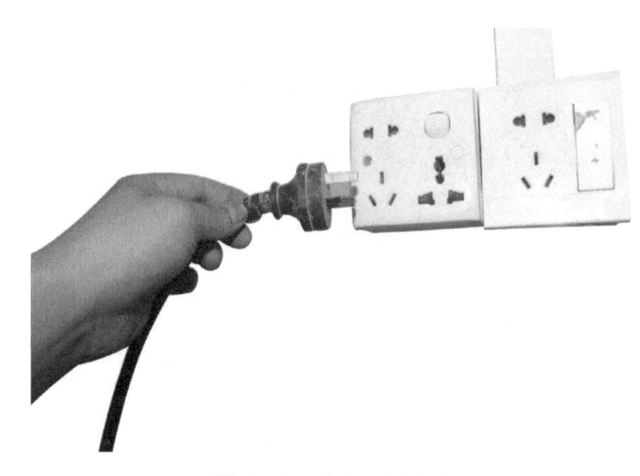

图 2-63 断开设备电源

3）从干磨设备上卸下吸尘器，如图 2-64、图 2-65 所示。

4）掰开吸尘器上的两个锁紧卡扣，如图 2-66 所示。

5）打开吸尘器盖，将吸尘器驱动电动机总成从桶内提出，如图 2-67 所示。

6）取出吸尘器粉尘过滤网，如图 2-68 所示。

7）检查粉尘收纳袋是否需要更换（一般每星期需要更换一次，需结合实际使用情况而进行更换），如图 2-69 所示。

8）按下粉尘收纳袋袋口的固定卡扣后卸下粉尘收纳袋，如图 2-70 所示。

9）更换粉尘收纳袋，如图 2-71 所示。

10）安装粉尘收纳袋，将粉尘收纳袋平铺在桶内，袋口的卡扣与桶内的进气口对位安装好，然后将卡扣上拉固定，如图 2-72 所示。

11）逆时针转动吸尘器电动机上的滤芯并将其取下，如图 2-73 所示。

图 2-64 卸下吸尘器（一）

图 2-65 卸下吸尘器（二）

图 2-66 掰开吸尘器卡扣

图 2-67 打开吸尘器盖

图 2-68 取出粉尘过滤网

图 2-69 检查粉尘收纳袋

图 2-70 卸下粉尘收纳袋

图 2-71 更换粉尘收纳袋

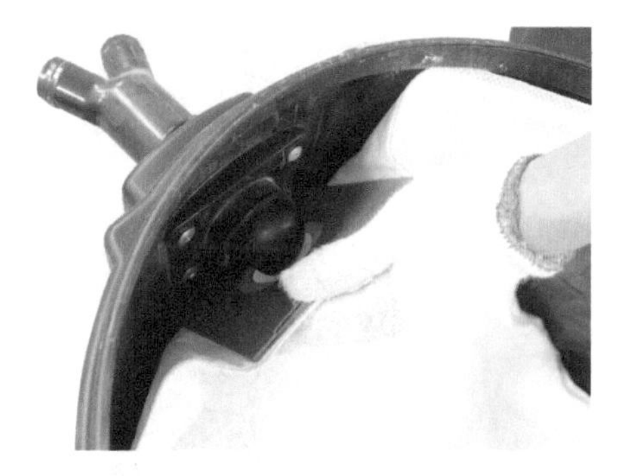

图 2-72 安装粉尘收纳袋

图 2-73 转动滤芯

12）将吹尘枪接上高压气管，如图 2-74 所示。

13）用吹尘枪清洁过滤器，如图 2-75 所示。

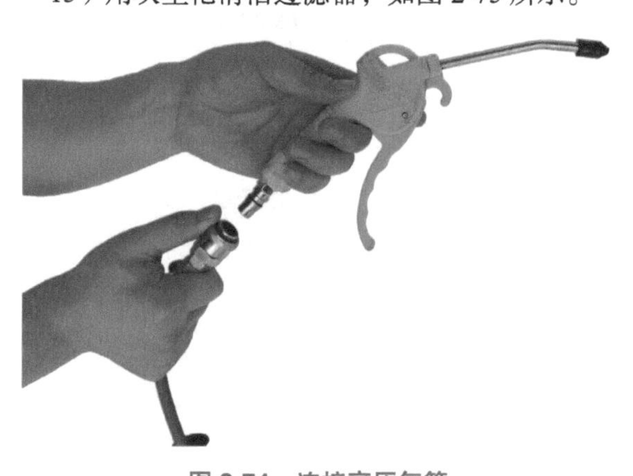

图 2-74 连接高压气管

图 2-75 吹尘

14）用吹尘枪清洁粉尘过滤网，如图 2-76 所示。

15）安装过滤器（顺时针转动），如图 2-77 所示。

16）安装粉尘过滤网，粉尘过滤网放入后要将四周轻轻按压，以保证其外圈上的密封条与桶口的边缘紧密贴合，如图 2-78 所示。

17）将吸尘器驱动电动机总成对正位置后装入桶内，如图 2-79 所示。

图 2-76　清洁粉尘过滤网

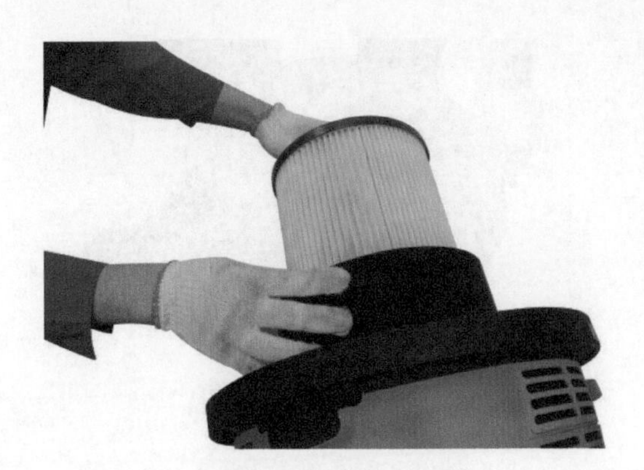

图 2-77　安装过滤器

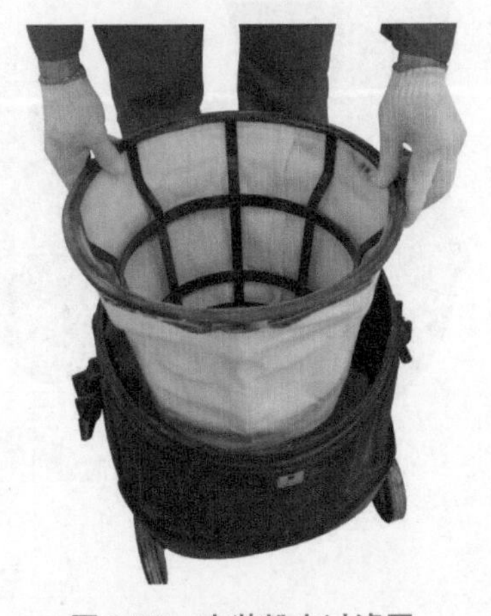

图 2-78　安装粉尘过滤网

图 2-79　电动机装入

18）将锁紧卡扣安装到位，防止卡扣脱落，如图 2-80 所示。

19）吸尘器安装完成，如图 2-81 所示。

图 2-80　卡扣安装到位

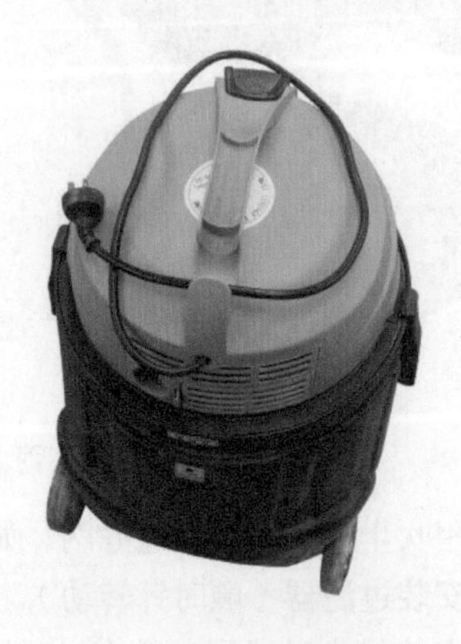

图 2-81　吸尘器安装完成

20）将吸尘器放在干打磨设备上，如图 2-82 所示。

21）检查打磨头润滑油杯油量是否在规定值（每天检查），如图 2-83 所示。

图 2-82 放干打磨设备

图 2-83 检查润滑油杯油量

22）如油量不足，向打磨头油杯添加润滑油至规定值，如图 2-84 所示。

23）打磨头添加润滑油（图 2-85）。在打磨作业中，应每隔 2~3 天对打磨头进行一次维护，将磨头上的压缩空气管卸下，向磨头的气管接口内滴入 3~4 滴专用润滑油，然后连接好高压气管使磨头运转片刻即可。

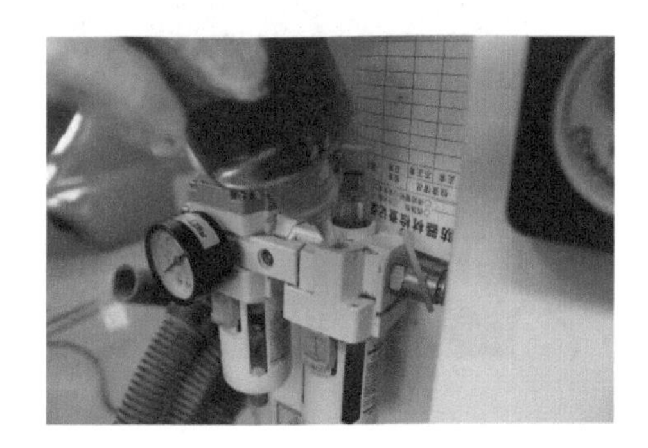

图 2-84 添加润滑油

图 2-85 打磨头添加润滑油

24）释放油水过滤杯的水分。为保证水分排放的充分性，应在看到有润滑油流出的情况下再关闭球阀，如图 2-86 所示。

25）用吹尘枪对各打磨头进行除尘。打磨头在打磨作业后会粘附很多粉尘，应及时用压缩空气清理干净，必要时可拆卸吸盘后进行清洁，如图 2-87 所示。

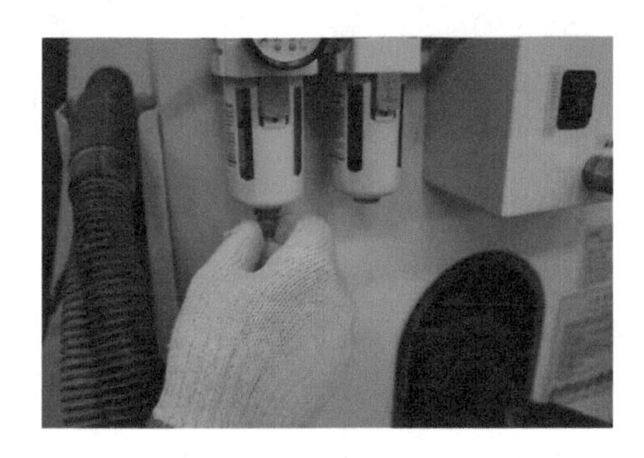

图 2-86 释放油水过滤杯的水分

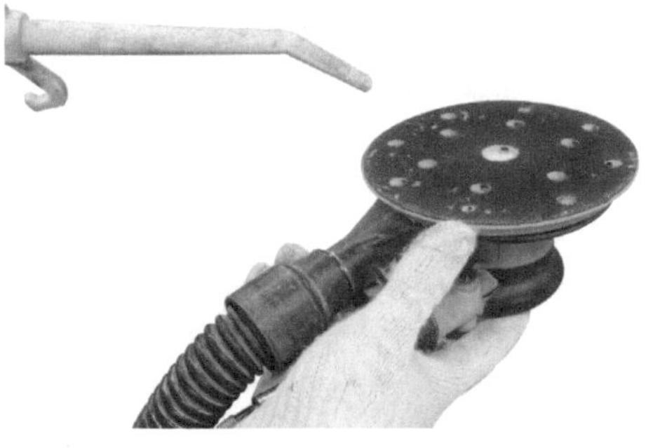

图 2-87 打磨头进行除尘

26）接通干打磨设备电源（注意：接通前应观察干打磨设备上粘贴的说明书，按其标注电压接入，一般220V的三相插孔可为配套的电动打磨机提供电源），如图2-88所示。

27）选择自动吸尘模式（使用打磨机打磨时选择“自动”模式，手工打磨时选择“手动”模式），如图2-89所示。

28）检查吸尘器是否工作正常，如图2-90所示。

29）调节打磨头润滑油供油时间（转动油杯顶部的调节螺钉来调整供油量，一般在磨头连续运转时，工作15~20s应供油一滴），如图2-91所示。

30）用吹尘枪清洁干磨设备，吹尘时注意角落缝隙等位置要清理干净，如图2-92所示。

图2-88 接通干打磨设备电源

图2-89 选择自动吸尘模式

图2-90 检查吸尘器

图2-91 调节打磨头润滑油供油时间

图2-92 干磨设备吹尘

三 相关知识拓展——手工打磨方法

手工打磨就是把砂纸平铺在车身上，前后来回简单地进行摩擦操作。操作时，可遵循如下规程：

1）将砂纸从中间剪开，取其中的一半，并折成三叠。

2）用掌心将砂纸平压在打磨表面上，张开手掌，用掌心沿砂纸的长度方向施加中等且均匀的压力。打磨时，来回的行程应长而直，如果掌心没有平压在表面上，手指就会接触到打磨表面，这将导致手指与表面之间受力不均匀，所以应避免手指接触打磨表面。

3）打磨时，不要进行圆周运动，否则会在表面涂层上产生可见的磨痕。为了获得最好的打磨效果，应该始终沿着车身轮廓线的方向进行打磨。为了获得平整的效果，也可以采用十字叉花的方法进行打磨。

4）使用打磨垫或打磨块可获得最佳的效果。打磨凸起或凹下的板件时，应使用柔软的海绵橡胶垫；打磨水平表面时，应使用打磨块。

5）打磨已用较粗的砂纸打磨过的区域时应小心操作，使用小打磨垫可以方便地打磨不容易够到的部位。

6）当手工打磨底漆或中涂层时，应打磨到又光滑又平整的程度为止。可用手或干净的抹布在打磨表面上摩擦，以检查有无粗糙的地方。

7）湿打磨可以解决打磨灰尘堵塞砂纸的问题，湿打磨与手工干磨最大的区别是要使用水，还要用到海绵和刮板等工具，所用砂纸也不同。进行手工水磨时，把砂纸浸在水中，或用海绵把打磨表面弄湿。打磨时，行程要短一些，并且用力要轻。在湿打磨操作过程中，应一直让被磨表面处于有水的状态，不要让表面变干，也不要让涂料残渣堆积在砂纸上，可以根据砂纸移动时的粘结感觉来判断砂纸磨削的情况。

8）当砂纸开始在打磨表面很快地滑动且感到阻力很小时，它就不再适合用来进行磨削了，因为磨料层已被涂料的残渣和金属碎屑堵上。把砂纸放在水中清洗可以清除掉涂料的残渣，再用海绵擦拭就可以清除干净剩余的颗粒，然后砂纸就能够重新磨削表面了。要不时地用海绵清洗打磨表面，并用刮板刮干，以检查工作效果。这样可以刮掉所有多余的水，使得判断表面的情况比较容易。最好一次打磨完一块板件或一个部位，在打磨下一块板件之前，先用海绵清洗打磨残渣，并用刮板把表面刮干净。

9）湿打磨操作进行完毕，必须弄干所有的打磨表面，缝隙和倒角处可先用压缩空气吹干，然后用黏性抹布擦干所有的表面。

第四节 喷枪的使用与维护

喷枪是汽车涂装作业中最重要的工具之一，它利用压缩空气对进入枪体的涂料进行雾化后对车身表面进行喷涂，是车身涂装中最重要的工艺过程。喷枪的作用是使涂料雾化，均匀地喷涂于车身表面。

车身喷涂根据不同的漆层选择不同的喷枪口径和不同的喷涂方法，汽车喷涂对喷枪的雾化和喷涂要求较高，要求涂料均匀喷涂于车身表面，所以使用喷枪对气压、枪距、喷枪的垂直度和走枪的平稳度都有极高的要求。

喷嘴出料口与被涂物之间的距离称为枪距。枪距越小，喷涂压力就越大，产品受到气压的冲击也越大，涂层就会出现不平均的情况，产生涂层过厚的问题。枪距越大，喷涂压力越小，涂料易流失，使被涂物部分喷料过少，涂膜达不到指定的厚度。喷涂扇面与被涂物面呈现垂直的状态。手工操纵喷枪时，喷涂宽度不能出现过大的情况，否则会出现涂层不平均的问题。喷枪要始终与被涂物面平行、与喷涂扇面垂直，喷枪运转速率不稳会导致涂层厚度不平均，喷枪运转速率过快会导致涂层太薄，喷枪运转速率过慢会导致涂层太厚。总而言之，在使用喷涂设备的时候，要做到力度适中、距离合适，这样才能得到想要的涂装效果。

一 常见空气喷枪的类型

空气喷枪因其功能不同，类型也非常多。由于分类依据不同，分类的方法也多按照汽车涂装修补用途来划分，喷枪分为面漆喷枪、底漆喷枪、小修补喷枪。按照喷涂雾化压力来划分，喷枪分为传统高气压喷枪、低流量中气压的 RP 喷枪、高流量低气压的 HVLP 喷枪。根据涂料与压缩空气的混合方式不同，可以将喷枪分为内部混合和外部混合两种。根据涂料供给方式的不同，可以将喷枪分为虹吸式、重力式和压送式三种，修补涂装常用虹吸式和重力式，按涂料罐的安装位置常称为下壶枪和上壶枪。

1. 根据涂料的供给方式分类

（1）虹吸式喷枪

如图 2-93 所示，在虹吸式喷枪中，压缩空气流在空气帽处产生一个低压区，提供虹吸作用。虹吸式喷枪是使用最普遍的一种喷枪。油漆置于罐内，扣动扳机，压缩空气冲进喷枪，气流经过气帽开口时形成局部真空，罐中的油漆在真空作用下流向已开启的针阀，形成雾状喷射流。喷枪空气压力为 0.30MPa 左右。涂料杯盖上的通风孔必须打开。这种喷枪的涂料杯容量一般为 1L 或更低，现只适用于中低黏度的涂料。

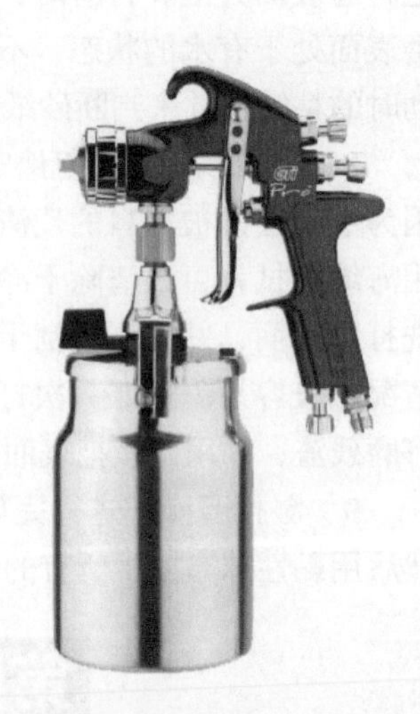

图 2-93 虹吸式喷枪

虹吸式喷枪适用于颜色多变以及油漆用量少的场合。

（2）重力式喷枪

如图 2-94 所示，重力式喷枪的涂料杯位于喷枪的上方，它是利用气流的吸力和涂料的重力使涂料流入喷枪。这种涂料杯不需要液体吸管，因为涂料的出口正好位于涂料杯的底部。涂料杯顶部的通风口必须打开。考虑到其重量和平衡感，涂料杯的容量一般限制在 600mL 左右。传统重力式喷枪的空气压力为 0.30MPa 左右。新型环保喷枪的空气压力为 0.15MPa 左右。

重力式喷枪适用于小规模作业，如局部修补等。这种喷枪可用于比虹吸式喷枪用料更少的场合，但涂料的黏度可以大一些。

（3）压送式喷枪

如图 2-95 所示，压送式喷枪的涂料是在分开的涂料杯、储罐或泵中得到加压的。在压力的作用下，涂料经过喷嘴，在空气帽处得到雾化。喷枪空气压力为 0.30MPa 左右。

当涂料太重无法虹吸时，或喷涂作业需要迅速完成时，经常使用压送式喷枪。这种喷枪适用于大面积的作业，一般汽车制造厂中的喷涂车间均采用这种喷涂系统。

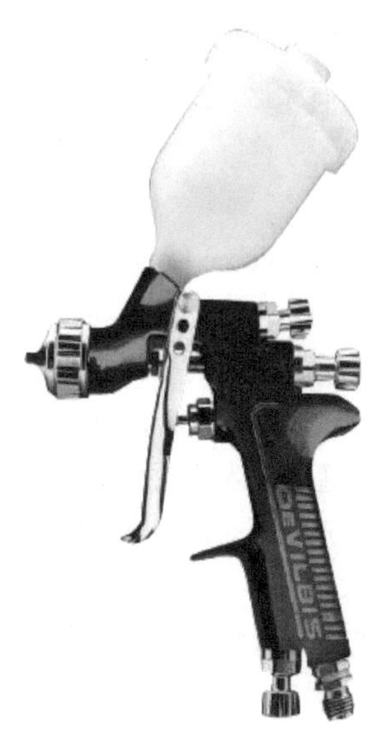

图 2-94 重力式喷枪

图 2-95 压送式喷枪

2. 根据喷枪的使用方式分类

喷枪根据使用方式可以分为底漆喷枪、面漆喷枪和小修补喷枪。

（1）底漆喷枪

底漆喷枪的喷嘴口径一般在 1.6 ~ 1.9mm 之间，雾化均匀，喷幅中心区宽大、喷幅集中，能很好地满足汽车涂装用途，主要用于底漆、中间涂料的喷涂填充及遮盖要求。

底漆喷枪是专门用于底漆、中间涂层喷涂的喷枪，中涂底漆是填充待涂物件表面的砂痕或沙眼，也就是给面漆打基础，以免面漆漆膜上产生一些暇疵。底漆喷枪主要是要求填充性好，并不强调雾化效果，所以大多数底漆喷枪的风帽处无辅助喷孔。喷枪的椭圆形喷幅有三层：最里面是湿润层，中间是雾化层，外面是过喷雾化层。底漆喷枪的喷幅必须要求湿润层比雾化层宽大，它只需要将底漆均匀地喷涂到工件的待涂表面即可，雾化层应比湿润层窄小，尤其是过喷雾化层更不宜过大。底漆喷涂要求填充性好，而填充性主要靠湿润层来完成，否则，就会给底漆的喷涂质量带来较差的效果，甚至还会给底漆涂层的打磨工序带来费工费时费料的后果。

（2）面漆喷枪

面漆喷枪的喷嘴口径一般在 1.3 ~ 1.5mm 之间，雾化精细，喷幅雾化区宽大、喷幅分散，能很好地满足面漆着色和装饰的要求，达到颜色均匀、涂层饱满的效果。

面漆喷枪是主要用于色漆、清漆涂层喷涂的喷枪，面漆主要是给被涂物件表面着色和装饰的。着色这个环节非常重要，必须要使面漆的颜色喷涂均匀，而且要求流平性好，所以面漆喷枪强调雾化效果。面漆喷枪的喷幅必须要求雾化层比湿润层宽大。

（3）小修补喷枪

小修补喷枪是专门用于小面积修补的喷枪，目前广泛用于专业的汽车修理厂、汽车美容店、汽车制造厂的下线修补、喷绘图案等。这种喷枪所需的气压较小，可以轻易地喷出较薄的涂层。其反弹的漆雾较少，可以有效地控制喷涂区域，特别对于银粉漆的修补，可以较容易地避免“黑圈”的出现。

小修补喷枪的喷嘴口径较小，在 0.3 ~ 1.4mm 之间，只需要较小的喷涂气压（约 0.07 ~ 0.2MPa），可以喷出较薄的涂层，减少漆雾反弹，有效控制喷涂区域，提高修补质量，减少涂料消耗，适合喷绘图案、小面积涂装、局部修补或过渡喷涂。

（4）环保型喷枪

环保型喷枪又称为HVLP喷枪，它是高流量低气压（High Volume Low Pressure）的英文缩写。高流量是指用大量的空气来进行涂料雾化，耗气量约为 430L/min；低气压是指喷涂时喷枪风帽处最大空气雾化压力低，仅为70kPa(进气压力为0.2MPa)。环保型喷枪的一个重要指标是传递效率，传递效率是指喷涂过程中材料表面实际获得的油漆量。传统喷枪的涂料传递效率为 30% ~ 40%，而 HVLP 环保型喷枪的涂料传递效率高达 65% 以上。高传递效率减少了不必要的空气污染，改善了工作场所的环境，维护了涂装工人的身体健康，提高了产品质量，从而也降低了涂料的成本费用；由于上漆率高，获得相同漆膜厚度需要的喷涂行程次数就少，可提高生产率，同时也降低了处理飞漆的费用。因此，HVLP 环保型喷枪已迅速发展成为当今涂装行业中的主流方向。

（5）车底胶枪

车底胶枪用于喷涂车底防护胶，因车底防护胶的浓度大，普通喷枪口径比较小，无法进行喷涂作业，所以要使用专用喷涂设备。

车底胶枪比喷涂底漆、面漆的喷枪设计简单，制造成本低，对雾化性能要求不高，所以在设计上没有风帽的结构。车底胶枪一般使用 3.0mm 口径喷嘴。

二 喷枪的使用

1. 选择合适的喷枪

进行汽车喷漆作业以重力式喷枪为主，如图 2-96 所示。

2. 选择合适口径的喷枪

1）1.0mm 口径的喷枪适合于边角小缺陷修补。

2）1.2 ~ 1.3mm 口径的喷枪适合于 1K 金属漆和水性漆的喷涂。

3）1.3 ~ 1.4mm 口径的喷枪适合于清漆和素色漆的喷涂。

4）1.4 ~ 1.6mm 口径的喷枪适合于中涂底漆的喷涂。

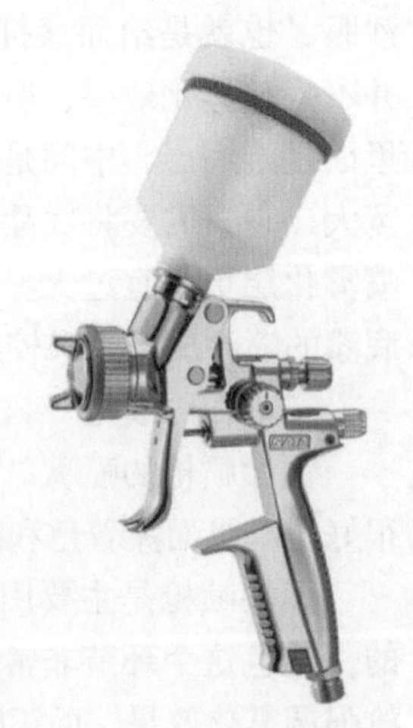

图 2-96　重力式喷枪

3. 喷枪的调整

喷枪的调整主要是对喷雾扇形区域进行调节。喷雾扇形取决于空气和雾化的涂料液滴的混合是否合适。涂料的喷涂应平稳，喷涂出的湿润涂层应没有凹陷或流挂现象，在一般情况下要想获得合适的喷雾扇形，有三种基本调节方式。

（1）调节压力

喷枪喷嘴处的压力对于得到合适的喷雾扇形有明显的影响。空气压力的调节一般可通过分离 / 调压器来调节，但由于空气从调压器经过输气软管到达喷枪的过程中还受到摩擦力作用，因此存在压降。调压器处测得气压与喷枪处测得气压的差值取决于输气管的长度和直径，一般来说孔径越大压降越小，管长越短压降越小，但管长一般不超过 10m。因此，应该在喷枪处测量气压值，而且我们所提到的压力值都是指喷枪处的气压。

测量气压的最可靠的方法是使用一块插在喷枪和输气管接头之间的气压表。有些喷枪本身就带有气压表，可用来检查和调节喷枪处的压力值，而大多数喷枪的气压表是可选件，建议在生产实际中使用气压表。

（2）调节喷雾扇形

通过调节喷雾扇形控制旋钮可以调节喷雾直径的大小。调节喷雾形状时，将扇形控制旋钮旋紧到最小，可使喷雾的直径变小、形状变圆；将扇形控制旋钮完全打开，可使喷雾形状变成宽的椭圆形。较窄的喷雾可用于局部修理，而较宽的喷雾则用于整车喷涂。

（3）调节涂料流量

调节涂料控制旋钮可调节适应不同喷雾形状所需的涂料流量。逆时针转动涂料控制旋钮可增大出漆量，而顺时针转动将减小出漆量。

最佳的喷涂压力是指获得适当雾化、挥发率和喷雾扇形宽度所需的最低压力。如果压力过高，会产生过多弥漫的喷雾，从而导致涂料用量增加，而涂层流动性降低，因为在涂料到达喷涂表面之前已有大量的溶剂被蒸发掉了，易产生橘皮等缺陷。如果压力过低，会使涂层的干燥困难，因为大多数溶剂都保留下来了，因此容易产生起泡和流挂。不同涂料喷涂时所需的空气压力都有最佳值。

设定好空气压力、喷雾扇形、出漆流量后，就可以在遮盖纸或废报纸上进行喷雾形状测试。使用高流量低气压喷枪时，喷枪与测试纸距离为 13~17cm，而使用传统高气压喷枪时则相距 18 ~ 23cm。试验应在瞬时完成，将扳机完全按下，然后立即释放。喷射出来的涂料应在纸上形成长而窄的形状，然后旋转喷雾扇形旋钮，使试样高度达到一定高度值为止。

一般情况，进行局部修理时，试样高度从底部到顶部应达到 10~15cm；进行大面积或全身修理时，试样高度从底部到顶部应为 23cm 左右；通常情况，试样高度在 15~20cm 即可。如果涂料颗粒粗大，可以旋进涂料流量控制旋钮 1/2 圈以减少流量；如果喷得太细或过干，则旋出涂料流量控制旋钮 1/2 圈，以达到调节涂料喷出量的目的。

进行这种喷涂测试，既可以确定涂料雾化是否均匀，又可以确定涂料雾化的颗粒是否足够小，以保证合适的流动性。

完成以上测试后，还应测试涂料分布是否均匀。松开空气帽定位环并旋转空气帽，使喇叭口处于竖直位置，此时喷出的图案将是水平的，再喷一次，按住扳机直到涂料开始往下流，这叫作“流挂”，检查流痕的长度。如果所有的调节都合适，流痕的长度应大致相等；如果流痕两边长中间短，则是喷雾形状调得太宽或气压太低，将喷雾扇形控制旋钮转回 1/2 圈或增加压力，反复进行这两项调节，直到流痕的长度相等为止；如果流痕中间比两边长，则说明喷涂量太大，调节流量控制旋钮，直到流痕的长度相等为止。

4. 喷涂操作的技术要领

对喷涂工作而言，要想获得良好的效果，要时刻注意枪距、枪速、垂直、重叠量等要素的正确运用，并掌握好以下这些相关的要领。

（1）握喷枪的方法

常用手掌、拇指、小指以及无名指握枪，用中指和食指来扣动扳机。在喷涂操作时间较长时，有时也可以改换握枪的方式，如仅用拇指、手掌配合小指，有时配合无名指握枪，中指和食指用来扣扳机，以缓解疲劳，提高劳动效率。

（2）喷枪必须与被喷构件表面保持垂直

为便于操作，一般情况下应以一字步或丁字步站立，在喷枪移运过程中，不论是使用横的喷雾扇形还是纵的喷雾扇形，在上下或左右移动时，均要保持枪与工作表面成 90° 直角，并以与表面相同的距离和稳定一致的速度移动，绝对不可以由手腕或手肘作弧形的摆动。如果喷枪有一些歪斜，其结果会造成喷幅偏向一边流淌，而另一边则显得干瘦、缺漆，极有可能造成条纹状涂层。

（3）与被喷涂构件表面保持一定的距离

喷涂距离与涂膜质量好坏有密切的关系，喷枪离得太近，则涂膜会很厚，喷涂的漆雾易被冲回，容易造成涂膜“流挂”，或产生“橘皮纹”；喷枪距离被涂物太远，稀释剂挥发太多，会使飞漆增多，漆雾不能在物体表面成膜，或涂膜粗糙无光。而正常的喷涂距离应与喷枪的气压和扇面调整大小以及涂料的种类相配合。一般喷涂距离为 20cm 左右（可按涂料供应商提供的工艺条件操作），实际距离可通过对贴在墙上的纸张试喷而定。

简易测定距离的方法是，手掌张开，稍大于姆指尖至小指尖的距离。

（4）掌握好喷枪的移动速度

喷枪的移动速度与涂料干燥速度、环境温度、涂料的黏度有关，行进速度约为 30~40cm/s。移动速度过快，会使漆膜表面显得干瘦，流平性差，粗糙无光；移动速度过慢，会使涂膜过厚发生流挂。速度必须一致，否则涂膜厚薄不匀。喷涂过程中绝对不能让喷枪停住不走，否则会产生流挂。若使用干燥较慢的涂料，可适当提高移动速度至 40 ~ 80cm/s。

（5）掌握好被喷涂料的喷涂气压

选择正确的喷涂气压与多种因素有关，如涂料的种类、稀释剂的种类（快、慢）、稀释后的黏度等。一般要求在喷涂操作时尽量使涂料雾化，同时又要求涂料中所含溶剂尽可能少地蒸发，传统喷枪调节气压在 0.35 ~ 0.5MPa，或进行试喷而定。在调节过程中要养成严格遵守涂料厂商产品说明书所提供的施工参数的良好习惯，因为只有这样做才能获得理想的效果。合适的喷涂气压是获得适当的喷雾、挥发率和喷幅的首要要求。压力过低极有可能雾化不好，会使稀释剂挥发过慢，涂料像雨淋一样喷涂到构件的表面，容易产生“流挂”“针孔”“起泡”等现象。而压力过高极有可能会蒸发，严重时形成所谓干喷现象。

（6）控制好喷枪的扳机

喷枪是靠扳机来控制的，扳机扣得越深，涂料流量越大。传统运枪的过程中，扳机总是扣死，而不是半扣。为了避免每次运枪将要结束时所喷出的涂料堆积，最好此刻略略放松一点扳机，以减少供漆量。即手握喷枪向待喷涂构件表面移动，在喷枪移动到距离待喷涂表面的边缘 5cm 左右的地方时扳动扳机，在喷枪扫过已喷涂表面的边缘大约 5cm 以外的地方放开扳机。

有一种操作手法叫“收边”。“收边”的意思是在运枪开始时不扣死扳机，使得开始时的供漆量很小，随着喷枪的移动，逐渐加大供漆量，直到运枪将要结束时再将扳机放开，使供漆量大大减少，从而获得一种特殊的过渡效果。

在进行点修补或者在进行新喷涂层与旧涂层的边缘润色加工时都要进行“收边”操作。

（7）掌握好喷涂方法、路线

喷涂方法有纵行重叠法、横行重叠法和纵横交替喷涂法。

喷涂路线应按从高到低、从右到左、从上到下、先里后外顺序进行。应按计划好的行程稳定地移动喷枪，在抵达单方向行程的终点时放开扳机，然后再扳动扳机开始相反方向（仍按原线）喷涂。在行程终点关闭喷枪可以避免出现流挂，并能把飞漆减少到最低。

难喷部位如拐角或边缘要先喷涂，要正对被喷涂部位，这样拐角或边缘的两边各得到一半喷漆，喷枪距离要比正常距离近 2.5 ~ 5.0cm，或将喷雾扇形控制旋钮旋进几圈。如果离的较近，则移动速度应快一些，以使漆膜厚度保持一致。喷涂完所有边角后，就可以开始喷涂平面或接近平面的部件了。对竖直面板通常从板的最上端开始，喷枪的喷嘴位置与上边缘平齐。喷枪第二次单方向移动的行程与第一次相反，喷嘴位置与第一次行程的下边缘平齐，扇形的上半部与第一次扇形的下半部重叠，重叠幅度应为第二层与上一层重叠 2/3 或 1/2，下半部喷涂在未喷涂过的区域。各涂层之间要留出几分钟的闪干时间。

（8）喷涂非常窄的表面的方法

喷涂面积较小的小修补喷枪比较适合于这种操作，另外降低气压和涂料流量后，使用普通喷枪小心操作也可以。

（9）持续进行来回连续操作

每走到头应松开扳机，并降低喷涂图案一半的距离。最后一趟应使喷雾的一半低于已喷涂平面。在最下边的一趟喷涂时，喷雾应有一半射空。

上述步骤是针对单涂层的，对于双涂层，应在此基础上重复上述操作。一般而言，良好的喷涂面层是由双涂层或多涂层涂料组成，在两个涂层之间应有一段快速蒸发的时间，即溶剂蒸发以使涂层稍微变干的所需时间，一般为几分钟。这时可以观察到涂层外表稍微变暗。

三 喷枪的维护保养

1）穿戴喷枪保养所需的防护用品（防护口罩、防溶剂手套、耳塞、防护眼罩、喷漆服等），如图 2-97 所示。

2）拆卸风帽，如图 2-98 所示。

图 2-97 穿戴防护装备

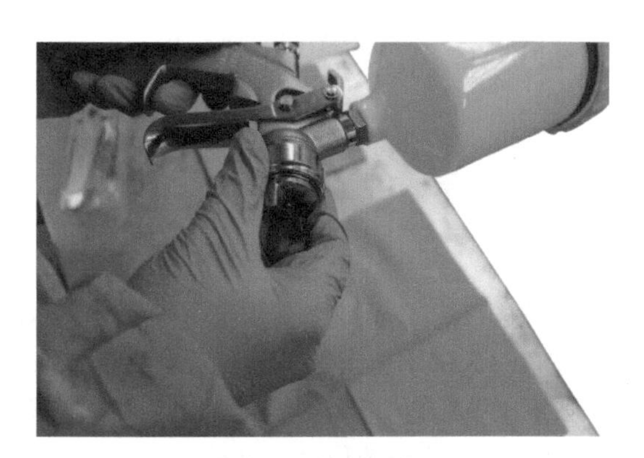

图 2-98 拆卸风帽

3）拆卸顶针，如图 2-99、图 2-100 所示。

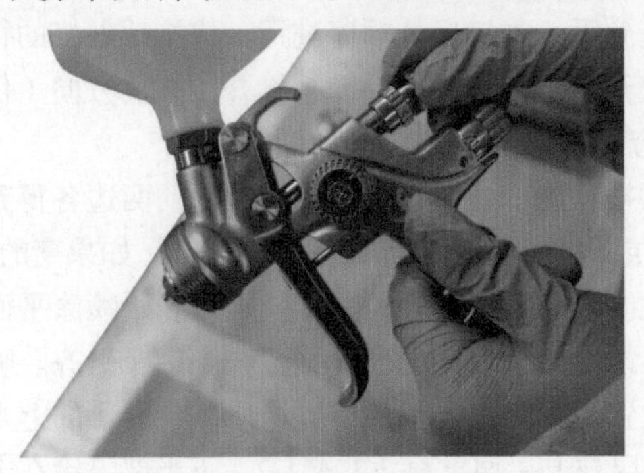

图 2-99　拆卸顶针

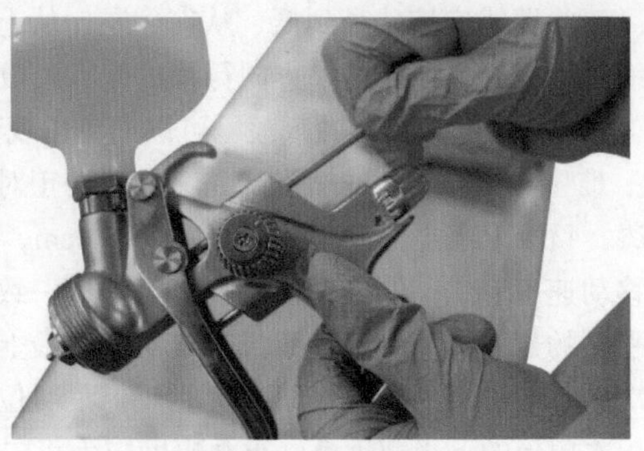

图 2-100　拿出顶针

4）使用专用扳手拆卸喷头，如图 2-101 所示。

5）拆卸喷壶，如图 2-102 所示。

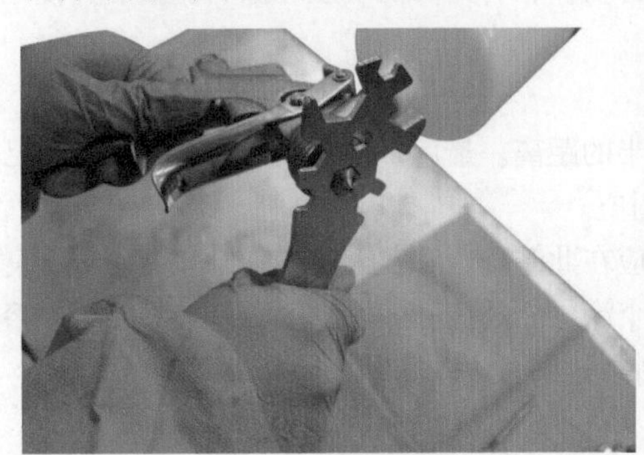

图 2-101　拆卸喷头

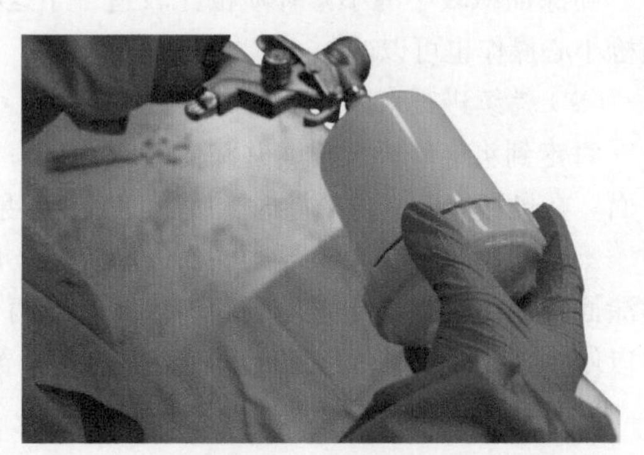

图 2-102　拆卸喷壶

6）拆卸喷壶盖，如图 2-103 所示。

7）取出喷枪内滤网，如图 2-104 所示。

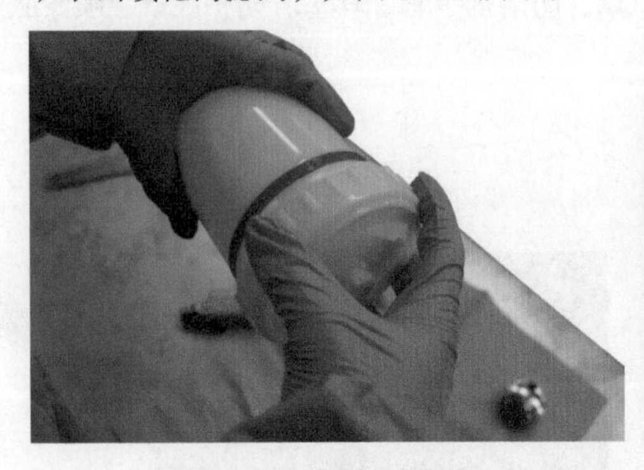

图 2-103　拆卸喷壶盖

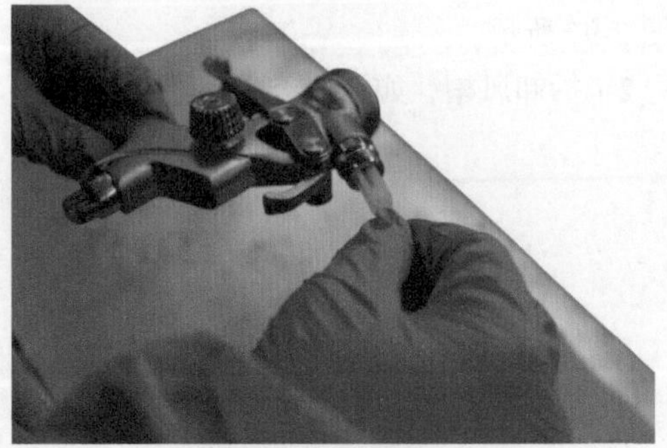

图 2-104　取出喷枪内滤网

8）取出适量的天那水（也称香蕉水，又称稀释剂），如图 2-105 所示。

注意：天那水属于有机溶剂，皮肤接触到天那水会有脱脂作用，皮肤会干燥，严重时会皲裂。如果皮肤接触了天那水应当立刻用肥皂水清洗。

9）使用牙刷清洗顶针，如图 2-106 所示。

图 2-105 取适量天那水

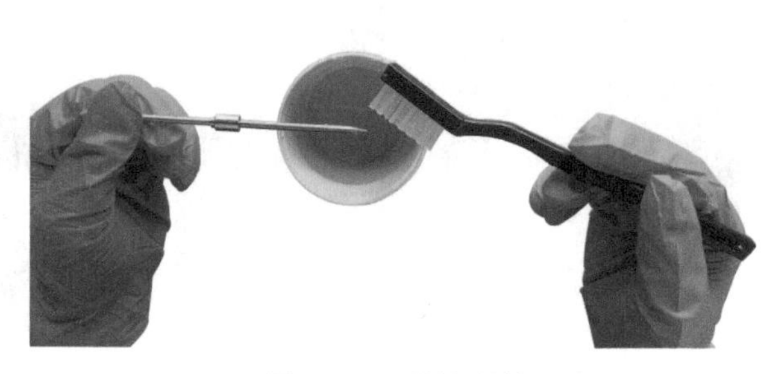

图 2-106 清洗顶针

注意：千万不要用钢丝毛刷，那样会对顶针造成损坏。

10）用擦拭纸将顶针擦拭干净，如图 2-107 所示。

11）使用专用清洗工具清洗喷头，如图 2-108 所示。

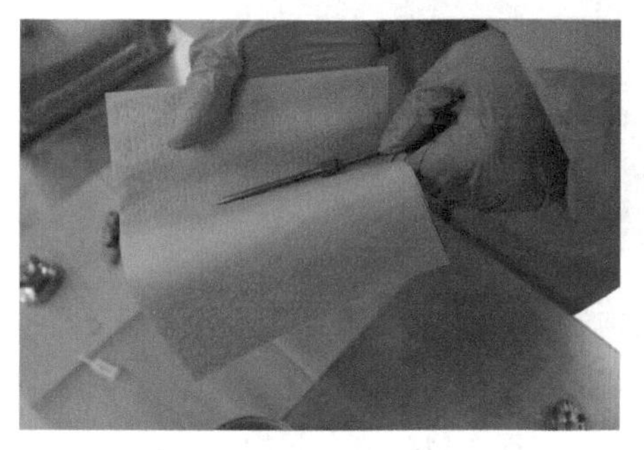

图 2-107 擦拭顶针

图 2-108 清洗喷头

注意：喷头清洗不彻底会导致雾化效果不好。

12）将吹尘枪接上高压气管，如图 2-109 所示。

13）用吹尘枪吹干喷嘴各通气孔道，如图 2-110 所示。

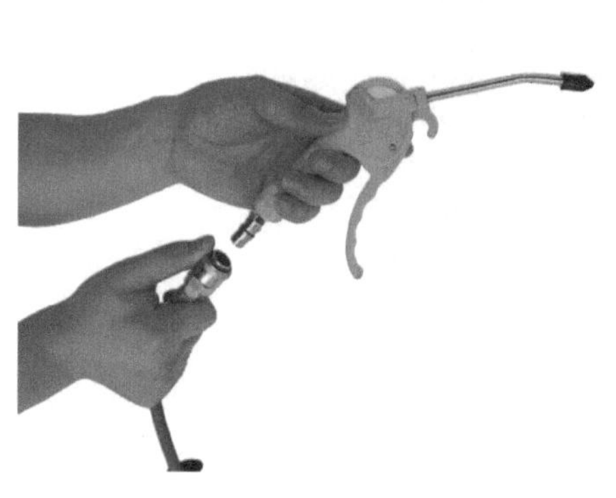

图 2-109 连接气管

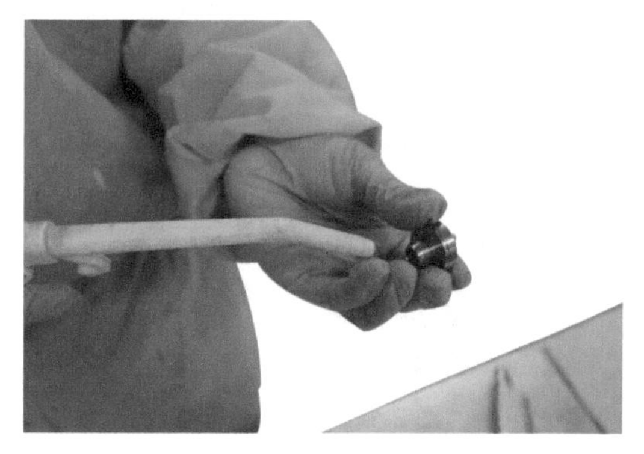

图 2-110 吹干喷嘴

14）再用擦拭纸将喷头擦拭干净，如图 2-111 所示。

15）使用牙刷清洗风帽，如图 2-112 所示。

注意：千万不要用钢丝毛刷，那样会对风帽造成损坏。

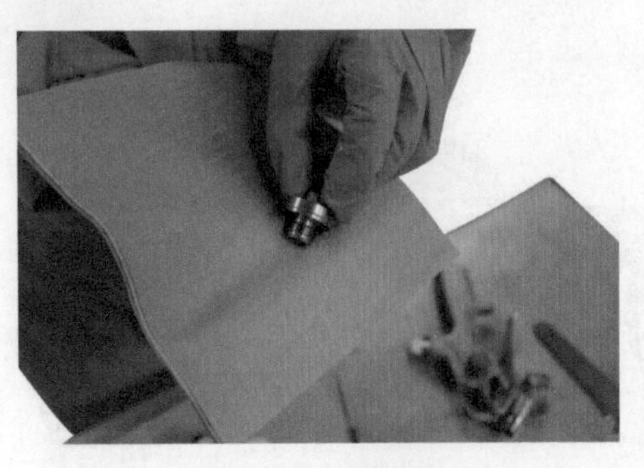
图 2-111　擦拭喷头

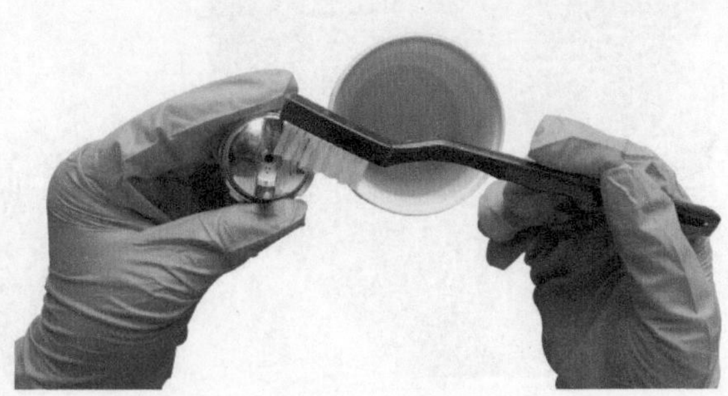
图 2-112　清洗风帽

16）用吹尘枪吹干风帽各通气孔道，如图 2-113 所示。

17）再用纸将风帽擦拭干净，如图 2-114 所示。

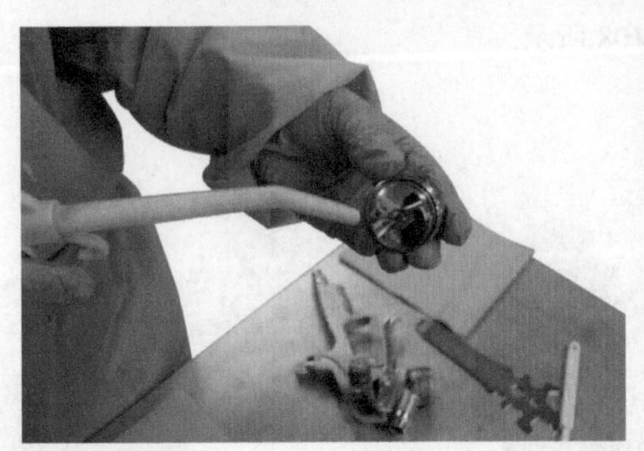
图 2-113　吹干风帽

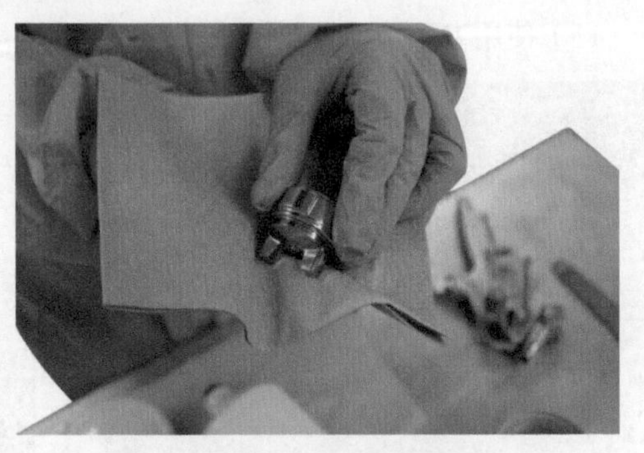
图 2-114　擦拭风帽

18）使用牙刷清洗喷壶滤网，如图 2-115 所示。

注意：清洁滤网时要注意适当力度，如果清洗时用力过度会对滤网造成损坏。

19）用吹尘枪吹干滤网，如图 2-116 所示。

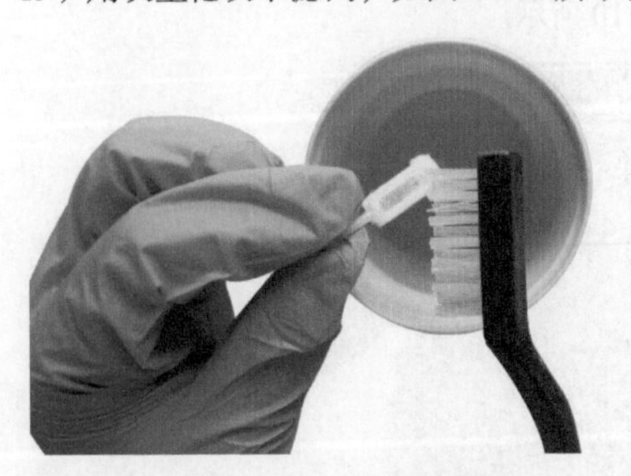
图 2-115　清洗喷壶滤网

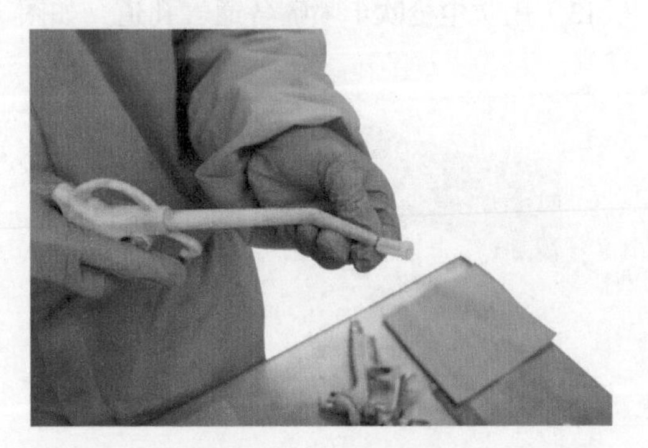
图 2-116　吹干滤网

20）使用牙刷清洗喷壶，如图 2-117 所示。

注意：如果清洗不彻底并且残留粒子会对漆膜造成污染，特别是使用两种不同颜色的涂料时，清洗不彻底会导致串色。

21）再用擦拭纸将喷壶擦拭干净，如图 2-118 所示。

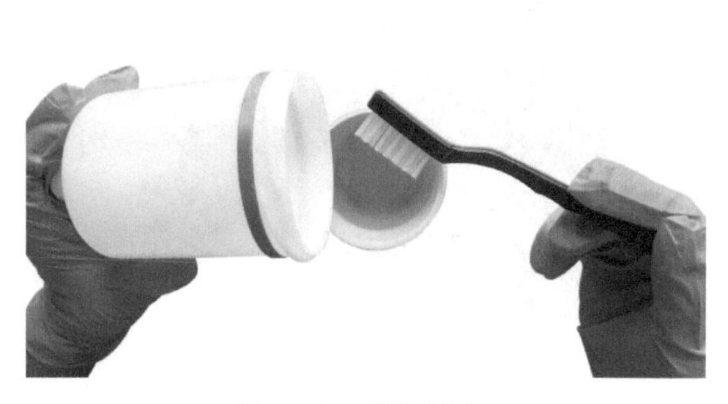

图 2-117 清洗喷壶

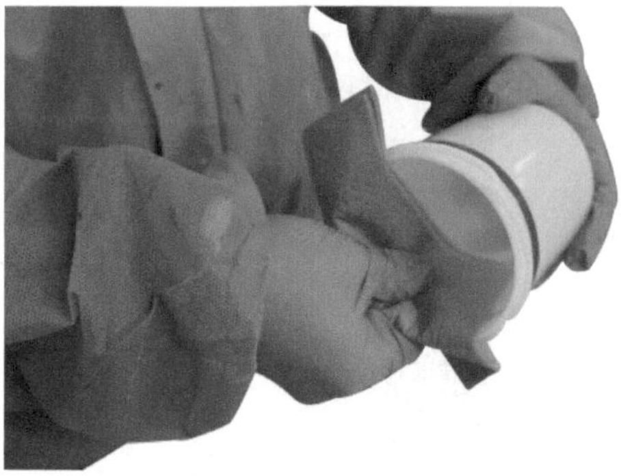

图 2-118 擦拭喷壶

22）使用牙刷清洗壶盖，如图 2-119 所示。

23）用除尘枪吹干壶盖通气孔道，如图 2-120 所示。

图 2-119 清洗壶盖

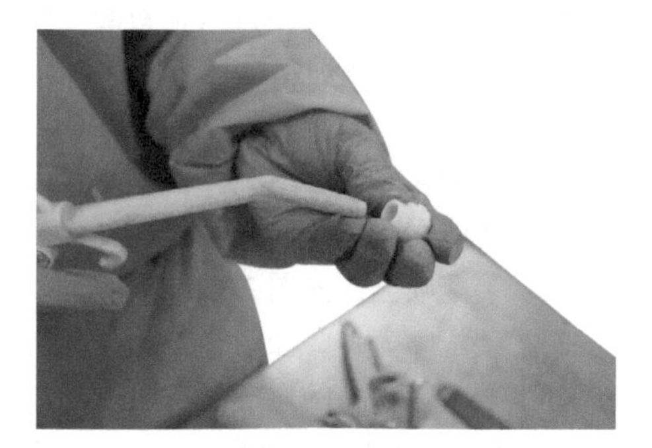

图 2-120 吹干壶盖通气孔道

24）再用擦拭纸将壶盖擦拭干净，如图 2-121 所示。

25）用粘有天那水的擦拭纸将喷枪体擦拭干净，如图 2-122 所示。

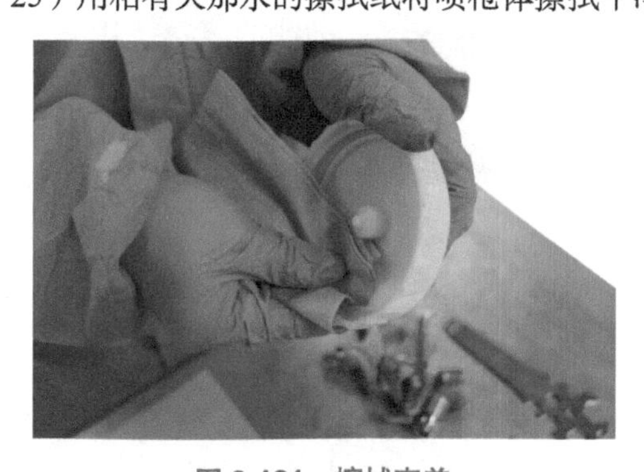

图 2-121 擦拭壶盖

图 2-122 擦拭喷枪体

注意：请勿将喷枪整体浸泡在稀释剂中，长时间浸泡会造成内部零件的损伤。

26）装配喷头，如图 2-123 所示。

27）使用专用扳手拧紧喷头螺栓（拧紧时要注意拧紧力度，不可过度拧紧喷头螺栓），如图 2-124 所示。

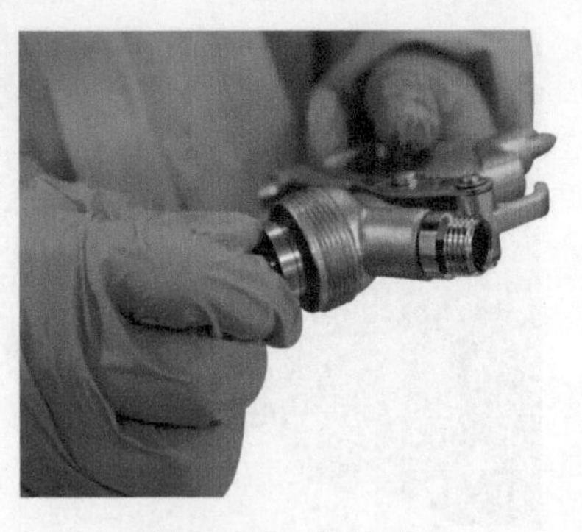

图 2-123　装配喷头

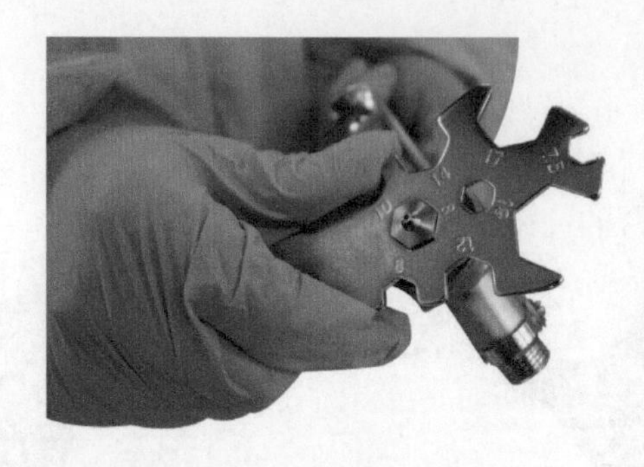

图 2-124　拧紧喷头螺栓

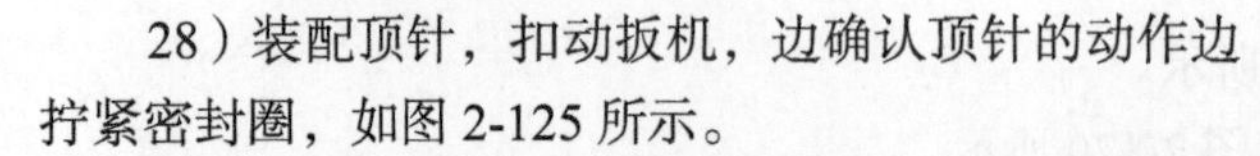

28）装配顶针，扣动扳机，边确认顶针的动作边拧紧密封圈，如图 2-125 所示。

注意：不可过度拧紧针阀密封圈，否则会导致顶针移动性变差，造成前端涂料泄漏。

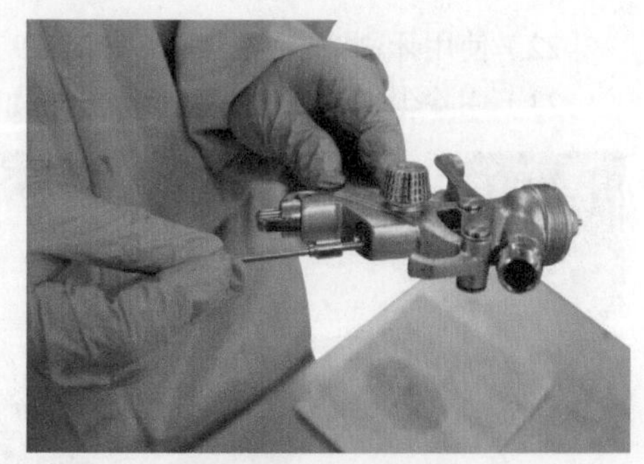

图 2-125　装配顶针

29）装配顶针弹簧和调整旋钮，如图 2-126 所示。

30）装配风帽，如图 2-127 所示。

31）将滤网装入枪体，如图 2-128 所示。

32）装配喷壶，如图 2-129 所示。

33）装配喷壶盖，如图 2-130 所示。

34）装上喷壶盖的通气帽，如图 2-131 所示。

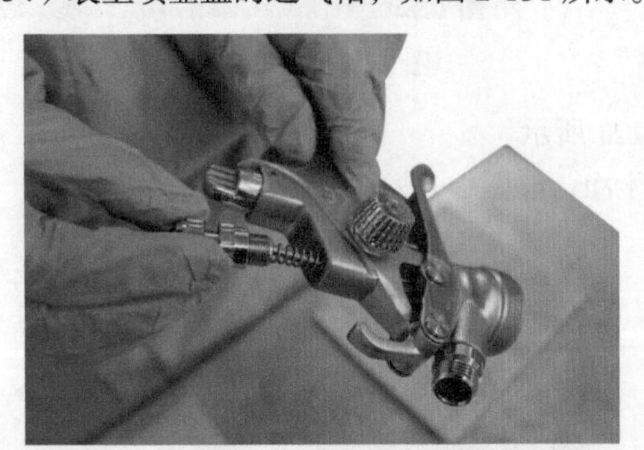

图 2-126　装配顶针弹簧

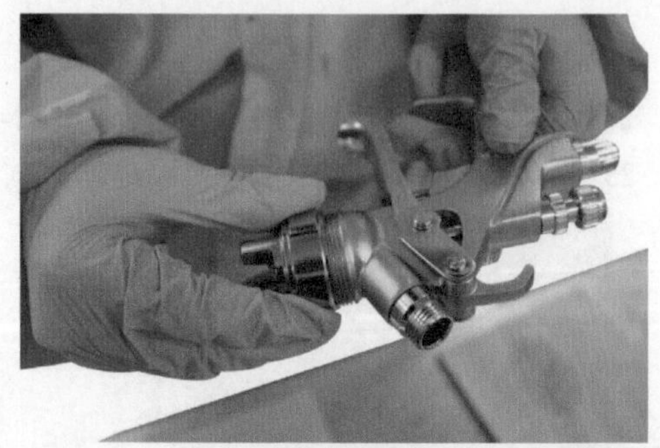

图 2-127　装配风帽

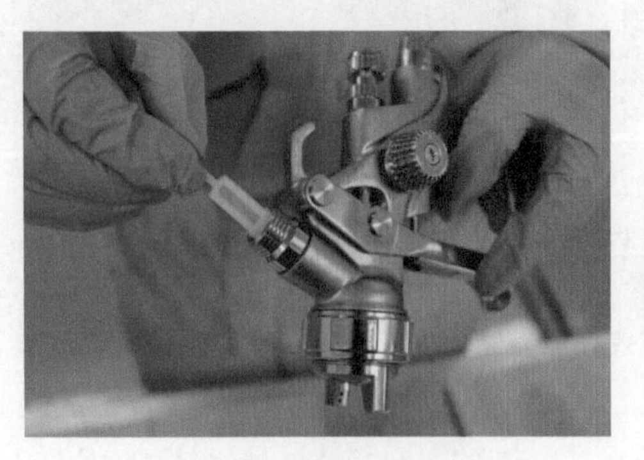

图 2-128　将滤网塞入枪体

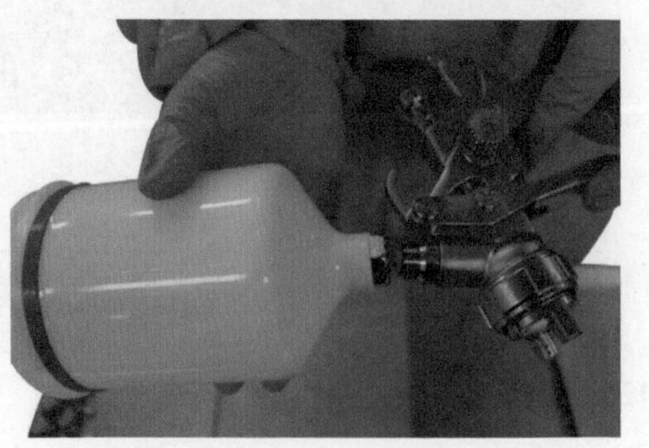

图 2-129　装配喷壶

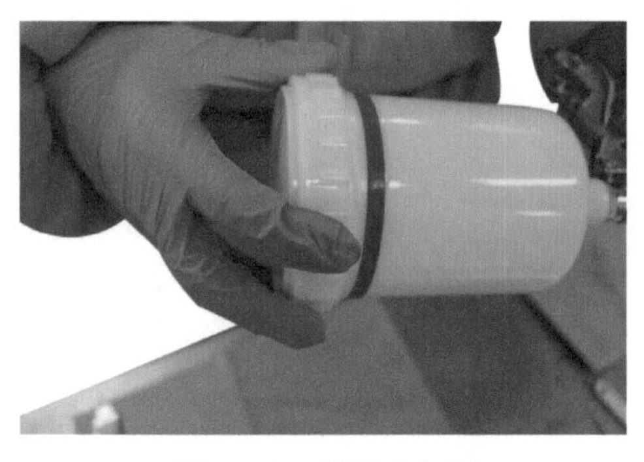

图 2-130 装配喷壶盖

图 2-131 装喷壶盖通气帽

四 相关知识拓展——水溶性干燥吹风设备

涂料有溶剂型涂料和水溶性涂料之分，目前我国使用的普遍是溶剂型涂料，但为降低 VOC 排放，正在逐渐推广使用水溶性涂料。因水溶性涂料的干燥时间比较长，故在进行水溶性涂料干燥时要使用专用水溶性干燥吹风枪。

使用这种水溶性干燥吹风枪具有以下优点：可以加快水性漆的干燥时间，缩短喷漆房占用时间；进行小面积修补时，减少烤房的加热需要；耗气量低至 350L/min（0.4MPa），覆盖面积大，吹风量达 6000L/min；带有过滤网，可以减少污染漆膜；容易操作，直接连接压缩空气软管，重量轻，设计精巧，带有开关阀。

水溶性干燥吹风枪的工作原理是，当压缩空气从空气出风口内壁向空气出风口吹风时，空气进风口的压力降低，形成真空状态，这时空气进风口附件处的空气会进行补充，于是把大量的空气带动至空气出风口。

由于水溶性干燥吹风枪处于逐渐推广使用阶段，虽然操作方法简单，但也不同于普通吹风枪的使用，使用时需要注意空气出风口与干燥工作面形成 45° 角，这样吹风面积最大；空气出风口与干燥工作面距离为 30～40cm，过近则影响水溶性油漆银粉颗粒的排列分布。

第三章
底材处理

第一节　车身遮蔽防护

汽车修补喷涂时，为了保护修补部位以外范围不受漆雾的污染，就要对非修补区域进行遮蔽保护。车身遮蔽不仅在汽车修补中使用，也在汽车生产厂涂装过程中广泛使用。

在汽车油漆修补涂装中，遮蔽是一种保护方法，它利用胶带纸或专业遮蔽材料盖住需要保护的表面，在修补喷涂中此道工序是非常重要的工作。根据实际工作对象和目的不同，遮蔽材料和方法也不尽相同。

一　遮蔽的目的

汽车修补喷涂时，为了保护修补部位以外范围不受漆雾、灰尘的污染，提高喷涂质量，就要对非修补区域进行覆盖保护，这就是所谓的遮蔽。遮蔽是非常重要的工作，所有部分修补涂装（包括点修补、点扩展修补和区域修补）在喷漆前，都要对喷涂区域周围的区域进行遮蔽保护，修补面积较大或较多时还需进行整车遮蔽，有时在清除修补区域旧涂膜的作业和研磨、抛光等作业时也需要对相关部分进行遮蔽保护。

二　遮蔽所用的材料

遮蔽操作需要以下专业材料。

1. 专业遮蔽纸

专业遮蔽纸是牛皮纸为基材，上面复合上美纹纸胶带而成。

1）遮蔽纸特点：防渗透、耐温、粘接性能优良；节省成本、使用方便、有效解决大面积喷漆所面对的各种问题；对金属、塑料、地板、墙体等各种被粘体有优良的粘接性能。

2）遮蔽纸的用途有喷漆遮蔽、汽车装潢、建筑装潢、家具防尘，主要防止轿车、客车、工程车、轮船、货柜、飞机、机械以及家具等在喷漆时油漆渗漏，彻底改善传统用报纸加上美纹纸的遮蔽方法。报纸无论新旧都会有纸屑而且多尘，渗油漆造成遮蔽的部位留有油漆颗粒，不得不重新返工。遮蔽纸干净、防渗漆、防水、体积小，使用非常便捷，能极大地提高工作的效率，节省时间、人工，为企业节约成本，是各行业大面积喷涂的首选遮蔽材料。

2. 遮蔽胶带

专门为汽车修补涂装所设计的遮蔽胶带耐热及耐溶剂性强，剥离后不会在车身上残留粘胶；在遮蔽时，遮蔽胶带的用途和使用环境变化较大，所以对车用遮蔽胶带的要求较为苛刻。遮蔽车身时应选择质量较高、有良好的韧性和强度的遮蔽胶带，如黏度太强则拆除困难，黏度太差则因粘贴不牢固而影响喷涂效果。

3. 整车防漆防尘塑料薄膜

整车防漆防尘塑料薄膜主要用于整车遮蔽，价格比遮蔽纸便宜，使用时若配合专门的压贴磁条和薄膜切割刀将更省时、节约、方便。需注意的是，喷溅在膜上的涂料干燥后容易脱落，因为塑料薄膜不易附着涂料，为了避免剥落的粉尘附着于漆面而影响后面的涂装质量，被涂装区域的边缘应用遮蔽纸进行过渡遮蔽。

4. 自粘式喷漆遮蔽膜

自粘式喷漆遮蔽膜是一面带粘胶的遮蔽薄膜，粘力稳定，贴附性、剥离性良好，无残留胶现象。它适用于聚酯板、钢板、铝板、瓷砖、云石、人造石等材质的遮蔽。

5. 自动胶带切割机（遮蔽纸切纸架）

自动胶带切割机适合各种不同宽度的遮蔽纸，塑料薄膜一样适用。在切割机上装好遮蔽纸和胶带，使用时只要拉出所需遮蔽纸或遮蔽膜的大小，胶带会自动粘在上面。

6. 固定磁条

固定磁条配合塑料薄膜使用，主要用于固定非自粘式遮蔽膜，可随意移动位置。遮蔽任务完成后拿起磁条，薄膜完好无损，便于循环利用，若用胶带进行粘贴固定就会撕破薄膜。

7. 轮胎套

轮胎套专门用于喷漆时遮蔽轮胎时使用，可反复使用，遮蔽和取卸方便。

8. 绳子

遮蔽前、后风窗玻璃时，玻璃边缘橡胶与钢板接触部位的缝隙不易遮蔽，为避免涂料过喷或喷不到位，可用绳子卡在玻璃密封条下面，然后再进行遮蔽就容易了。

9. 缝隙胶带（聚氨酯胶胶带）

缝隙胶带是一种遮盖材料，用于在发动机舱盖或车门处，防止涂料透入缝隙。缝隙胶带为聚氨酯泡沫体，并加入黏合剂而制成，因此它简化了有缝隙区域的遮盖。它呈圆柱形，可以有效防止出现喷涂台阶等问题，使涂装的表面很容易打磨。

10. 遮蔽边条

遮蔽边条是一种辅助遮蔽材料，主要用在有密封条的部位的遮蔽。在遮蔽密封条或嵌条部位时，遮蔽过多，部分边缘会无法喷到涂料；遮蔽过少，则会连密封条或嵌条上也喷上了涂料。在这种情况下，可以在密封条下面嵌入一种特别的产品——遮蔽边条，将密封条或嵌条与车身之间撑起一道缝隙，这样在涂装时，涂料就能涂匀缝隙边缘。拆下遮蔽材料后，缝隙边缘的涂膜就会均匀饱满。

三 遮蔽的基本手法及材料选择

1. 常用的遮蔽方法

（1）正向遮蔽法

所谓的正向遮蔽法是指遮蔽纸的外面朝外、里面朝里的一种遮蔽方法，这种方法使用较广，尤其是在整块区域喷涂时使用得最多。但它对于点修补或需要平滑过渡的喷涂则不适合，容易引起“台阶”。

（2）反向遮蔽法

反向遮蔽法是指先将遮蔽纸盖在待喷涂的部位，然后用胶带粘住遮蔽纸的一边，接着再将遮蔽纸沿着固定的这一边为轴翻转到非喷涂区域固定，使得遮蔽纸原来的里面朝外、外面朝里的一种遮蔽方法。这种方法可以减少“台阶”，让新涂层与旧涂层的边界过渡平滑，这在点修补或多层喷涂时使用得非常多。

2. 遮盖时的注意事项

1）使用遮盖材料之前必须彻底洗净车身表面，并将车辆上的灰尘全部吹除干净。否则，胶带无法在车身表面上粘牢，这样便会造成油漆溶剂渗入胶带内。必须对玻璃和镀铬的零件表面彻底清除水汽，烘干之后才能粘胶带。

2）胶带通常无法粘到门侧位或活动车顶周围的橡胶密封条上。因此在粘贴胶带之前，应在密封条上用抹布先涂一层透明清漆稀释剂，待完全干燥之后，才能粘贴牢靠。

3）遇到曲面时，可将胶带的内侧边缘重叠以适应曲面贴紧的需要。全部遮盖完毕后，应检查是否有过度遮盖或遮盖不足的部位。在涂料易聚积的地方，例如板边沿、特征线或要涂厚涂料的区域，贴双层遮盖胶带和纸，以防止涂料透入遮盖材料。

3. 遮蔽材料的选择

遮盖部位不同，使用的遮盖胶带和遮盖纸的尺寸也不同，详见表 3-1。

表 3-1　遮盖材料的选择

遮盖部位	遮盖纸或遮盖胶带的尺寸选择
天线	一般选用宽 76mm 的自带黏性的遮盖纸
风窗玻璃	使用两层宽 380mm 或 457mm 的遮盖纸
车窗	选用宽 30mm 或 380mm 遮盖纸
门把手	选用宽 19mm 的胶带
镀铬件	选用宽 19mm 或更宽的胶带
后视镜	使用宽 50mm 或 150mm 的遮盖纸
尾灯	使用宽 152mm 或 228mm 的遮盖纸
文字或标志	使用宽 3mm 或 6mm 的遮盖纸

四　车身遮蔽防护步骤

进行车身遮蔽防护工作需要准备的工具、材料包括防尘口罩、吹尘枪、美纹纸胶带、遮蔽膜等。

1. 穿戴防护用品

穿戴车身遮蔽时所需的防护用品（防尘口罩），如图 3-1 所示。

2. 遮蔽前的清洁

使用遮盖材料之前必须彻底洗净车身表面，并将车辆上的灰尘全部吹除干净。否则，胶带无法在车身表面上粘牢，这样便会造成油漆溶剂渗入胶带内。必须对玻璃、镀铬的零件表面彻底清除水汽，烘干之后才能粘胶带，如图 3-2、图 3-3 所示。

图 3-1　穿戴防护用品

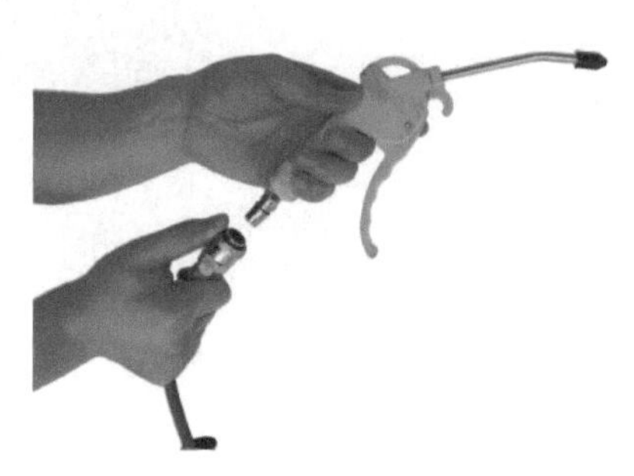

图 3-2　吹尘枪接上高压气管

标准：车身表面以及玻璃、镀铬的零件表面无水无尘。

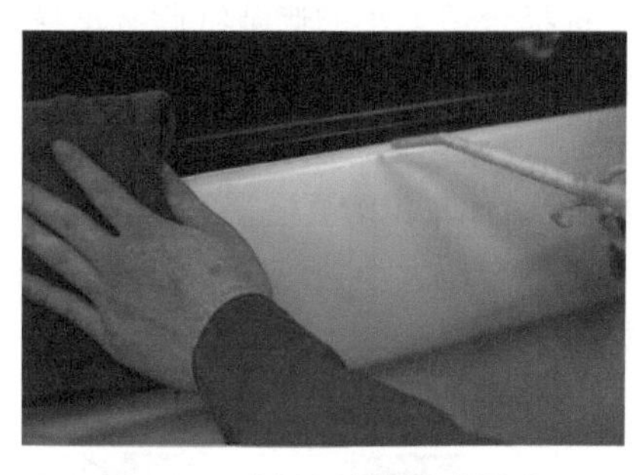

图 3-3　对车身进行除水除尘

3. 车身遮蔽

1）使用美纹纸胶带贴好饰条、车外装饰件与板面的缝隙（检查边角，不能有漏贴的现象），如图 3-4、图 3-5 所示。

标准：遮蔽完全，没有遗漏部位。

注意：玻璃、镀铬的零件表面必须彻底清除水汽，烘干之后才能粘胶带。

2）将门内边角、发动机舱盖内边角、尾门内边角用美纹纸胶带贴一圈，如图 3-6 所示。

图 3-4　遮蔽车窗密封条（一）

图 3-5　遮蔽车窗密封条（二）

标准：遮蔽完全，没有遗漏部位。

注意：胶带通常无法粘到门侧位上，因此在粘贴胶带之前，应使用抹布涂一层透明清漆稀释剂在粘贴部位上，待完全干燥之后，才能粘贴牢固。

3）在翼子板与发动机舱盖、门与门、行李舱盖与后翼子板之间缝隙的两面都贴上美纹纸胶带（遇到曲面时，可将胶带的内侧边缘重叠以适应曲面贴紧的需要），如图 3-7、图 3-8 所示。

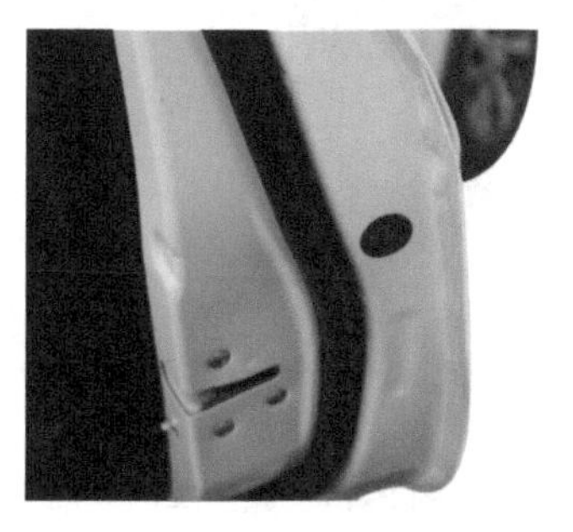

图 3-6　遮蔽门内边角

图 3-7　遮蔽车门边角

图 3-8　遮蔽玻璃与板面之间的缝隙

标准：遮蔽完全，没有遗漏部位。

4）选择合适大小的遮蔽纸遮蔽车身内部（美纹纸胶带一半贴在遮蔽纸上，一半贴在车身上），如图 3-9~ 图 3-11 所示。

标准：遮蔽完全，没有遗漏部位。

注意：关闭车门时要慢慢关，防止遮蔽纸脱落。

5）选择合适大小的遮蔽纸遮蔽车身外部（美纹纸胶带一半贴在遮蔽纸上，一半贴在车身上），如图 3-12~ 图 3-14 所示。

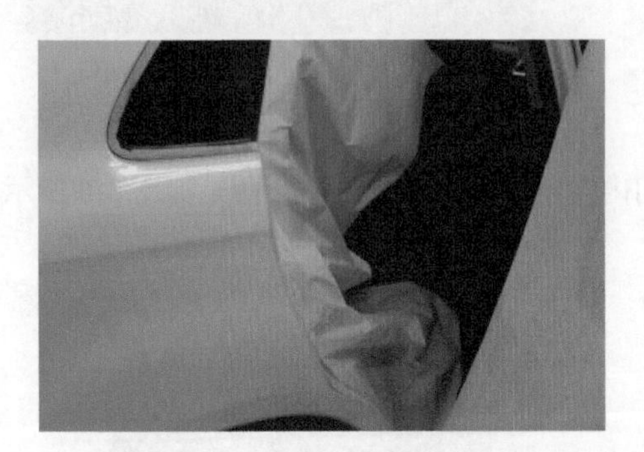

图 3-9　遮蔽车门内部（一）

图 3-10　遮蔽车门内部（二）

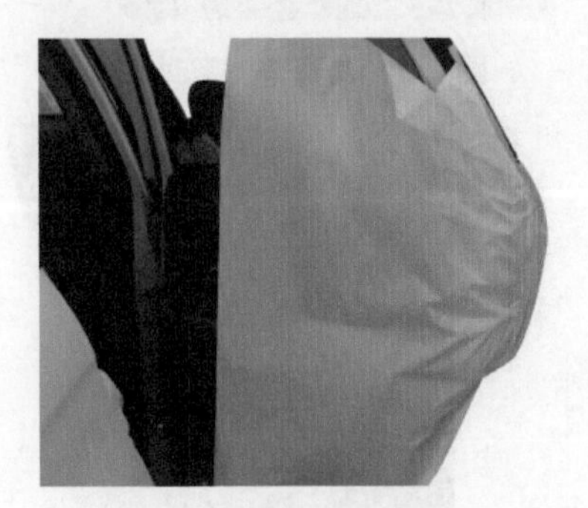

图 3-11　遮蔽车门内部（三）

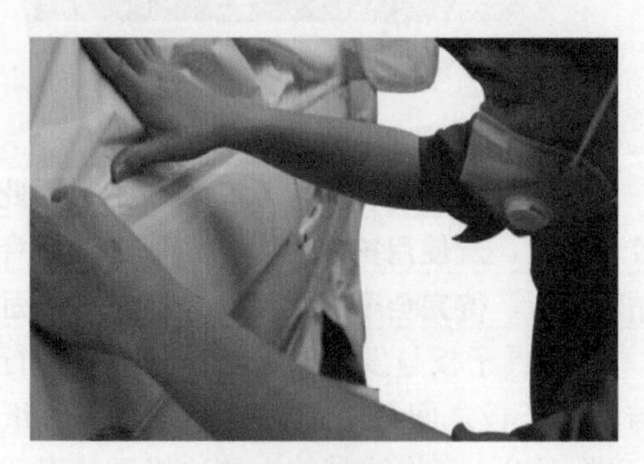

图 3-12　遮蔽车窗

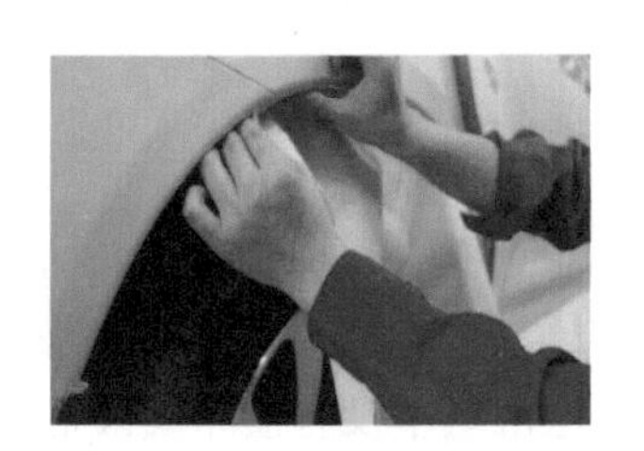

图 3-13 遮蔽车轮（一）

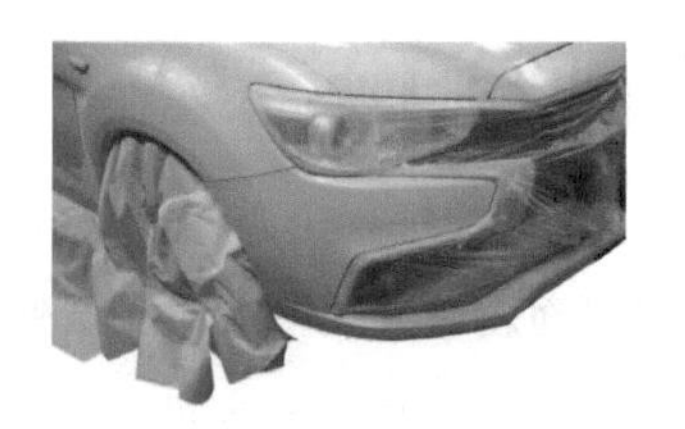

图 3-14 遮蔽车轮（二）

标准：遮蔽完全，没有遗漏部位。

注意：在涂料易聚积的地方，例如板边沿、特征线或要涂厚涂料的区域，要贴双层遮盖胶带和纸，以防止涂料透入遮盖材料。

6）检查是否有漏贴或粘贴不牢固的现象，检查是否有过度遮盖或遮盖不足的部位，如有，要及时进行返工，如图 3-15 所示。

标准：全车遮蔽完全，美纹胶带粘贴牢固，没有遗漏部位。

图 3-15 检查遮蔽质量

五 相关知识拓展

1. 遮蔽材料的清除

一般说来，遮蔽材料应该在新涂层干燥后尽早地清除。但是也有些情况例外，像面漆喷涂前的一些装饰条的遮蔽材料要抛光后取下；边缘部分的遮蔽胶带应在涂装后趁涂层还是软的时候就要小心撕下，一旦涂料变干（遮蔽材料上的涂料干了以后会变脆）便难以均匀剥离。

2. 其他注意事项

1）遮蔽工序通常是在喷烤漆房进行，但也有在别处遮蔽然后再移入喷烤漆房的，如果是后一种情况，则对车辆移动有阻碍的区域不要遮蔽，而要留待于喷烤漆房内遮盖。

① 阻碍进入汽车内部的部件：如果车门全部遮蔽封死，那么会导致无法进入车内，汽车便无法起动，无法驶入喷烤漆房。

② 运动部件周围的遮蔽：例如轮胎部位，遮蔽汽车外部时不要让遮蔽材料下垂太长，以保证轮胎移动时不会压到。

2）反向遮蔽法遮蔽的区域，遮蔽后清洁除油比较困难，因此，对于需要反向遮蔽的区域尽量先清洁除油，然后再进行反向遮蔽。

第二节 羽状边打磨

在损伤区打磨羽状边前，要检查板件的修复情况，包括板件是否安装、校正、修复到位，是否还需要再次整型等。检查板件是否还有其他损伤的旧漆膜，若有，则必须经过适当的处理后才能进行修补。针对不同的漆膜和不同的损伤程度，对旧漆膜的处理要求不同。

一 清除旧漆膜的方法

1. 底材表面没有大缺陷的旧涂层处理方法

一般情况下，如果钣金件没有生锈和其面漆的下面涂层基本没有损坏或只有很少地方需要修补，只要对表面进行适当的打磨，磨掉已经氧化变差的一层，露出良好的底层即可。

2. 表面有缺陷的旧涂层的处理方法

对于小的缺陷，在缺陷部位进行打磨，直到露出没有受到损伤的涂层或裸露金属。裸露的金属部分必须进行打磨、磷化或钝化处理。如果裸露金属部分有锈蚀或穿孔的情况，还要进行除锈或补焊，将锈蚀清除干净，防止继续产生锈蚀或结合力变差的情况发生，并进行磷化或钝化处理。

对于面积较大的缺陷，可以用喷砂机进行喷砂除漆除锈，或用化学法及打磨的方法将旧涂层脱漆，然后进行必要的清洁处理。对裸露的金属表面进行除锈、磷化或钝化处理。

3. 清除旧漆及除锈的方法

清除旧漆及除锈的方法有很多，包括手工打磨法、机械法、喷砂法及化学法等。手工打磨法由于劳动强度大、工作效率低，已逐渐被淘汰，而羽状边的打磨需要用到的就是机械法。

所谓的机械除漆法，就是采用专用电动或气动打磨机来进行清除旧漆的方法。这种方法一般用于小面积去除旧漆，由于采用打磨机器打磨，使工人的劳动强度降低，除漆效率高。 打磨机是以动力驱动的工具，其上附有砂纸，用于打磨油漆表层、腻子或二道底漆，基于考虑作业的安全性及操作性，大部分使用气动打磨机。

（1）手工机械打磨操作注意事项

1）打磨时应该佩戴防护眼镜和防尘面罩等防护用品。

2）检查打磨机托盘的型号及规格是否与当前操作所要求的性能相一致。检查叶轮是否损坏，哪怕只有很小一点缺陷，也绝不能继续使用。

3）检查气源或电源是否在该产品所规定的范围内。

4）将电源插头插入电源插座之前应仔细检查打磨机的电源开关是否关闭。

5）更换托盘时，务必认真按照说明书的要求进行。

（2）手工机械打磨操作方法

1）穿戴好安全防护用品。

2）戴好手套，然后轻轻地摸一遍待打磨表面，这有助于操作工人决定如何进行打磨。

3）握紧打磨机，打开开关并将其以 5° ~ 10° 角移向待加工表面。

4）使打磨机向右移动，打磨机托盘左上方的 1/4 对准加工表面，如图 3-16 所示。

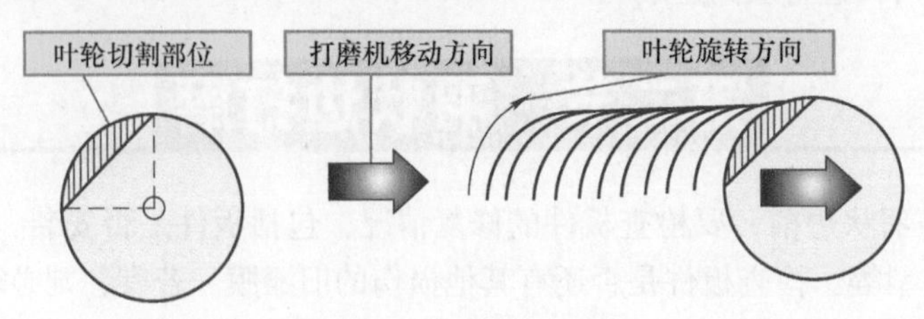

图 3-16　向右移动的操作

5）当打磨机从右向左移动时，托盘右上方的 1/4 对准加工表面，如图 3-17 所示。

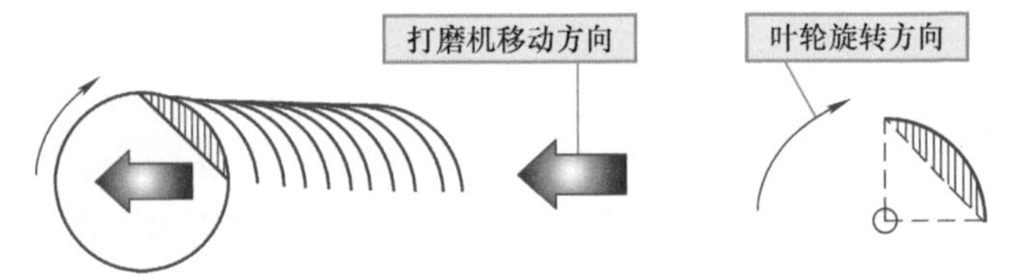

图 3-17 向左移动的操作

6）打磨较为平整的表面时的移动方式如图 3-18 所示。

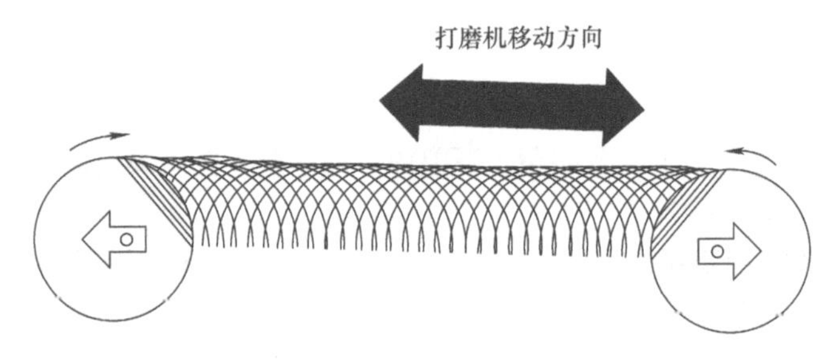

图 3-18 打磨平整表面的移动方式

7）对于较小的凹穴处，应加大打磨机与板件的角度，如图 3-19 所示。

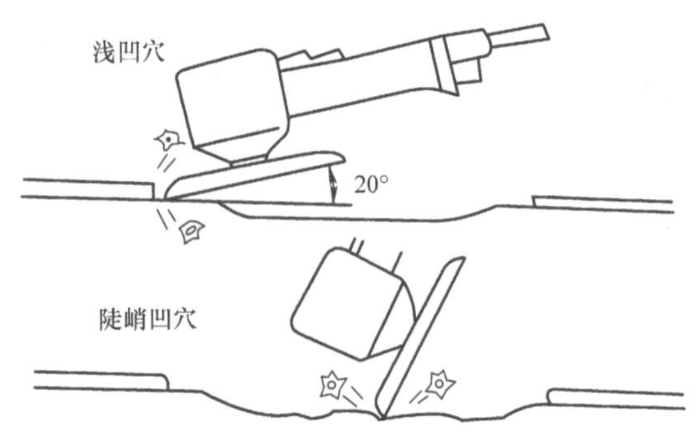

图 3-19 打磨小凹穴的操作

注意：打磨时要经常检查砂纸是否严重回粘，这是保证打磨效果最简单也最有效的办法。如果砂纸出现严重回粘，则应注意调低转速或检查是否属于涂膜问题。打磨机在去除涂膜作业时，如果使用的是硬的研磨盘时，要保持与涂膜表面相对较平行的角度，否则会在金属表面留下划痕；如果是软性的研磨盘，与涂膜表面的接触方式应采用图 3-20 所示的方式。

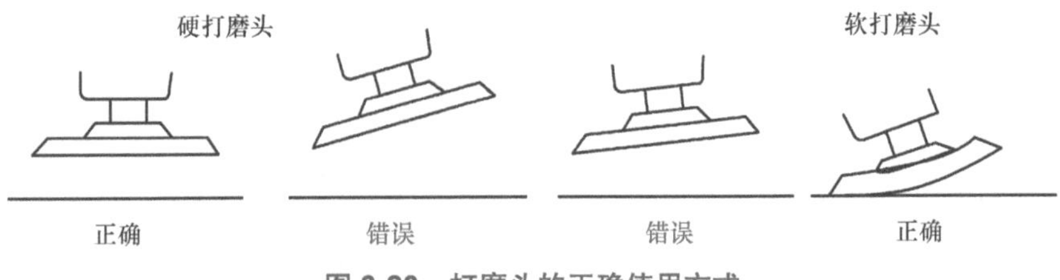

图 3-20 打磨头的正确使用方式

二 羽状边打磨的基础知识

1. 打磨羽状边的作用

打磨羽状边有利于原子灰与底材间的附着，控制原子灰施涂厚度（作业标准），便于原子灰的施涂，补偿原子灰因干燥而产生的收缩内应力。

2. 打磨羽状边的方法

用干打磨设备打磨需填充原子灰的位置，呈弧形打磨，砂纸由粗到细，打磨区域应一次大过一次，直到接口及斜边打磨成羽状边。

3. 做羽状边的目的

1）断差太高易造成补灰时空气残留于断差内，原子灰完全干燥后较容易出现灰的痕迹或造成下陷。

2）为使补灰与旧漆层的架桥结构更稳固，改善下陷造成灰印的问题，须将旧漆边缘段差研磨成斜坡，拉长成为缓缓斜面，此斜面坡度称为羽状边，有利于原子灰与漆面之间的附着，如图 3-21 所示。

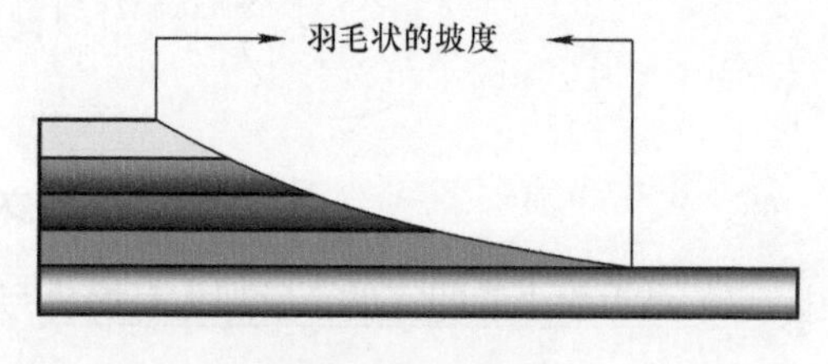

图 3-21　羽状边

三 打磨机的选用

打磨机分为电动打磨机、气动打磨机两种。电动打磨机的主要优点是转速高、打磨力量大、使用方便，使用时应根据操作者身体条件选择合适的大小。气动打磨机重量轻，安全，易附装吸尘器，灰尘少，所以应用较多。

打磨头的形状有两种，其中有倒角的一种使用起来比较方便，对于板件的边角均能进行很好的打磨。

1. 单作用打磨机

打磨盘垫绕一固定的点转动的打磨机称为单作用打磨机。其中，低速打磨机主要用于刮去旧涂层，高速打磨机主要用于漆面的抛光，也就是抛光机。

单作用打磨机的用途包括打磨损伤的工件和旧涂层的清除。

2. 轨道式打磨机

轨道式打磨机的砂垫外形都呈矩形，便于在工件表面上沿直线轨迹移动，整个砂垫以小圆圈形式振动。此类打磨机主要用于大面积腻子表面的打磨。

3. 双作用打磨机（偏心振动式）

双作用打磨机的打磨盘垫本身以小圆圈形式振动，同时又绕其自己的中心转动。

双作用打磨机的用途包括：①损伤的涂层、腻子的打磨；②中涂底漆、面漆打磨；③羽状边的打磨。

四 羽状边打磨步骤

进行羽状边打磨需要准备的工具设备、材料包括干打磨设备、干磨砂纸、吹尘枪、棉纱手套、防尘口罩、防护口罩、除油剂、防溶剂手套、防护眼罩、除油布、喷壶、耳塞、防护鞋等。

1. 板件除尘

1）穿戴板件除尘所需的防护用品（棉纱手套、防尘口罩、防护眼罩），如图 3-22 所示。

2）将吹尘枪接上高压气管，使用吹尘枪配合抹布对板件进行除尘，如图 3-23 ~ 图 3-26 所示。

图 3-22 穿戴板件除尘所需防护用品

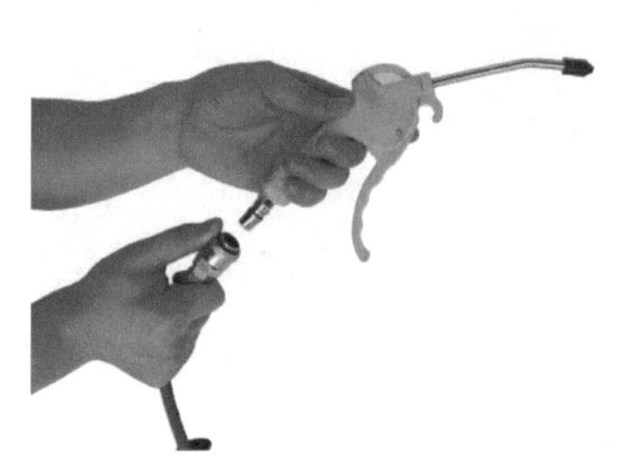

图 3-23 接上高压气管

图 3-24 对板件除尘（一）

图 3-25 对板件除尘（二）

2. 板件除油

1）穿戴板件除油时所需的防护用品（防溶剂手套、防护口罩），如图 3-27 所示。

图 3-26　除尘完成

图 3-27　穿戴板件除油所需防护用品

2）使用喷壶将除油剂均匀喷洒在板件上，用除油布一前一后进行除油，除油时也要检查板面是否还有其他凹面，如有，应做好记号，如图 3-28 ~ 图 3-30 所示。

图 3-28　喷洒除油剂

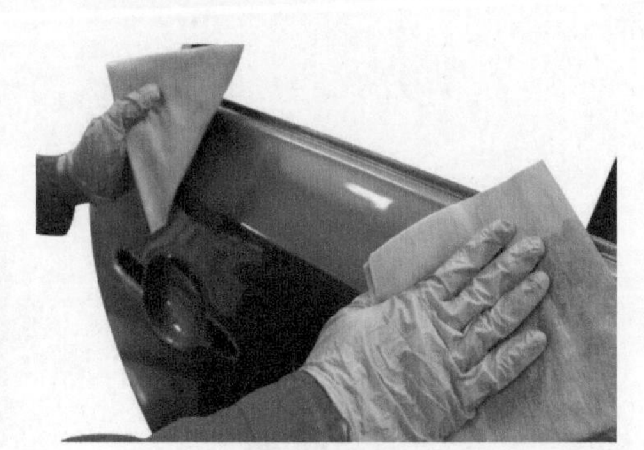

图 3-29　擦拭除油

3. 打磨羽状边

1）穿戴打磨羽状边时所需的防护用品（棉纱手套、防尘口罩、防护眼罩、耳塞），如图 3-31 所示。

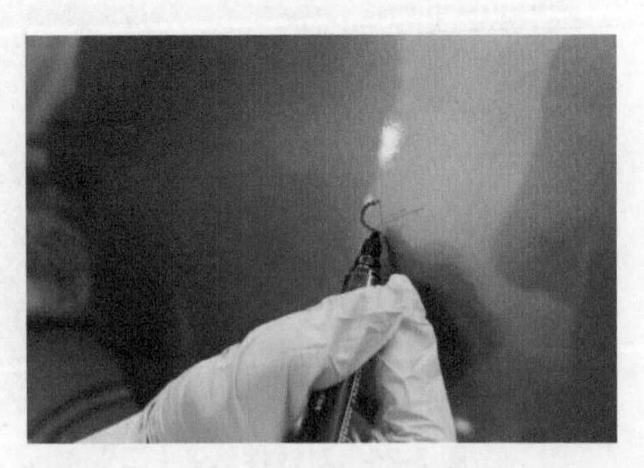

图 3-30　标记凹面

图 3-31　穿戴打磨羽状边所需防护用品

2）按打磨设备的标准电压接通其电源（接通电源前要阅读打磨设备说明书），如图 3-32 所示。

3）连接好高压气管，打开操控开关至自动吸尘档，如图 3-33、图 3-34 所示。

图 3-32　接通电源

图 3-33　接上高压气管

4）选择 5# 气动打磨头，对正打磨头上的吸尘孔，装上 80# 干磨砂纸，对受损区域进行打磨，将受损区域打磨成斜面，使用吹尘枪清洁打磨头，如图 3-35 ~ 图 3-41 所示。

图 3-34　打开自动吸尘模式

图 3-35　接上打磨头

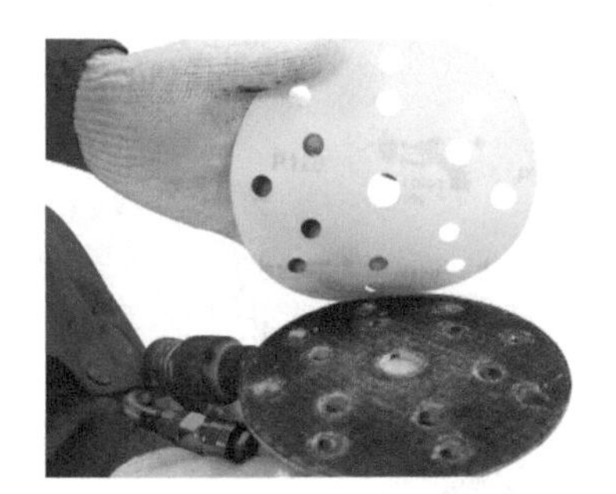
图 3-36　安装 80# 干磨砂纸

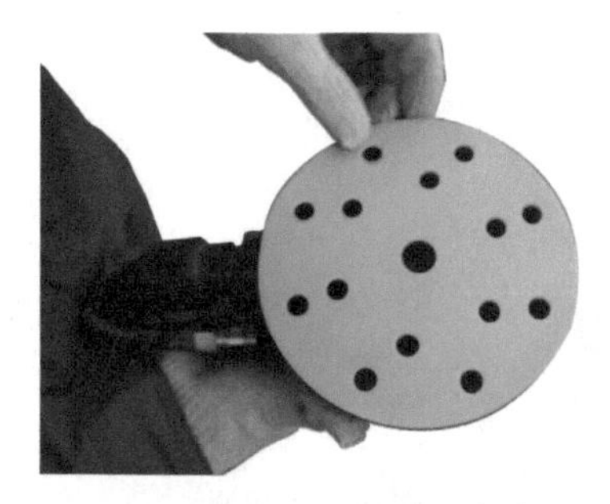
图 3-37　对准吸尘孔

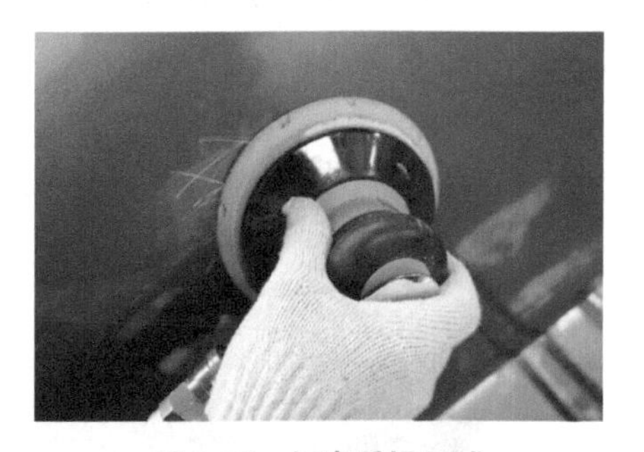
图 3-38　打磨受损区域

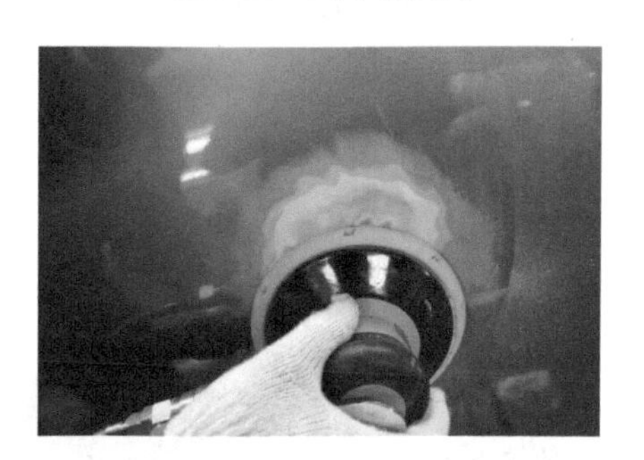
图 3-39　打磨成斜面

注意：打磨头先接触板面再开启。

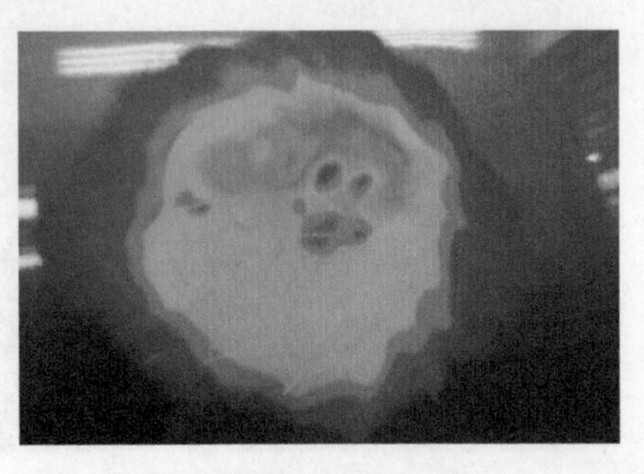

图 3-40　打磨完成

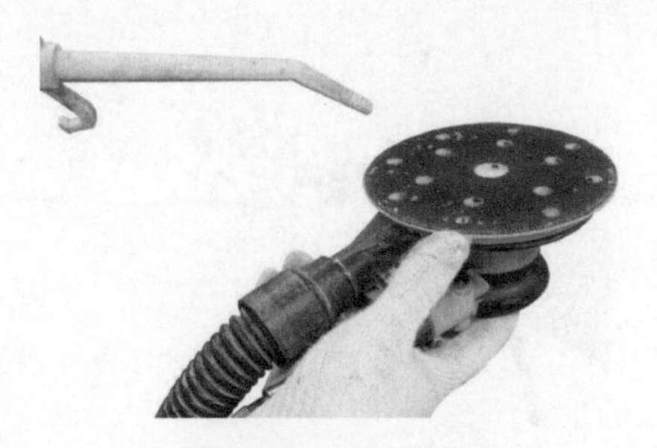

图 3-41　清洁打磨头

5）装上 120# 干磨砂纸，将受损部位以外的漆层与受损区打磨成羽状边（要求原涂层和板件底层之间接口平整、无台阶感，羽状边宽度为 30 ~ 50mm），使用吹尘枪清洁打磨头，如图 3-42 ~ 图 3-45 所示。

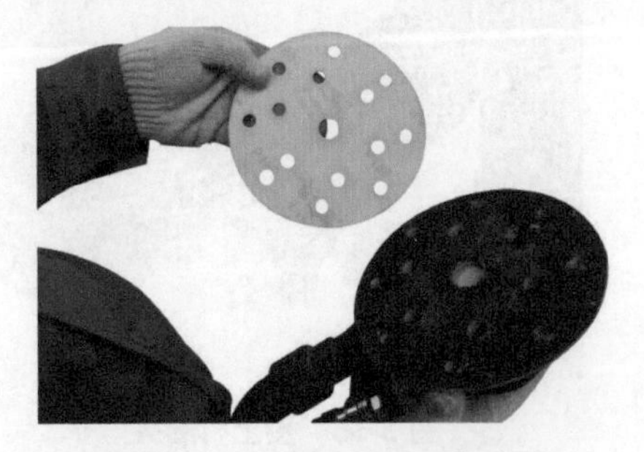

图 3-42　安装 120# 干磨砂纸

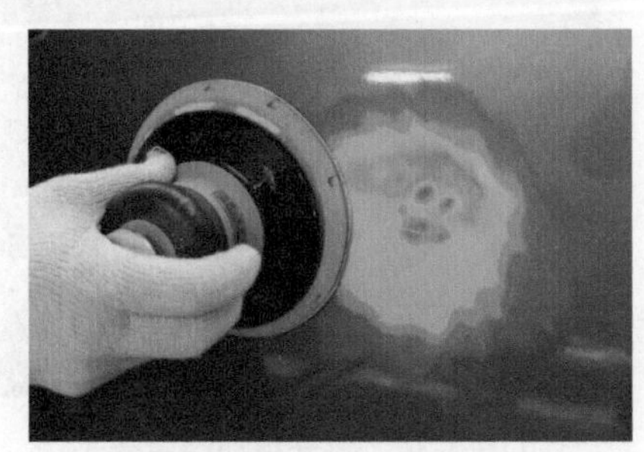

图 3-43　打磨成羽状边

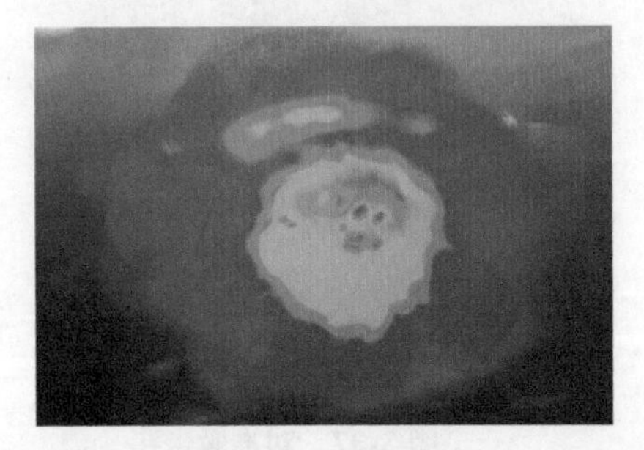

图 3-44　打磨完成

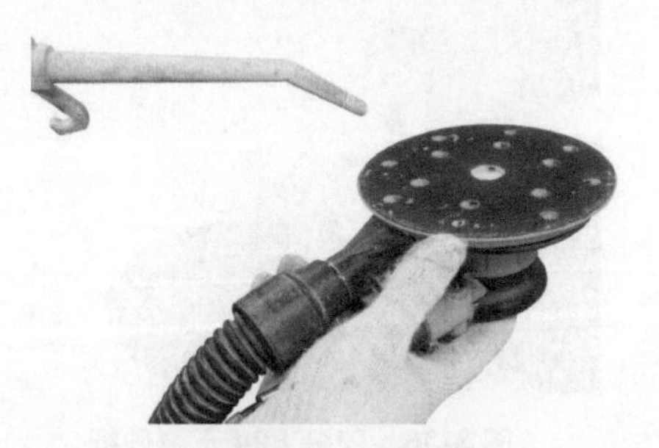

图 3-45　清洁打磨头

6）装上 180# 干磨砂纸，做扩大打磨（超过羽状边 100mm 左右），使用吹尘枪清洁打磨头，如图 3-46 ~ 图 3-49 所示。

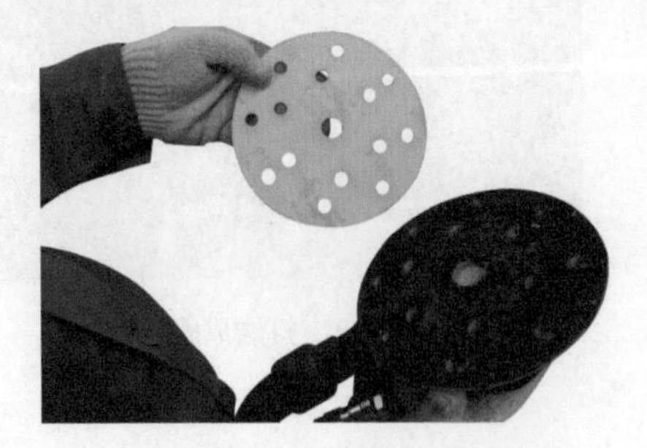

图 3-46　安装 180# 干磨砂纸

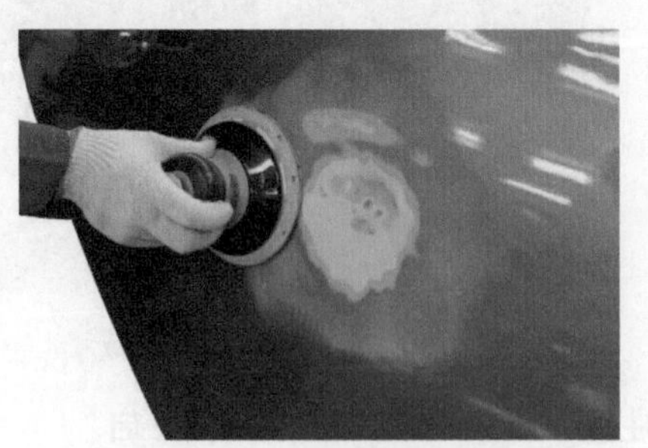

图 3-47　扩大打磨区域

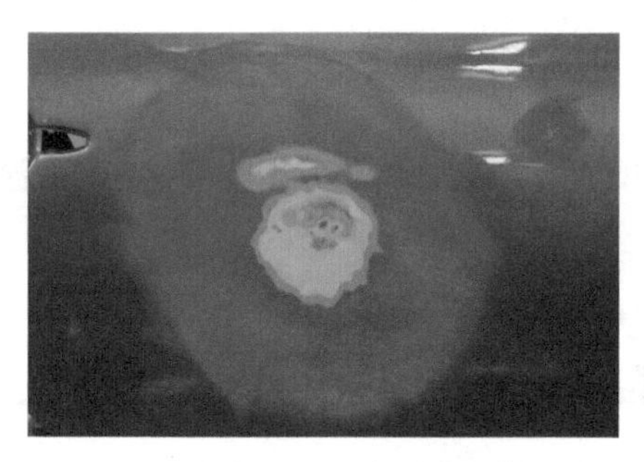

图 3-48 扩大打磨区域完成

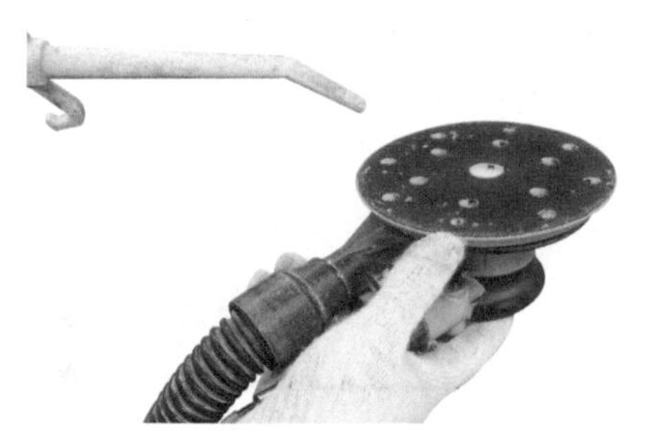

图 3-49 清洁打磨头

7）装上 240# 干磨砂纸，做扩大打磨（超过 180# 砂纸打磨区 100mm 左右），将吹尘枪接上高压气管对板件进行除尘，清洁打磨头，如图 3-50 ~ 图 3-54 所示。

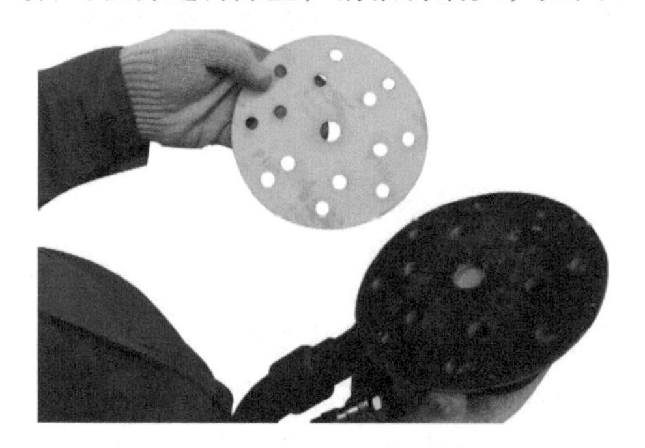

图 3-50 安装 240# 干磨砂纸

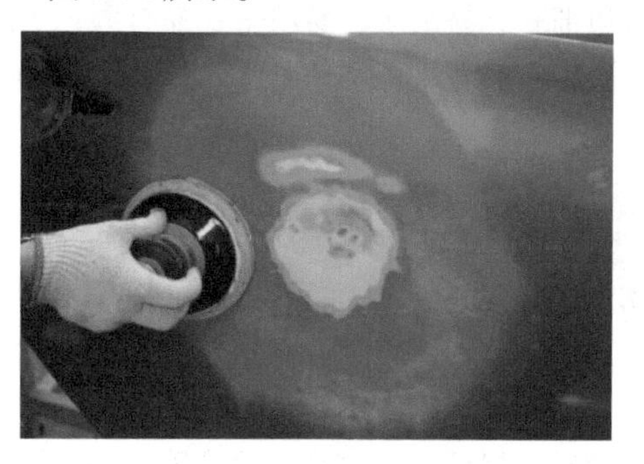

图 3-51 扩大打磨区域

注意：打磨头先接触板面再开启。

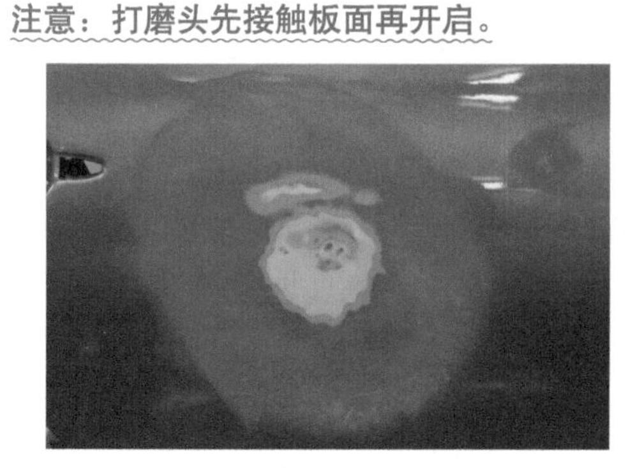

图 3-52 扩大打磨区域完成

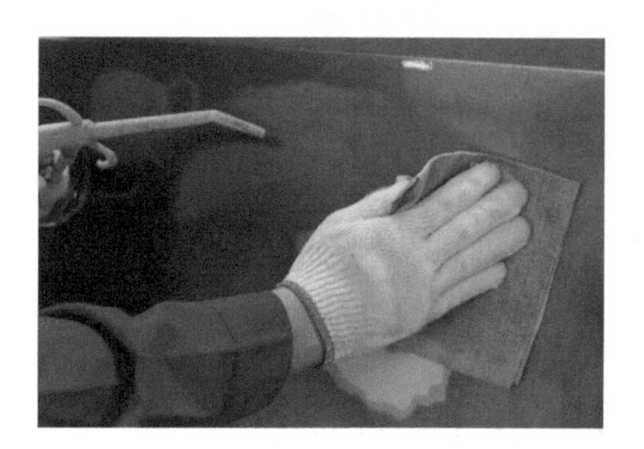

图 3-53 对板件进行除尘

五 打磨操作时的注意事项

1）操作打磨机时，一定要在接触到钣金件表面前开动打磨机，以防止打磨出过深的沟槽。

2）为了防止钣金件过热变形，不要将打磨机停在一个位置过长时间。

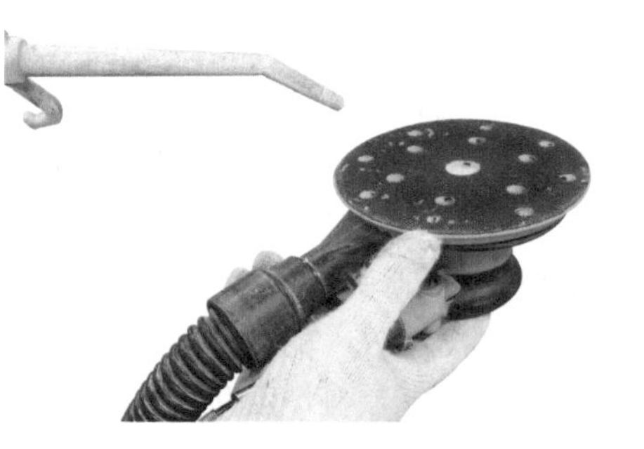

图 3-54 清洁打磨头

3）不允许采用粗砂磨料以 90° 角交叉打磨凸出很高的表面，这样做将会造成很深的打磨伤痕，以后将很难将其除去。

4）千万不要让粗砂磨料接触打磨区域附近完好的油漆表面，最好用胶带把完好的涂层部位保护起来。

第三节 原子灰的刮涂

原子灰又称不饱和树脂、腻子，是由不饱和树酯、滑石粉、苯乙烯等原材料经搅拌研磨而成的由主体灰及固化剂组成的双组分填平材料，具有常温固化、干燥速度快、附着力强、易打磨等特点。与我国传统使用的腻子，如桐油腻子、过氯乙烯腻子、醇酸腻子等相比，原子灰具有灰质细腻、易刮涂、易填平、易打磨、干燥速度快、附着力强、硬度高、不易划伤、柔韧性好、耐热、不易开裂起泡、施工周期短等优点。

一 原子灰的作用组成及分类

原子灰在汽车修理业和汽车制造业中被广泛使用。不管是因事故受损的车体，还是汽车制造过程中因模具问题、运输问题或焊接变形而造成的车体表面缺陷，一般都要使用原子灰进行修补填平，然后再经中涂、面漆等工艺，使整车外观达到工艺要求。原子灰的问世，让一度落后的汽车钣金修理业实现了跨时代的飞跃。因此，如何正确使用原子灰，对原子灰的优劣进行评判选择，不论对汽车制造业还是对汽车修理业都是非常重要的。

1. 原子灰的作用

原子灰是一种膏状或原浆状的涂料，用来填平底材上的凹坑、刮痕、缝隙、孔眼及表面缺陷等。一般非常平整的表面，喷涂底漆打磨后即可满足面漆喷涂的平整度和光滑度。但是，对于不够平整的表面，特别是经过钣金处理后的表面，由于凹凸较大，此时就应该用涂原子灰的方法进行处理。

2. 原子灰的特性

原子灰的主要特性如下：

1）与底漆、中涂底漆及面漆有良好配套性，不发生咬底、起皱、开裂、脱落等现象，有较强的层间黏合力。

2）具有良好的刮涂性能，垂直面涂装性能良好，无流淌现象，有一定韧性，附着力好，刮涂时腻子不反转，薄涂时腻子层均匀光滑。

3）打磨性良好，腻子层干燥后软硬适中，易打磨，不粘砂，能适应干磨或湿磨。打磨后腻子层边缘平整光滑且无接口痕迹。

4）干燥性能良好，能在规定时间内干燥、打磨。

5）形成的腻子层有一定韧性和硬度，以防汽车行驶中的振动引起原腻子层开裂以及轻微碰撞引起底凹或划痕。

6）具有较好的耐溶剂和耐潮湿性，不会引起涂层起泡。

3. 原子灰的分类

根据不同行业不同性能要求，原子灰可分为汽车修补原子灰、制造厂专用原子灰、家具原子灰、钣金原子灰（合金原子灰）、耐高温原子灰、导静电原子灰、红灰（填眼灰）、细刮原子灰、焊缝原子灰等，可根据自己的要求选定最适合的原子灰产品。在油漆化工店、调漆店、油漆化工经销商、原子灰厂家等处，可购买到适合的原子灰产品。

（1）常用原子灰种类

1）普通原子灰。普通原子灰为聚酯树脂型的，填充性好，主要用于裸钢板的表面，也可用于塑料和玻璃钢件，但刮涂不宜过厚，不适用于镀锌钢板、不锈钢和铝板以及经磷化处理的钢板表面的刮涂（如使用需喷涂隔绝底漆，如环氧基底漆）。

2）合金原子灰。又称金属原子灰，比普通原子灰好，可以直接用于镀锌钢板、不锈钢和铝板表面的刮涂而不必喷涂隔绝底漆，不适用于磷化处理的钢板。

3）纤维原子灰。纤维原子灰的填充料中含有纤维物质，干燥后质轻但附着力强，硬度高，能够直接填充直径小于 50mm 的孔或锈蚀而不需要钣金修复，对孔洞隔绝防腐的能力很强。

4）塑料原子灰。塑料原子灰用于柔软的塑料填充，调和后呈膏状，干燥后像塑料一样。

5）幼滑原子灰（硝基原子灰）。幼滑原子灰也叫填眼灰，分双组分和单组分型，以单组分型更为常见。它不能大面积使用（填充能力差，不耐溶剂，容易被面漆中的溶剂咬起），一般用在中涂层打磨之后、面漆喷涂之前。

（2）汽车修理用的原子灰种类

1）聚酯原子灰。由主剂和硬化剂组成的双组分型，主剂包含不饱和聚酯树脂、无机填充物和苯乙烯单体，硬化剂包含有机过氧化物，主剂和硬化剂混合后，将很快硬化。

2）环氧原子灰。主要成份是环氧树脂，双组分型原子灰，用胺作为硬化剂。由于各种不同的基础金属使它具有更高一级的防锈性能和优异性能，所以常用于修复树脂零件。其硬化性能、可塑性能和打磨性能不如聚酯原子灰。

3）硝基原子灰。有单组分和双组分型，单组分型由硝化纤维素和醇酸树脂或丙烯酸树脂组成。

4. 原子灰的组成

原子灰是一种涂料，主要由树脂、颜料、溶剂和填料组成。常见的原子灰多为双组分产品，需要加入固化剂才能干燥固化。

（1）树脂

原子灰使用的树脂主要有聚酯树脂和环氧树脂，其中聚酯树脂可防止被磷化的裸金属出现盐湖化反应，环氧树脂可直接使用。

（2）颜料

原子灰使用的颜料以体质颜料为主，配以少量的着色颜料。着色颜料以黄、白色为主，主要作用是降低彩度，提高面漆的遮盖能力。

（3）填料

原子灰使用的填料主要有滑石粉、碳酸钙和沉淀硫酸钡等，起填充作用并提高原子灰的弹性、抗裂性、硬度以及施工性能。

（4）固化剂

聚酯类原子灰使用过氧化物固化剂，环氧树脂类则多用胺类作为固化剂。

固化剂的有效成分是有机过氧化物，如过氧化环已酮、过氧化苯甲酰等。其他成分是起增塑作用的适量溶剂，以及少量填料、颜料和助剂等。将它们混合均匀，研磨成膏状，即为固化剂成品。

当主灰和固化剂混合后，固化剂迅速分解放出游离基，从而迅速引发聚酯中的双键与苯乙烯的双键发生交联共聚反应。这个反应是连锁反应，直至聚酯中的双键和苯乙烯的双键都被消耗尽才停止。随着固化反应的进行，原子灰中的树脂成分交联成网状结构，而填料则被包在树脂网中，原子灰固化后加热也不能熔化，但高温下可以破坏，在溶剂中也不能溶解，即属于热固性的。整个固化过程是放热反应，没有任何低分子化合物产生，初始游离基也在反应过程中被结合而消失。

5. 原子灰的选用

挑选原子灰的基本要求如下：

1）要求与金属和旧涂膜的附着性能好。

2）要求耐热性好，要能在120℃条件下承受30min以上，也不产生起层、开裂、气泡等现象。

3）原子灰的施工作业性能好，刮原子灰后要求30min左右就能进行打磨，原子灰的刮涂和打磨作业性能好。

如果打磨性能差，会使作业时间变长、操作者疲劳，既难以保证表面打磨质量，砂纸的消耗量也会增加。这些时间和材料的浪费，都将直接导致经济性下降。

如果原子灰过硬、难以打磨，就会过多地削磨周围的涂膜，使表面凹凸不平，不得不再次补原子灰。易产生气孔的原子灰也会导致作业效率下降。如果出现了气孔，必须重新补原子灰，还会导致起泡和起层等质量事故。

二　原子灰的刮涂工具

原子灰的刮涂工具主要有刮刀、混合板、铲刀、调拌原子灰盒和原子灰托板等。其中，刮刀是原子灰刮涂中的主要工具，按照其软硬的程度不同，可以分为硬质刮刀和软质刮刀。刮刀的结构简单，并且可以根据需要进行自制。例如，使用聚酯绝缘板进行裁切，再打磨成自己适用的刮刀。

1. 硬质刮刀

硬质刮刀适用于大面积的刮涂作业，如大的凹坑、大的平面缺陷部位等，由于其刮口硬度较高，所以易于刮涂平整，功效好、省料。硬质刮刀主要有金属刮刀和塑料刮刀。

1）金属刮刀主要有钢片刮刀、轻质合金刮刀等，是目前使用最多的一种。金属刮刀具有一定的弹性，可以根据个人的使用习惯进行选择。

2）塑料刮刀常用硬质聚氯乙烯以及环氧树脂板制成，也可以使用稍微软一点的材料制成半硬刮刀。其缺点是耐磨性差，温度对其柔软性影响较大。

2. 软质刮刀

软质刮刀主要适用于刮涂圆弧形、曲面形状的部位，如圆角、槽沟等部位特别适用，主要有橡胶刮刀和塑料刮刀。

1）橡胶刮刀采用耐油橡胶板制成，刮口被磨成斜口。

2）塑料刮刀由软质塑料制成。

三 刮涂工具的使用

1. 刮刀的握法

刮腻子时，以左手握腻子托板，右手拿刮刀。刮刀有以下几种握法：

1）直握法。直握时食指压紧刀板，拇指和另外四指握住刀柄，这种握法适用于小型钢片刮刀，如图 3-55 所示。

2）横握法。横握时拇指和食指夹持住刮刀靠近刀柄的部分或中部，另外三指压在刀板上，如图 3-56 所示。

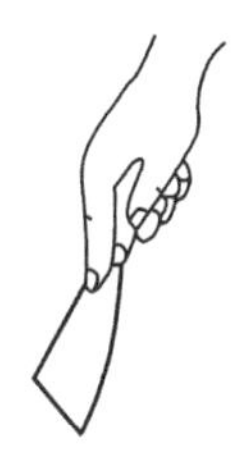

图 3-55　刮刀的直握法

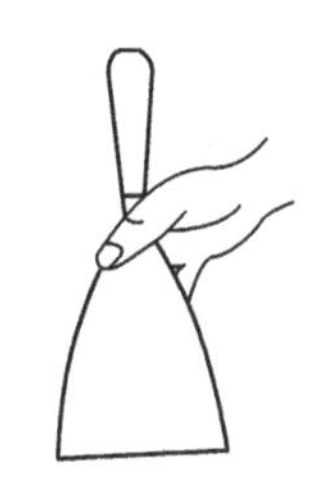

图 3-56　刮刀的横握法

3）右手握刀较常用的握法如图 3-57 所示。

4）刮刀的其他握法如图 3-58 所示。

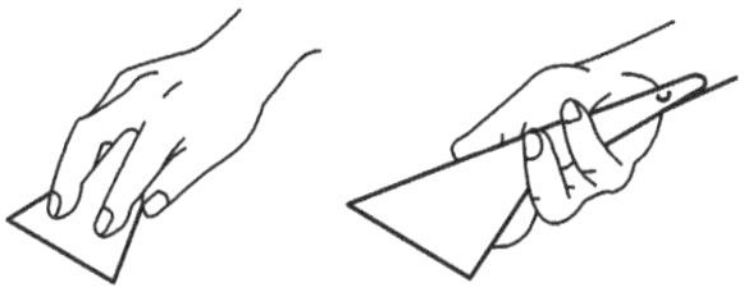

图 3-57　右手握刀常用握法

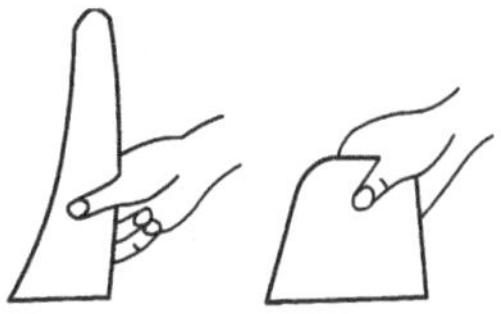

图 3-58　其他握法

2. 刮腻子的手法

1）往返刮涂法。往返刮涂法是先把腻子敷在平面的边缘成一条线，刮刀尖以 30°~40° 角向外推向前方，将腻子涂刮于低陷处，多余腻子挤压在刮刀口的右面成一条直线。这种方法适合于刮涂平面物体。

2）一边倒刮涂法。一边倒刮涂法就是刮刀只向一面刮涂。汽车车身刮涂腻子的顺序是从上往下刮，或从前往后刮。手持刮刀的方法有两种：一种是用拇指与中指握住刮刀，食指在刮刀的一面，腻子打在托板上，刮刀将腻子刮涂于物面，即从上往下刮涂，依次进行，最后将多余腻子刮回到托板上；另一种是用拇指与食指握刮刀，腻子黏附在刮刀口内面，从外向里刮涂，依次进行，这种方法适合于刮涂汽车翼子板、发动机舱盖等。

注意：刮涂腻子时应将刮具轻度向下按压，并沿长轴方向运刮，每次刮涂腻子的量要适度，避免造成蜂窝和针孔。

3. 刮涂腻子的方式

刮涂腻子的方式有满刮和软硬交替刮两种，其中，满刮又分填刮和靠刮；软硬交替刮又分“先上后刮”和“带上带刮”；另外还有“软上硬收”“硬上硬收”“软上软收”等方式。

1）填刮：用较稠的腻子分若干次将板件表面凹陷填平，填刮时主要用硬刮具靠刀口上部有弹力的部位与手劲配合进行操作。

2）靠刮：所用的腻子稠度稍低，用于后 1~2 次的刮涂，用于平滑的表面。刮涂时使用硬刮具刮涂腻子，使腻子刮得薄、刮得亮。

3）先上后刮：先将腻子逐一填满或刮平，然后再用硬刮具将其收刮平整，适应较大面积的刮涂。

4）带上带刮：边上腻子边将其收刮平整，适用于较小面积或形状较复杂部位的刮涂。

5）软上硬收：先用软刮具垂直刮挂腻子，然后再用硬刮具将腻子收刮平整，这样腻子不容易发生掉落现象。

6）硬上硬收：上腻子和收腻子都用硬刮具，有利于刮涂面平整，适合刮涂既有平面又有曲面的部位。

7）软上软收：上腻子和收腻子时均采用软刮具，以利于按板件表面的图形刮出圆势来，适合刮涂单纯曲面部位。

4. 平面、弧形面、异形面的刮涂

原子灰刮涂质量的高低，对涂装的平整度有很大的影响，所以要把原子灰刮好，为提高涂膜的平整度打好基础。

（1）平面刮涂

在刮涂如轿车的发动机舱盖、豪华客车的车门、行李舱门等平整物面时，可使用相对较大的铜片刮刀或钢片刮刀，先将调合好的原子灰迅速满刮于物面上，每面刮满后，立即将原子灰来回收刮平整。收刮原子灰时，每处只能轻轻收刮 1~2 个来回，不能来回收刮次数过多或用力过重，否则易产生卷层或脱层。每面刮涂平整后，及时将四周边棱上的残灰清理干净，以防干后影响磨平。按这样一面一面地进行，依次将该车各平面刮好、刮实、刮平、收刮整齐。

对豪华客车的车门外部等平整度较好的物面，可待一面满刮后（全面刮），立即改用特制的长铝刮刀或长胶刮刀，将灰面用力均匀地收刮（上下来回刮）平整，收刮时两手的用力应均匀一致，不能一只手用力重，而另一只手用力轻，否则，刮后的灰层易出现一边厚一边薄的不良现象。每面的前后刮涂时间，应控制在 3~4min 之内，最长不得超过 5min，以防灰层固化（有干燥迹象）造成卷层或脱落。这种刮法主要适于刮涂技术较熟练的漆工，对于刮涂不太熟练的

人，最好使用铜板或钢片刮刀分段刮涂，以防造成返工或浪费原料。

（2）弧形面刮涂

弧形面主要包括：轿车发动机舱盖的边面、轮罩部位、弧形的车门等；客车的前后围的上部和四角部位及保险杠等；货车驾驶室的各带弧形的部位等。对于这些部位，可采用钢片刮刀（或铜刮刀）刮涂，也可采用钢片刮刀与橡胶刮刀结合刮涂。

采用钢片刮刀刮涂时，第一道原子灰可顺弧形物面的长向刮涂，第二道原子灰应顺弧形物面的横向刮涂，这样交替刮涂至达到质量要求的平度。顺长向刮涂时，对 50~60cm 长的物面，要一次性刮到头，当中不要停留，以免留下搭接。刮涂 1m 长左右的物面时，可分段刮涂，搭接部位不要太明显。按这样把该车的弧形部位的物面依次满刮平整，收净边棱的残渣即可。横向刮涂时，应从弧形物面的一边横刮到另一边，这样一刀压一刀进行刮涂。对大型客车的后围两侧的弧形部位，即椭圆形部位，由于弧度较大，可从弧度的两边向中间刮涂，按此法从上向下进行刮涂。

采用钢片刮刀与橡胶刮刀相结合刮涂时，第一道原子灰最好用钢（或铜）刮刀刮涂，因为橡胶刮刀的弹性太大，不易将底灰铺平（摊平）。待第一道原子灰干燥并打磨平整后，再用橡胶刮刀刮涂第二道和第三道（通常原子灰需刮涂三道），这样易使刮涂质量达到优良。

（3）异形表面刮涂

对于异形表面如轿车和客车的前后灯框部位、客车的前面罩件等，则必须使用橡胶刮刀刮涂，而且要用 25 ~ 35mm 宽的小橡胶刮刀刮涂，刮涂时随物面的形状，手的用力应随重随轻，即刮到凹坑等不平部位时手的用力要轻，平整部位时手的用力要重，这样刮后的涂层平度才能一致。如果在凹坑部位手的用力过重，其凹坑部位只会有少量的灰层，达不到预期的刮平效果。刮到平面时手的用力轻，平面部位会留下较厚的灰层，既浪费原子灰，又会给涂层干后的打磨增添麻烦（难打磨）。各异形表面用橡胶刮刀刮平后，要及时用钢片刮刀将表面与边缘的残渣清理干净，以防干后结渣影响磨光。

通常要刮涂 2 ~ 3 道（每道灰层的厚度以 0.5 ~ 1mm 为宜），才能将基层表面的缺陷刮平，对基层平度较差的部位，有时需刮涂 3 ~ 4 道或 5 ~ 6 道原子灰，才能将缺陷充分刮平。

四 原子灰的刮涂步骤

原子灰的刮涂工作需要准备的工具、耗材包括原子灰 、大小刮灰刀、塑料软刮刀、调灰板、打磨好羽状边的板件、棉纱手套、防护口罩、防护眼罩、红外线烤灯、吹尘枪、除油剂、除油布、喷壶、防溶剂手套等。

1. 板件除尘

1）穿戴板件除尘所需的防护用品（棉纱手套、防尘口罩、防护眼罩），如图 3-59 所示。

2）将吹尘枪接上高压气管，按照先边角后板面的顺序用吹尘枪和除油布进行板件除尘，如图 3-60~ 图 3-62 所示。

图 3-59　穿戴板件除尘所需防护用品

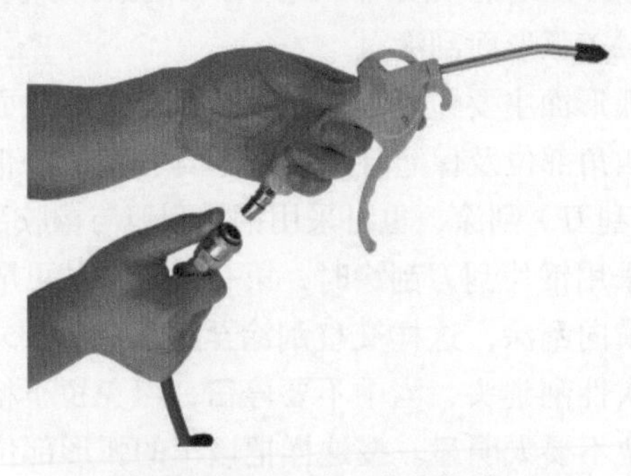

图 3-60　接上高压气管

图 3-61　对板件除尘（一）

图 3-62　对板件除尘（二）

2. 板件除油

1）穿戴板件除油时所需的防护用品（防溶剂手套、防护口罩），如图 3-63 所示。

2）使用喷壶将除油剂呈雾状均匀地喷洒在板件上，如图 3-64 所示。

图 3-63　穿戴板件除油所需防护用品

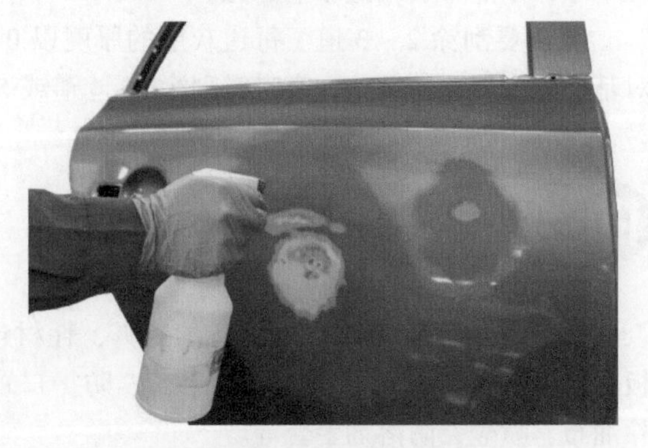

图 3-64　喷洒除油剂

3）使用除油布一前一后擦拭板件进行除油（先擦拭板件，再擦拭边角），如图 3-65 所示。

3. 原子灰刮涂

1）穿戴刮涂原子灰时所需的防护用品（棉纱手套、防护口罩），如图 3-66 所示。

图 3-65 擦拭除油

图 3-66 穿戴防护用品

2）原子灰通常装于铁质的罐内，打开原子灰盒盖，使用专用工具将原子灰充分搅拌均匀。用刮灰刀取出原子灰至调灰板上，如图 3-67 所示。

注意：新开的原子灰彻底搅拌均匀后方可使用，取出的原子灰不能超过所需原子灰的 1/2。

3）固化剂装在软体的管子内（类似牙膏），按比例挤出合适的固化剂于调灰板上，如图 3-68 所示。若固化剂过多，干燥后就会开裂；若固化剂过少，就难以固化干燥。通过其混合后的颜色来判断其混合比。原子灰主剂与固化剂拌和时，可以随气温的变化以适当调整，原子灰：固化剂 =50：（1~1.5）。

图 3-67 取出原子灰

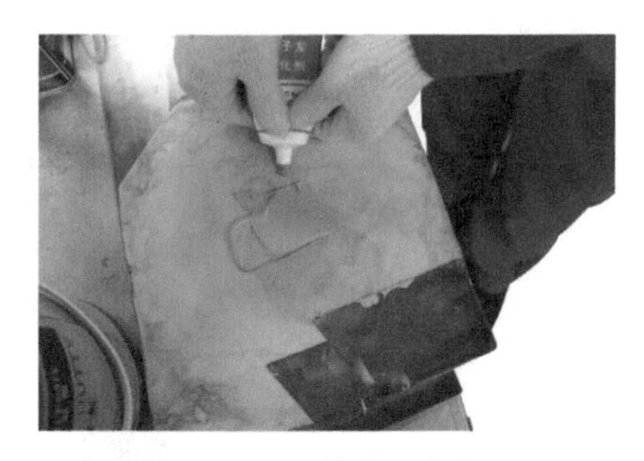
图 3-68 挤出固化剂

注意：混合原子灰与固化剂时，固化剂的量要按照使用说明书要求的比例添加，不可一味追求干燥速度快而加大用量。

4）用刮灰刀将原子灰与固化剂彻底调拌均匀后，再用刮灰刀取出，如图 3-69、图 3-70 所示。

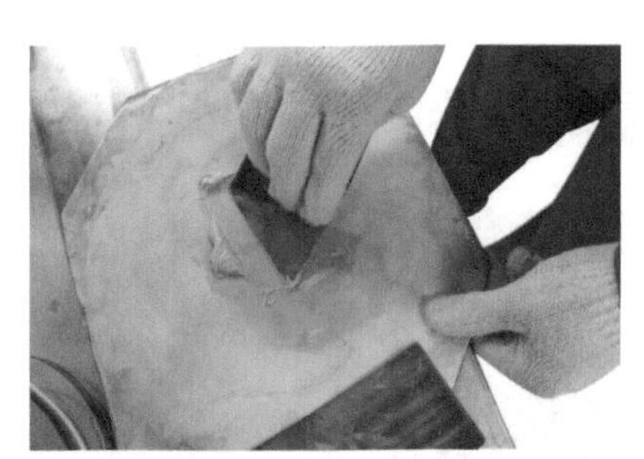
图 3-69 调拌原子灰

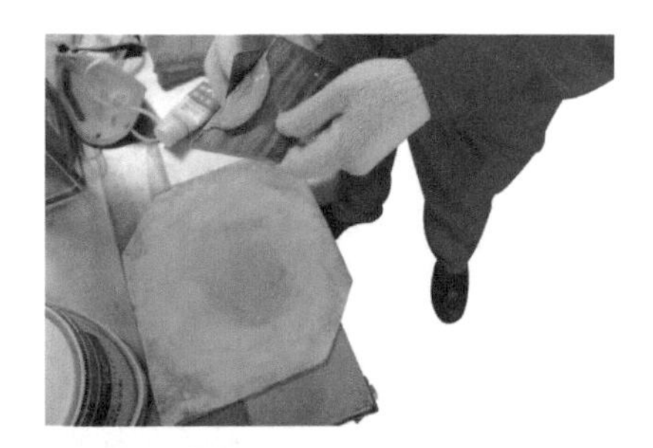
图 3-70 取出原子灰

5）分三步完成刮涂，先采用薄刮的方式刮涂板件损伤部分，然后做填充刮涂，最后刮涂填补前两步刮涂留下的缺陷（原子灰刮涂面应逐步增大，刮涂不能超过打磨区，边缘和表面无台阶且平滑、无严重粗糙感），由此完成第一遍刮涂，如图 3-71、图 3-72 所示。

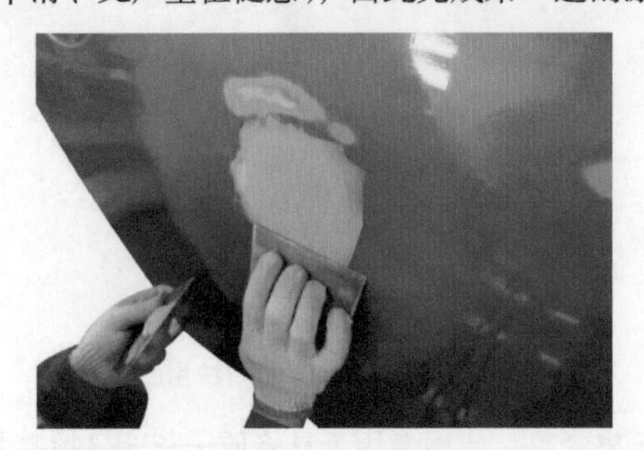

图 3-71　第一次刮涂

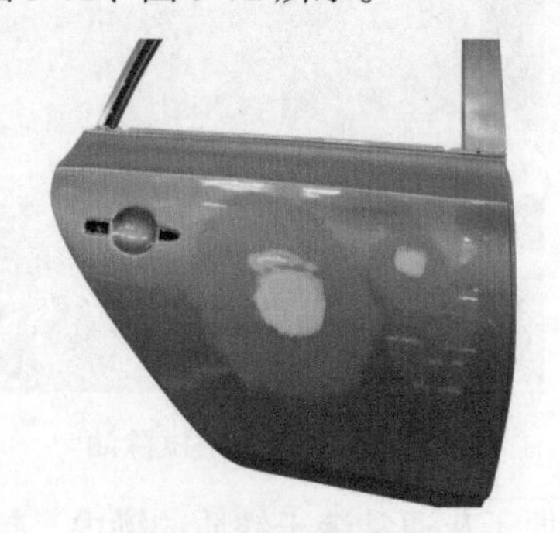

图 3-72　刮涂完成

注意：原子灰混合固化剂后其固化时间很短，只有 5~7min（常温状态下），在温度较高的季节，时间会进一步缩短。所以，原子灰的调配和施工速度要快一些，应在其固化时间内尽快施工完毕。

6）将烤灯和板件调整为 80~100cm 的距离，正对板件，如图 3-73 所示。

7）调整红外线烤灯的高度，如图 3-74 所示。

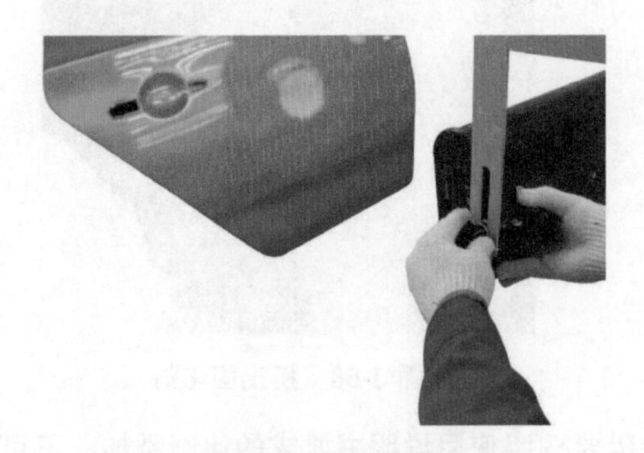

图 3-73　调整距离

图 3-74　调整高度

8）接通红外线烤灯电源，如图 3-75 所示。

9）打开红外线烤灯电源开关，如图 3-76 所示。

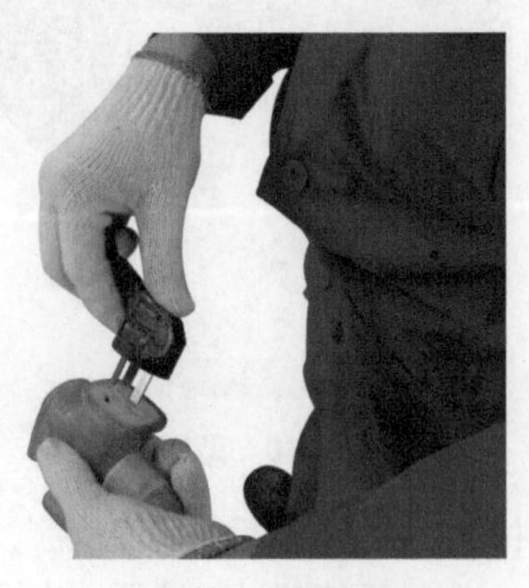

图 3-75　接通电源

图 3-76　打开电源开关

10）设定红外线烤灯的工作时间（15min），用红外线烤灯对刮涂板面进行烘烤，加速原子灰的干燥，如图 3-77、图 3-78 所示。

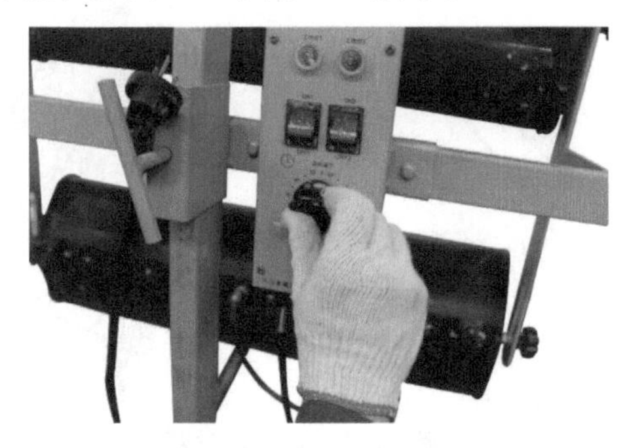

图 3-77 设定工作时间

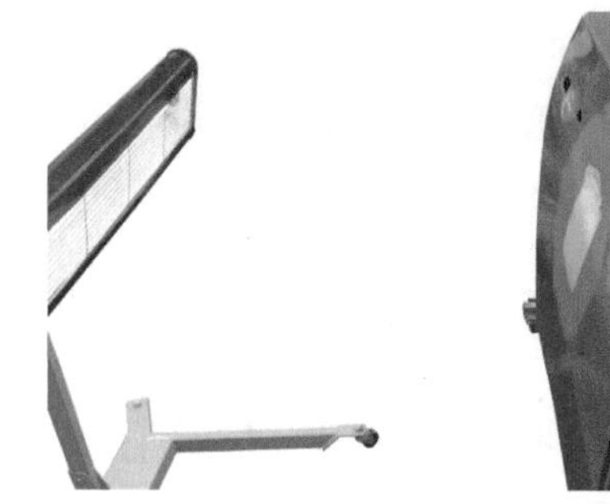

图 3-78 烘烤刮涂板面

11）烘烤完成后检查原子灰是否已经干透，再调拌适量的原子灰进行第二次刮涂（取出的原子灰应不能超过所需原子灰的 1/2，要求原子灰边缘和表面无台阶且平滑无严重粗糙感），如图 3-79、图 3-80 所示。

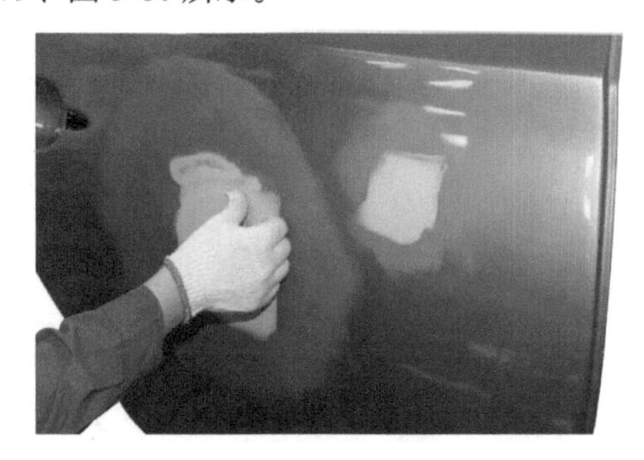

图 3-79 检查是否干透

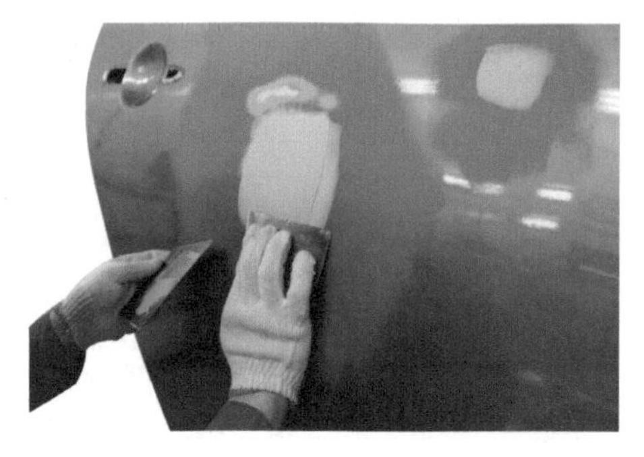

图 3-80 第二次刮涂

注意：原子灰混合固化剂后其固化时间很短，只有 5 ~ 7min（常温），在温度较高的季节，时间会进一步缩短。所以，原子灰的调配和施工速度要快一些，应在其固化时间内尽快施工完毕。

12）填补完原子灰后可再次用大刮刀刮涂使之更平整、更光滑，用大刮刀刮涂时，双手四指打开，以板件旧漆膜为基准，控制好刮刀的角度和力度，进行刮涂，如图 3-81~ 图 3-83 所示。

图 3-81 使用大刮刀刮涂（一）

图 3-82 使用大刮刀刮涂（二）

13）调整好红外线烤灯进行第二次烘烤（15min），如图 3-84 所示。

图 3-83　使用大刮刀刮涂（三）

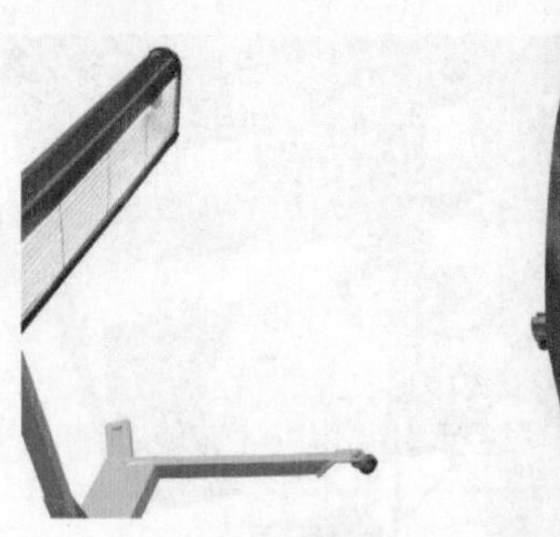

图 3-84　烘烤刮涂板面

14）烘烤完成后检查原子灰是否已经干透，再调拌适量的原子灰进行第三次刮涂（取出的原子灰应不能超过所需原子灰的 1/2，要求原子灰边缘和表面无台阶且平滑无严重粗糙感），如图 3-85、图 3-86 所示。

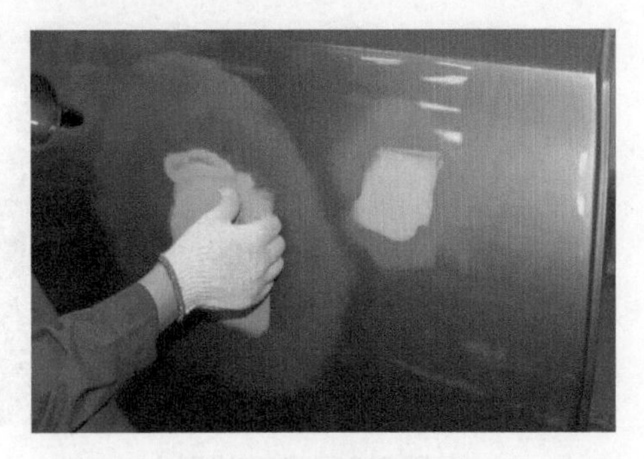

图 3-85　检查是否干透

图 3-86　第三次刮涂

15）调整好红外线烤灯进行第三次烘烤（15min），烘烤的同时对工位进行整理，如图 3-87 所示。

五　相关注意事项

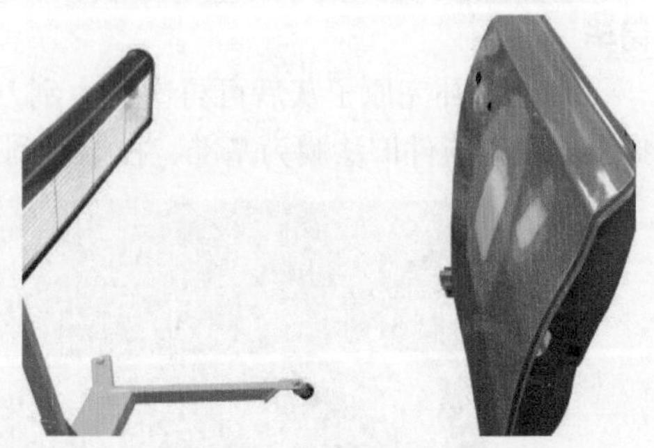

图 3-87　烘烤刮涂板面

1. 使用腻子（原子灰）时应注意的事项

普通腻子不能直接用在镀锌板上，镀锌板上只有专用的钣金腻子才可以。固化剂太少会导致腻子干燥慢，干燥后与金属结合力差，易起泡、剥落，打磨时腻子边缘平滑性差；固化剂太多会导致反应过快，产生热量不能及时散出易产生气孔，还会使面漆产生腻子印，影响整个涂层的质量。

腻子主剂与固化剂配制后的腻子不能再装入原来的容器中。工具使用完毕，应立即使用稀释剂清洗干净，以免腻子凝结而损坏工具。

2. 刮腻子时应注意的事项

1）刮涂前被涂装表面必须干透，以防产生气泡和龟裂，若被涂装表面过于光滑，可先用砂纸打磨，以使腻子与底面结合良好。

2）刮涂时应在 1~2 个来回中刮平，手法要快稳，不能来回拖拉。拖拉刮涂次数太多，腻子易拖毛，表面不平不亮，还会将腻子里的涂料挤到表面，造成表干内不干，影响性能。

3）洞眼缝隙处要用刮刀将腻子挤压填满，但一次不易刮涂太多太厚，防止干不透。

4）刮涂时，四周的残余腻子要及时收刮干净，否则表面留下残余腻子块粒，干燥后会增加打磨的工作量。

5）如果需刮涂的腻子层较厚，要多层刮涂时，每刮涂一道都要充分干燥，每道腻子不宜过厚，一般要控制在 0.5mm 以下，否则容易收缩开裂或干不透。

6）腻子刮涂工具用完后，要清洗干净再保存。刮刀口及平面应平整无缺口，以保证刮涂腻子的质量。

7）夏季天气炎热，温度较高，腻子容易干燥，成品腻子可用稀料盖在上面，自配的石膏腻子可用湿布或湿纸盖住。冬季放在暖处，以防冻结，用时可加些溶剂，但不宜久放。

8）腻子不能长期存放于敞开的容器中，以免黏合剂变质，溶剂挥发，造成粘挂不住，出现脱落或不易涂刮等问题。

3. 使用刮具时应注意的事项

1）刮具的刮口要平直，不能有齿形、缺口、弧形、弓形等。

2）对于易变形的牛角、塑料刮刀，使用后要用专用夹具夹好。

3）刮具使用完毕，要立即用溶剂清洗干净，以免原子灰聚集于刮刀上，固化后不易清洗，影响下次使用效果。

4）目前使用聚酯原子灰较普遍，对于平面缺陷或凹坑较大部位应使用硬刮刀。

第四节 原子灰的打磨

为了取得平整光滑的表面，在原子灰层彻底干燥后需进行打磨。现在越来越多的汽车喷涂维修采用干打磨的方法打磨原子灰而不采用传统的水磨，因为原子灰的吸水性强，当水磨时所残留的水分不能彻底挥发时，会导致漆膜起泡、剥落、金属底材锈蚀等现象。

一 原子灰的打磨方式

在汽车涂装施工过程中，打磨操作通常采用手工打磨和机械打磨两种方式。手工打磨适于小面积原子灰的粗磨和大面积细磨以及需精工细磨部位（如对型线、曲面、转角及圆弧和弯曲等部位）的修整。手工打磨是采用在磨块上包砂纸的方法进行的，效率低且劳动强度大。机械打磨可降低劳动强度，提高工效，节省打磨材料，但对于弯角、边棱及弯曲等部位的打磨不适用。通常采用手工与机械相配合进行打磨，才能较好地完成打磨作业。

手工打磨又分为手工干磨法和手工湿磨法两种。干磨法在打磨操作过程中粉尘飞扬严重，如果采用干磨法，要有吸尘措施，操作者需戴防尘呼吸保护器或防尘口罩、套风帽，穿工装。手工湿磨法也称水磨法，操作时无粉尘飞扬，生产效率高，打磨质量好，但水磨后的涂层上有水分，需经烘干后方可进行下道工序施工，故生产周期长。目前大批量汽车涂装生产多采用干磨法来提高工效。

根据打磨的要求可分为粗打磨和细打磨。粗打磨要求表面初步平整，不求光滑；细打磨要求板面达到平整、光滑、无缺陷、刮涂原子灰边缘无接口，外表图形恢复成原样，手感形成一个整体。

1. 原子灰的粗打磨

粗打磨采用“直行式”或“往复式”气动打磨机进行打磨，所用砂纸粒度一般为60#。当原子灰打磨性能差时，可先用60#砂纸打磨，然后依次更换80#和120#砂纸打磨。打磨的要领是，将打磨机轻压在原子灰层表面，左右轻轻移动打磨机，切忌使劲重压。

如果填补面积很宽且填补的是复合油灰，可以免去锉刀锉削工序，直接用打磨机打磨。这种情况下，应使用60#砂纸。打磨时应注意，打磨头的工作面应保持与原子灰表面平行，如图3-88所示。

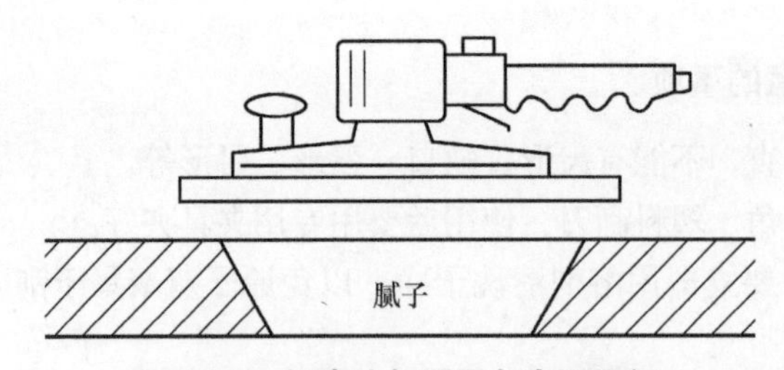

图3-88 打磨头与原子灰表面平行

注意：打磨时不能施力过大，应将打磨机轻轻压住，靠旋转力进行打磨。若施力过大，就不能形成平整表面。

打磨机的移动方向如图3-89所示，沿①方向左右运动；随后沿②和③斜向运动；然后沿④上下运动，这样可以基本消除变形。如果最后再沿①左右运动一次，消除变形效果会更好。之后，再换用80#～100#砂纸，重复上述作业。

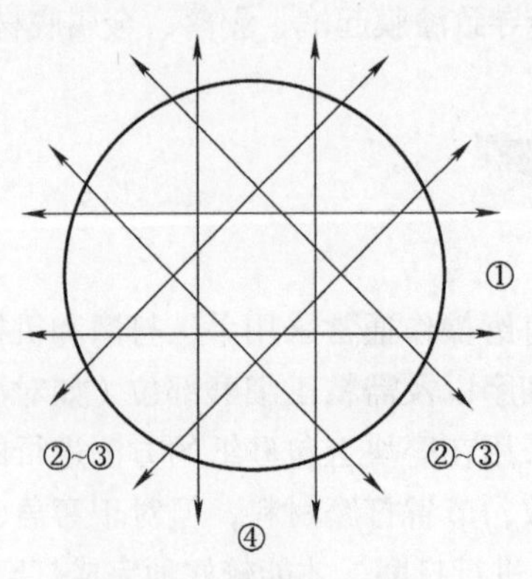

图3-89 打磨机的移动方向

2. 原子灰的细打磨

（1）手工打磨修整

使用打磨机大致形成平整表面之后，必须进行手工打磨修整。手工打磨修整使用手工打磨板较为方便，其大小应与打磨作业面积相适应。手工打磨板的移动方法和使用打磨机相同。另外，若能巧妙地使用木制靠模块和橡胶靠模块，可以很快修正变形。

使用手工打磨板和橡胶模块，由手工打磨修整，彻底清除细小的凹凸不平。手工打磨所用砂纸粒度为 150# ~ 180#。复合型原子灰层在进行湿打磨时，要使用 180# 耐水砂纸。为形成完整的平面，一定要使用木制靠模块和橡胶靠模块。

（2）机械打磨修整

使用双动式打磨机或小型往复式打磨机打磨修补原子灰的边缘交接处及其周围的旧涂膜，砂纸粒度采用 240#。如果是对复合油灰进行湿打磨，可以用 320# ~ 400# 砂纸以消除打磨痕迹。使用小型往复式打磨机的目的是能够单手操作，从而能运用手工打磨的要领进行作业，这对于消除打磨痕是很方便的。

当修补面不太宽时，使用磨头面积较小的打磨机比较方便。尤其是小伤痕的修补，如果磨头面积过大，反而会在旧涂膜上留下划痕，导致不良效果。

3. 打磨砂纸磨痕

修补原子灰表面的打磨，最后一道工序必须消除砂纸磨痕。若磨痕较深，例如用 150# ~ 180# 砂纸打磨后不加修整，中涂漆涂料中的溶剂就会从磨痕的凹处浸透，一直到达旧涂膜，从而导致起泡等质量问题。如果磨痕较浅，凹陷处滞留的溶剂量少。如果消除砂纸磨痕，这类问题就不容易发生。

二 打磨材料

砂纸是汽车维修中经常使用的打磨材料，用于除锈、砂磨旧涂层、原子灰及漆面处理。砂纸是用各种不同细密的磨料粘接于纸上，制成各种规格的砂纸。

1. 磨料的种类

制造砂纸的磨料根据原料可分为氧化铝、金刚砂（碳化硅）和锆铝三种。根据磨料在底板上的疏密分布情况可分为密砂纸和疏砂纸两种，密砂纸上的磨料几乎完全粘满磨料面，用于湿磨；疏砂纸的磨料只占磨料面积的 50% ~ 70%。

2. 砂纸的规格

砂纸上磨粒的大小用阿拉伯数字表示。粗细不同的磨粒粘接在平面的柔性载体上，构成适应各种施工需要的粗细不同的砂纸。打磨介质的粗糙度是根据单一颗粒的平均大小进行分类的。粒子大小是按照欧洲打磨介质制造者协会（FEPA）等级进行标准化的，也是国际间通用的分级法。粒子大小用字母 P 加数字表示，数字越大粒子越细，如图 3-90 所示。

在汽车涂装施工中，不同的砂纸等级用途不同，如图 3-91 所示。

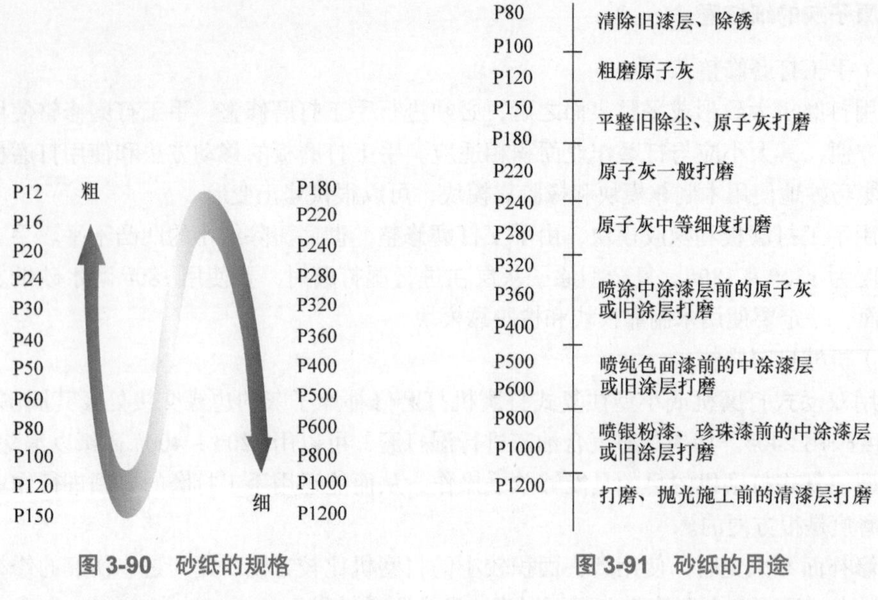

图 3-90　砂纸的规格　　　　图 3-91　砂纸的用途

根据不同的应用场合，有各种形状的砂纸，包括卷筒状砂纸、片状砂纸以及砂带等。砂纸上还可以进行打孔，配合打磨工具，有助于排出砂粒、灰尘。根据背衬材料，分为纸、织物、用高温和硫磺处理过的纤维、塑料薄膜等。

3. 水砂纸

水砂纸是汽车修理厂最常用的砂纸之一，其大小规格约 23cm × 28cm。根据修理作业的不同以及打磨部位的形状、大小的不同，可以将砂纸裁成适合打磨需要的尺寸。水砂纸湿磨使用时应先浸水，使砂纸完全浸湿，这样可防止由手工打磨折叠而引起的脆裂，特别是冬天气温低时，应用温水浸泡，以防止砂纸脆裂。

4. 搭扣式砂纸

使用时需与电动机或气动研磨机配套使用，根据作用分为干磨砂纸和漆面干研磨砂纸，形状有圆形和方形。圆形直径尺寸以 12.7cm（5in）和 15. 24cm（6in）使用较多。

搭扣式干磨砂纸能紧扣打磨机的托盘，可重复使用，装卸方便灵活，省时省力。砂纸由特殊底材和磨料制成，研磨速度快而平整，用特殊树脂粘接，耐磨性、耐潮性良好。砂纸规格一般为 P80 ~ P500。

搭扣式漆面干研磨砂纸由高性能氧化铝磨料制成。使用时，一般汽车修理厂的圆形研磨机应配合 12.7cm 和 15.24cm 软托盘使用，具有易装卸、不易脱落、研磨速度快、耐磨性好的优点，用于清除漆面的粗粒、橘皮等。砂纸规格一般为 P600 ~ P1500。

5. 三维打磨材料

三维打磨材料是研磨颗粒附着在三维纤维上形成的打磨材料。这类材料有非常好的柔韧性，适合打磨外形复杂或特殊材料的表面，可用于各种条件下的打磨。如百洁布就是三维打磨材料中的一种，主要用于塑料喷涂前的研磨、驳口前对涂膜的研磨，以及修补前去除涂膜表面的细小缺陷等。

三 打磨工具

打磨垫是使用砂纸打磨工件操作的工具，有手工打磨垫和打磨机专用托盘。

1. 手工打磨垫

手工打磨垫有硬橡胶打磨垫、中等弹性橡胶垫及海绵垫。

1）硬橡胶打磨垫使用时要外垫水砂纸，一般用于湿磨原子灰层，把物面高凸的原子灰部分打磨掉，使物面达到平整的要求。

2）中等弹性橡胶垫是一种辅助打磨工具，利用它的柔软性，外包水砂纸打磨棱角和形状多变部位。

3）海绵垫适用于漆面处理，如抛光漆面前垫细水砂纸磨平颗粒、橘皮等，不易对漆面造成大的伤害。

2. 打磨机的打磨垫

打磨机的打磨垫称为托盘，主要有以下两种：

1）快速搭扣式干磨托盘。由母粘扣带制成，配合干磨砂纸，特殊蘑菇头设计能紧扣砂纸，装卸快速、方便、牢固，打磨时省时省力，如图 3-92 所示。

图 3-92 快速搭扣式干磨托盘

2）软托盘。软托盘同样与搭扣式漆面干研磨砂纸配合使用，主要用于中途底漆打磨等后续较细的研磨，如图 3-93 所示。

图 3-93 软托盘

四 原子灰的打磨步骤

原子灰的打磨作业需要准备的工具、耗材包括干打磨设备、干磨砂纸、海绵软垫、吹尘枪、棉纱手套、防尘口罩、炭粉指示剂、耳塞、防护鞋等。

1. 穿戴防护用品

穿戴打磨原子灰所需的防护用品（棉纱手套、防尘口罩、耳塞、防护鞋），如图 3-94 所示。

图 3-94 穿戴防护用品

2. 检查

1）原子灰干燥检测方法有以下两种：

① 砂纸打磨法：在原子灰干燥过程中，可以拿 80 # 的砂纸轻轻地打磨原子灰边缘薄的部分，检查原子灰是否已经干透。如果没有干透，则在砂纸上会粘有原子灰；如果已经干透，则不会粘上原子灰，并在原子灰上出现坚硬的白色痕迹。

② 指刮法：在原子灰干燥过程中，可以用手指甲轻轻地刮原子灰边缘薄的部分，检查原子灰是否已经干透。如果没有干透，则在指甲上会粘有原子灰；如果已经干透，则指甲不会粘上原子灰，并在原子灰上出现坚硬的白色痕迹。

原子灰涂层薄的地方往往比厚的地方温度低，因此薄涂层的固化干燥速度一般比厚的地方慢，用原子灰薄的地方来检测原子灰是否干燥就可以了。

2）检查原子灰是否彻底干燥，原子灰干燥以后即可进行下一道工序——打磨原子灰，如图 3-95 所示。

3. 原子灰打磨

1）在原子灰打磨区涂上打磨炭粉指示剂。打磨炭粉指示剂通常装于专用的盒内，使用时用粉扑粘炭粉涂于待打磨的表面，尽量施涂均匀，如图 3-96、图 3-97 所示。

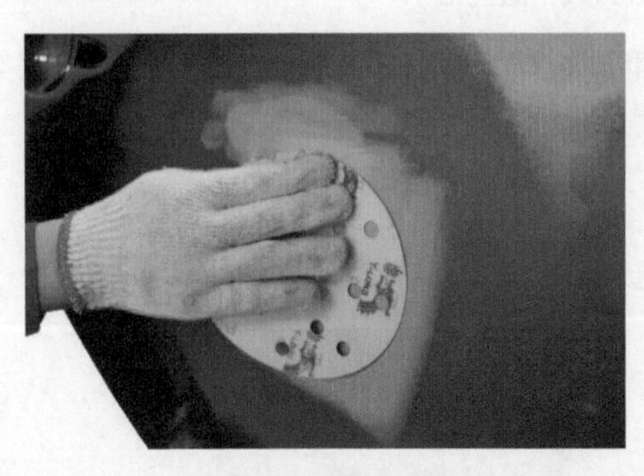

图 3-95 砂纸打磨法

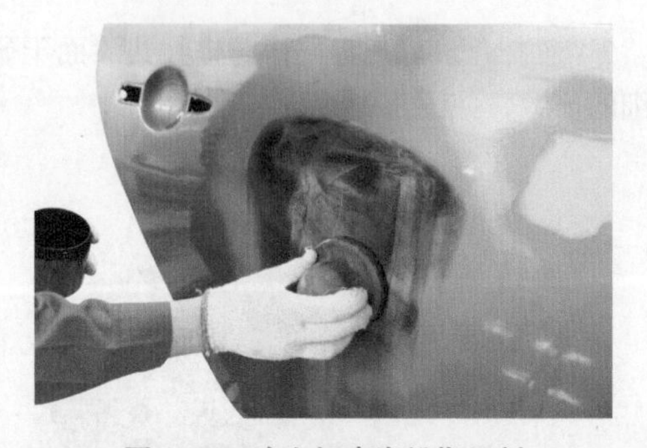

图 3-96 涂上打磨炭粉指示剂

2）按打磨设备的标准电压接通其电源（接通电源前要观察打磨设备说明书），如图 3-98 所示。

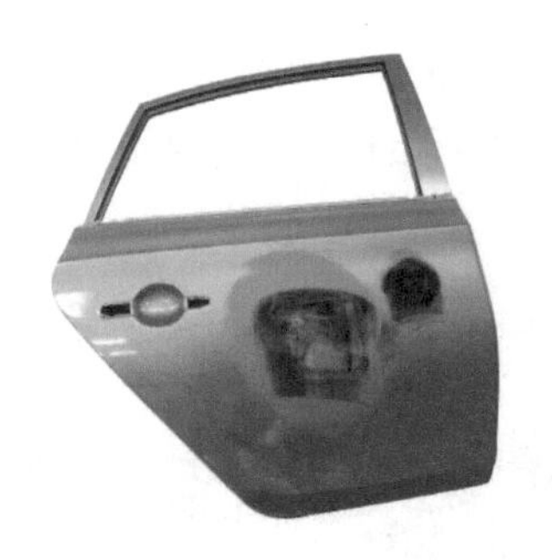
图 3-97 涂抹完成

图 3-98 接通电源

3）连接好高压气管，打开操控开关至自动吸尘档，如图 3-99、图 3-100 所示。

图 3-99 接上高压气管

图 3-100 打开自动吸尘模式

4）选择 5# 打磨头，接上气管和吸尘管，如图 3-101、图 3-102 所示。

图 3-101 5# 打磨头

图 3-102 接上气管和吸尘管

5）根据原子灰的厚度选择 80# 或者 120# 的干磨砂纸，对正打磨头上的吸尘孔装上干磨砂纸，确保吸尘通畅，如图 3-103、图 3-104 所示。

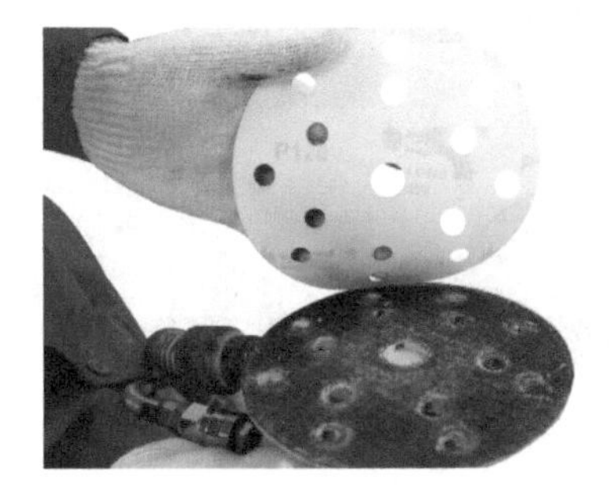
图 3-103 安装砂纸

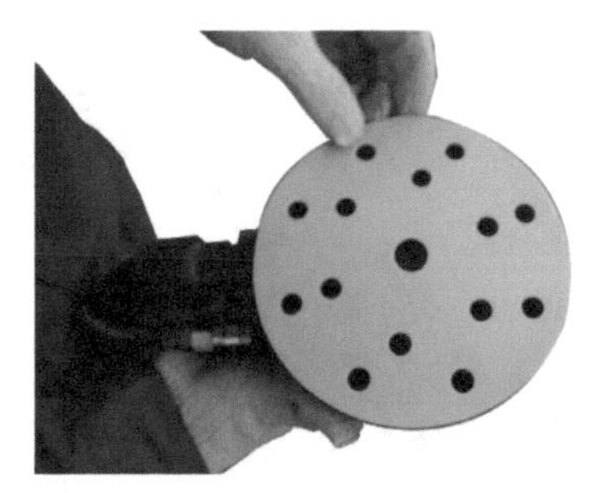
图 3-104 安装完成

注意：每更换一次干磨砂纸必须使用指导层炭粉，砂纸的跳号不得超过100。

6）按下气压开关开始打磨（打磨头先接触与板面，再开始打磨，打磨不能超过原子灰刮涂区域），如图3-105～图3-108所示。

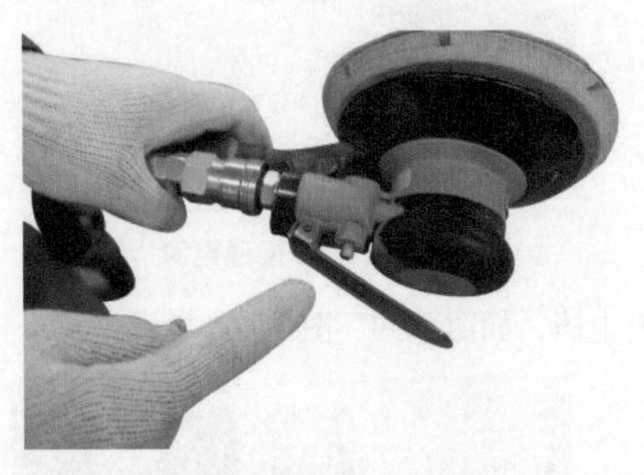

图3-105　打磨气压开关

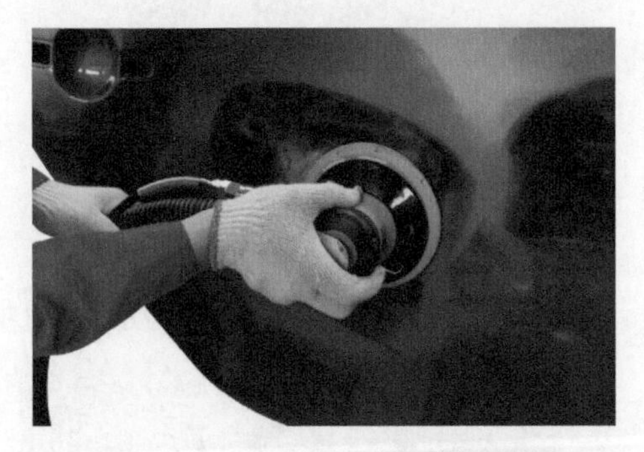

图3-106　打磨原子灰刮涂区域

注意：把干磨机贴住原子灰表面后再开动，在原子灰施涂的范围内以连续直线移动，不能施力过大，将原子灰表面打磨出大致形状。先按原子灰最长方向来回打磨，然后再按垂直、斜向方式进行打磨。打磨过程中时刻关注炭粉指示剂的磨掉情况，如果全部炭粉指示剂均被磨掉，则表明基本打磨平整。

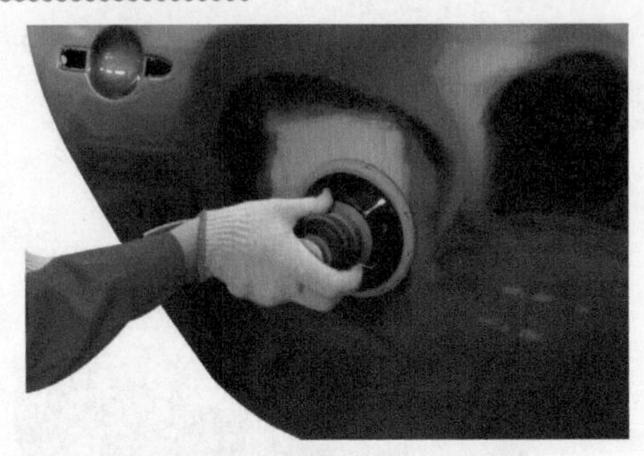

图3-107　打磨原子灰刮涂区域

图3-108　打磨完成

7）使用吹尘枪清洁打磨头，更换180#干磨砂纸。对正打磨头上的吸尘孔装上干磨砂纸，确保吸尘通畅，如图3-109、图3-110所示。

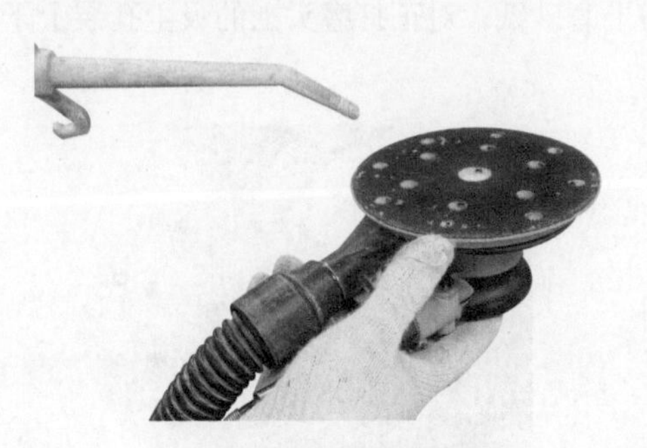

图3-109　清洁打磨头

图3-110　更换180#干磨砂纸

注意：每更换一次干磨砂纸必须使用指导层炭粉，砂纸的跳号不得超过100。

8）用粉扑粘炭粉涂于待打磨的表面，尽量施涂均匀，如图 3-111 所示。

9）按下气压开关开始扩大打磨（要求打磨后原子灰与板件平整无接口），边打磨边用手检查，如图 3-112 ~ 图 3-114 所示。

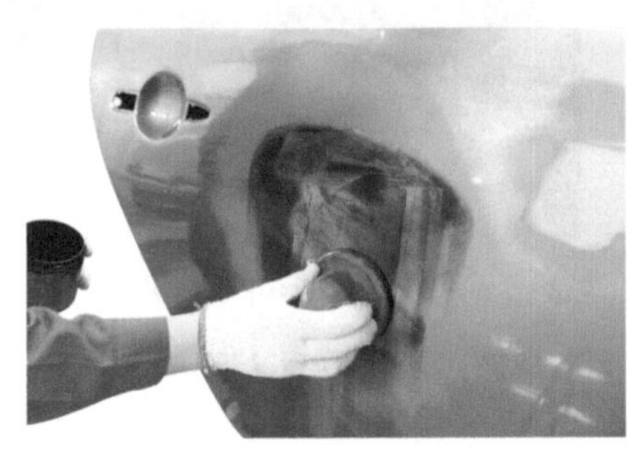

图 3-111 涂上打磨炭粉指示剂

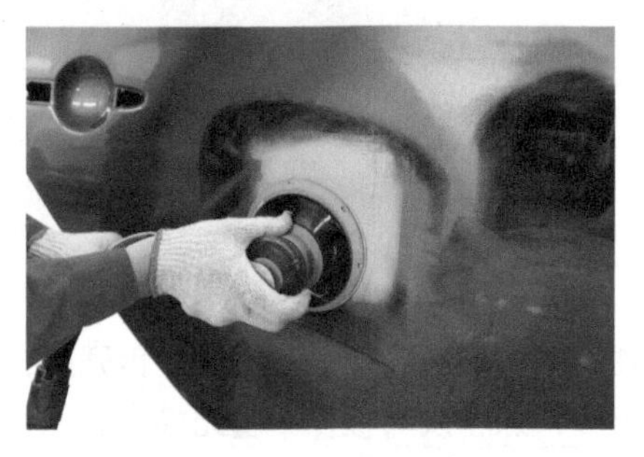

图 3-112 开始打磨

注意：打磨头先接触板面，再开始打磨，打磨不能超过原子灰刮涂区域。

标准：原子灰与板件平整无接口。

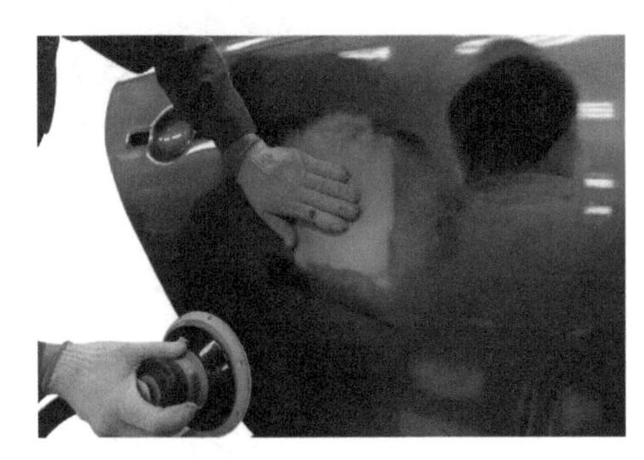

图 3-113 检查板面

图 3-114 打磨完成

10）使用吹尘枪清洁打磨头，更换 240# 干磨砂纸。对正打磨头上的吸尘孔装上干磨砂纸，确保吸尘通畅，如图 3-115、图 3-116 所示。

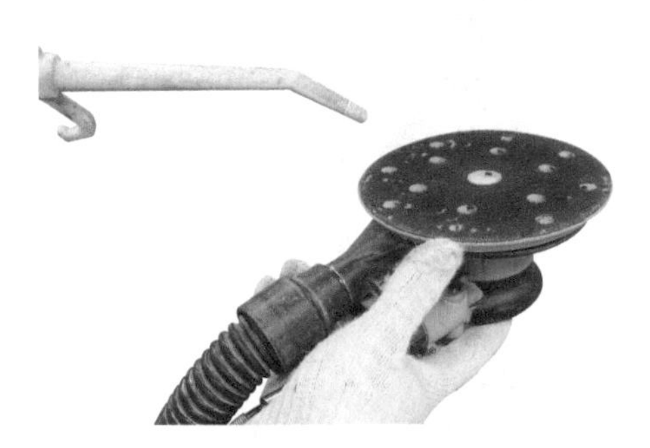

图 3-115 清洁打磨头

图 3-116 更换 240# 干磨砂纸

11）用粉扑粘炭粉涂于待打磨的表面，尽量施涂均匀，如图 3-117 所示。

12）按下气压开关开始扩大打磨（要求打磨后原子灰与板件平整无接口），如图 3-118、图 3-119 所示。

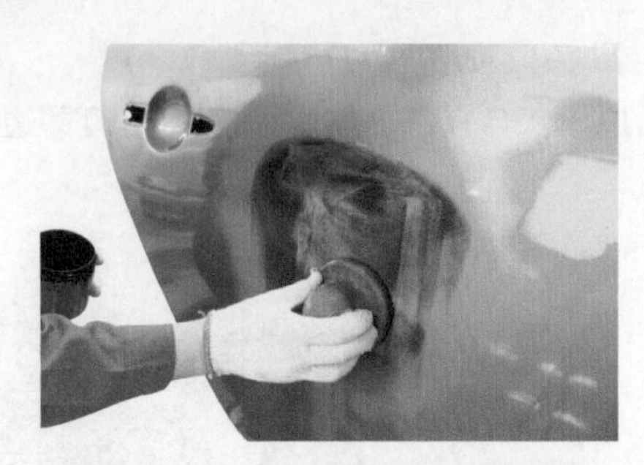

图 3-117　涂上打磨炭粉指示剂

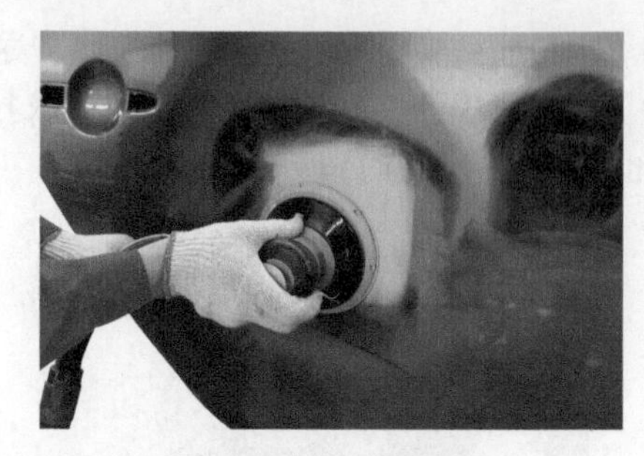

图 3-118　开始打磨

注意：打磨头先接触与板面，再开始打磨，打磨不能超过原子灰刮涂区域。

标准：原子灰与板件平整无接口。

13）更换 3# 打磨头，装上海绵软垫，装上 320# 干磨砂纸。对正打磨头上的吸尘孔装上干磨砂纸，确保吸尘通畅，如图 3-120 ~ 图 3-124 所示。

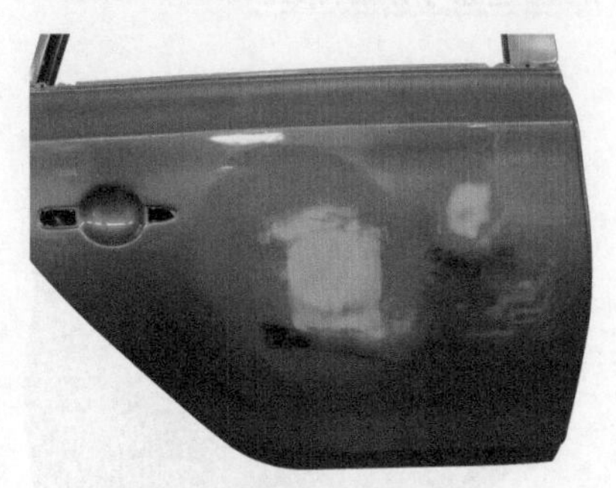

图 3-119　打磨完成

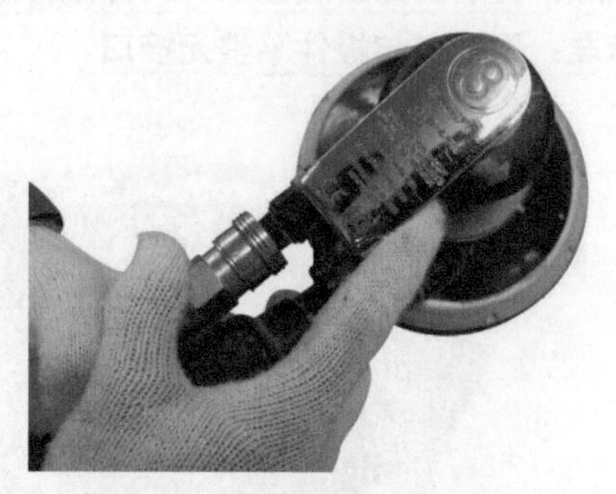

图 3-120　安装 3# 打磨头

图 3-121　安装海绵软垫

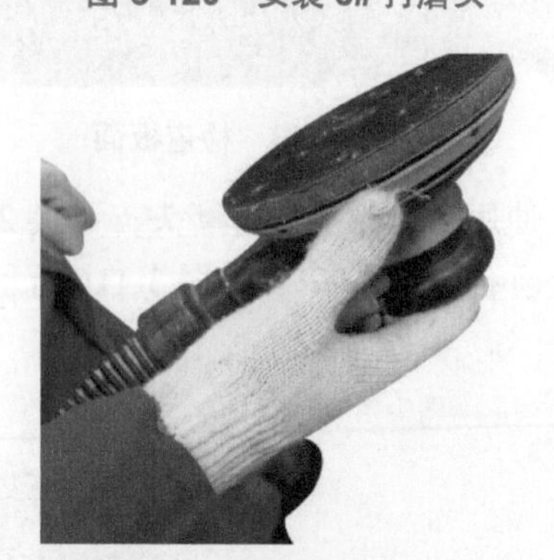

图 3-122　海绵软垫安装完成

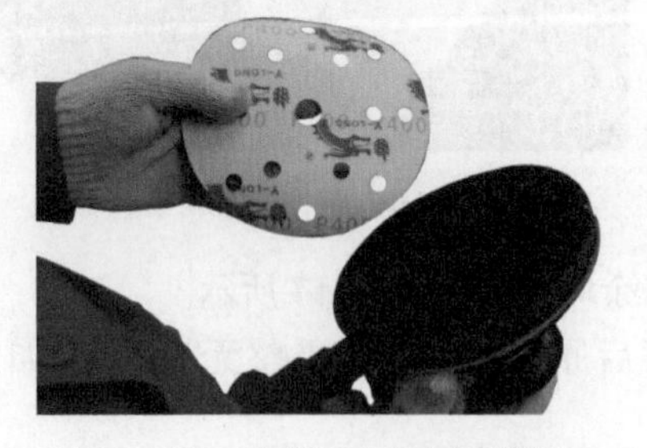

图 3-123　安装 320# 干磨砂纸

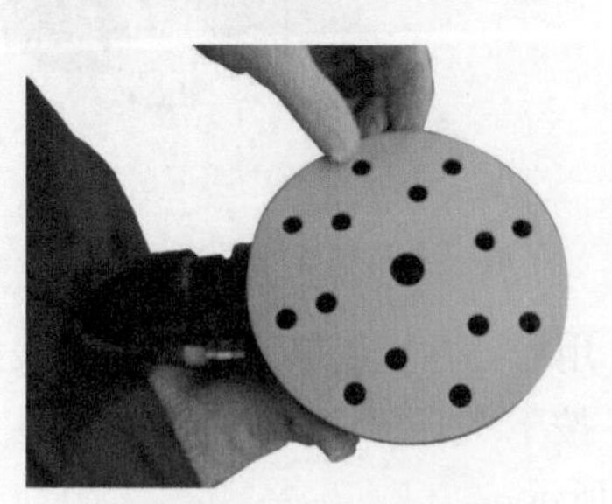

图 3-124　对正吸尘孔

14）根据喷涂底漆的需要，打磨局部的底漆喷涂板面或者整板打磨。在凹陷处和边角使用百洁布打磨，如图 3-125 ~ 图 3-127 所示。

注意：整板打磨要根据先板面后边角的方法进行打磨。

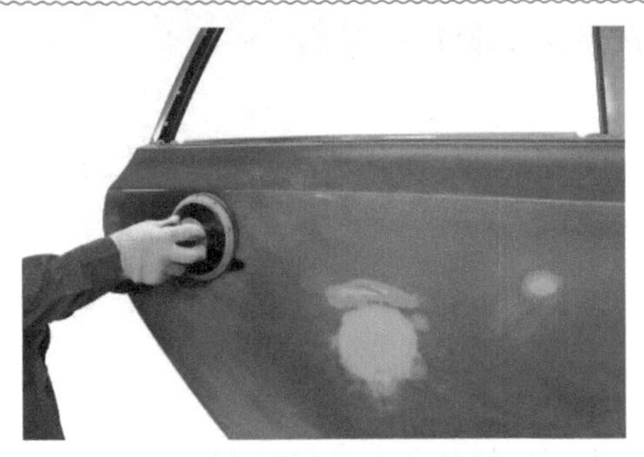

图 3-125 整板打磨

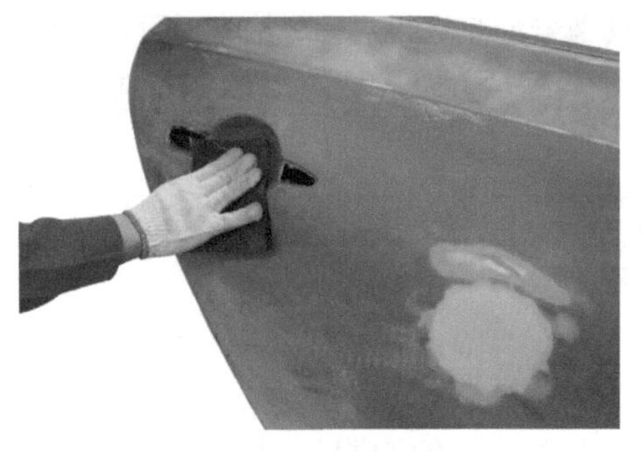

图 3-126 打磨凹陷处

15）原子灰打磨完成，用吹尘枪对板件进行里外除尘，对海绵软垫以及打磨头进行除尘，检查施工质量，如图 3-128 ~ 图 3-131 所示。

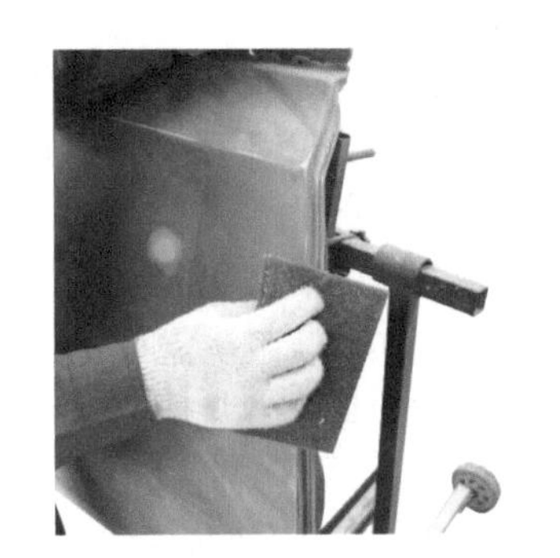

图 3-127 打磨边角处

图 3-128 对板件除尘

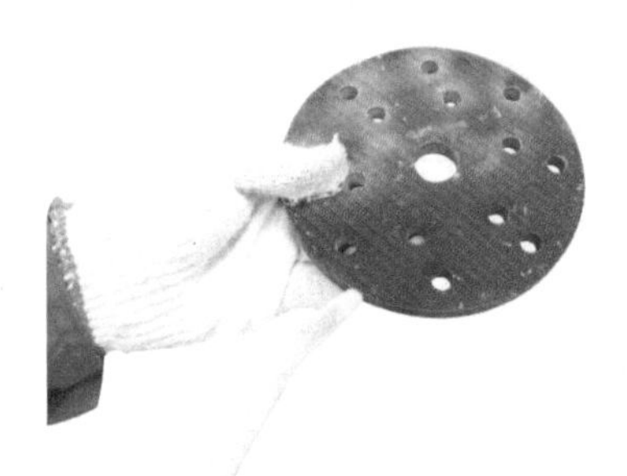

图 3-129 对海绵软垫除尘

图 3-130 对打磨头除尘

标准：1）打磨后，损伤的表面完全被修复，腻子表面与旧涂层的表面高度平齐、弧度一致。可以采用观察法、触摸法和辅助工具检测法来检查打磨的质量。触摸法是实际工作中经常用到的方法，很多维修人员习惯边打磨边触摸检查。

2）腻子表面无明显的打磨痕迹，无砂纸磨痕。

3）腻子层与旧漆膜结合良好，过渡平顺。

4）棱线的形状与良好的部位一致，如果板件附件的棱线无法比较，可以跟车身另一侧相同部位比较，或者跟另一辆同型号的车进行对比。检查时可以用硬纸板按照良好部位剪出样板，再跟维修后的表面进行对比。

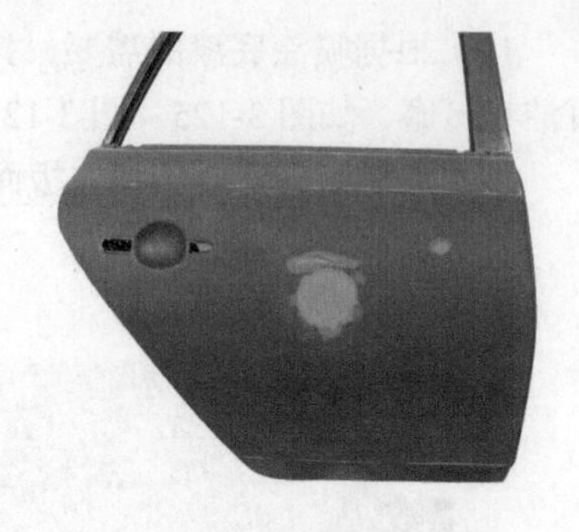

图 3-131　检查施工质量

五 相关知识拓展

1. 原子灰的修整

原子灰打磨完成后，要检查原子灰表面，若发现有气孔和小的伤痕，应马上修补。如果等到喷中涂漆之后再修整的话，往往更麻烦，因此尽可能在该工序使表面平整，消除引起缺陷的问题。但是，如果原子灰的施工非常标准（固化剂加入合适，原子灰搅拌均匀，每一道刮涂很薄），特别是在刮涂完普通原子灰后，又刮涂了一薄层细原子灰，则打磨后表面将非常平整，几乎不会存在气孔及深度划痕，则无须施涂填眼灰。

1）搅拌填眼灰。填眼灰的包装主要有两种形式，一种是装在软体金属管或胶管内，另一种是装在金属罐内。对于装在软体金属管或胶管内的填眼灰，搅拌时用手反复捏揉管体即可；对于装在金属罐内的填眼灰，可用专用工具打开盖后，用搅拌棒充分搅拌。

2）取填眼灰。用原子灰刮刀取少量填眼灰置于原子灰托板上，也可以置于另一把刮刀片上。由于填眼灰一般不需要添加固化剂，取出后即可使用（有的填眼灰需按比例加入稀释剂混合后才能使用），而且其固化时间很短，用量也少，所以应少取，并且应在尽量短的时间内用完。

3）填眼灰的施涂。气孔和伤痕的修补，用小的原子灰刮刀，以刀尖部取很少量的填眼灰，对准气孔及划痕部位，用力将填眼灰压入气孔或划痕内，必要时可填补多次。

4）填眼灰的干燥。一般填眼灰施涂后，在自然条件下 5 ~ 10min 即可完全干燥，无须烘烤。

5）填眼灰的打磨。填眼灰施涂后，会破坏原来打磨平整的原子灰表面，另外，填眼灰的性能不如原子灰，不能大面积刮涂，所以必须将多余的填眼灰完全打磨掉。打磨时采用 150 # ~ 180 # 砂纸，配合磨块打磨，直到孔和划痕外的填眼灰完全被打磨掉为止。

2. 干燥打磨原子灰的注意事项

在原子灰的干打磨作业中，为推进作业的合理化，并提高效率，应注意以下几点：

1）选择合适的原子灰干燥方式和温度，一定要等原子灰充分干燥后再进行打磨，否则会粘堵砂纸，但千万不要赶时间就用高温烘烤。

2）应根据不同打磨机的特点，按用途分别使用。

3）应根据不同的要求，正确选用砂纸粒度。一般先用粗号砂纸打磨掉 75% ~ 80% 的工作后，再改用细砂纸中磨，最后再用更细的砂纸细磨。在进行粗磨、中磨、细磨时，相邻打磨使用的砂纸型号差值不应大于 100#。

4）应在原子灰固化过程中最适宜的时期进行打磨作业。一般情况下，随着原子灰的干燥，其硬度随时间的增加而增大。这种硬度与时间的关系，因原子灰种类不同而会有所不同。但不论哪种原子灰，都存在当硬度过低时无法打磨，以及过硬时打磨困难的问题。因此，硬度适宜的区间一般为刮涂原子灰后 20 ~ 35min；厚涂型复合油灰一般在刮涂后 25 ~ 75min 之间是最宜打磨的时间。

5）新原子灰涂层既不能打磨过度也不能保留太多，确保新旧涂层结合处不能有台阶。

6）干磨过程中产生的灰尘要及时转移，并保证磨灰机托盘不要粘连太多灰粒，否则容易加深磨灰痕迹。

3. 原子灰施工常见缺陷及处理措施

原子灰虽然品质优异，施工方便，但施工若不注意，也会发生施工缺陷。施工中的常见缺陷、主要原因及处理措施见表 3-2。

表 3-2　原子灰施工常见缺陷及处理措施

常见缺陷	主要可能原因	处理措施
附着不良	使用劣质原子灰	使用高品质的原子灰
	固化剂添加量不足	按要求添加足量的固化剂
	刚刮好的原子灰由太阳灯近距离烘烤温度过高、烘烤时间过长	严格按操作程序操作，避免因出现局部过热而导致无附着力的现象
	底材未处理或未处理干净	彻底去除底材上的油渍、铁锈、水等
	使用不合格底漆	建议不使用底漆，磷化干燥后即可刮涂原子灰
	底材为镀锌板或不明材质	使用镀锌板专用原子灰
腻子印	使用劣质原子灰，收缩性很大，固化后变形	使用高品质原子灰
	使用不良的中涂底漆	使用高品质的中涂底漆
	原子灰与固化剂使用比例不当	注意原子灰与固化剂使用比例
	中涂未干就打上原子灰	需等中涂完全干燥后再刮涂原子灰
	刮腻子部位打磨不足	对刮腻子部位充分打磨
	刮腻子部位未涂中涂底漆，腻子层的漆量大或颜色与底漆涂层不同	在刮腻子部位涂封中涂底漆
起泡	使用劣质原子灰	使用高品质的原子灰
	原子灰选择不当，如在发动机舱盖等处选用普通型原子灰（黑色尤为突出）	根据需要选用合适的原子灰，推荐在如发动机舱盖等处选用镀锌板专用高级原子灰
	腻子未完全干透就喷涂油漆进行烘烤	待腻子完全干透再喷涂油漆

（续）

常见缺陷	主要可能原因	处理措施
起泡	底材上的水、油未处理干净	处理干净底材上的水、油等
	高温烘烤时未使用耐高温腻子	使用耐高温烘烤型高级原子灰
	使用环境高温高湿，如在霉雨季节涂膜容易起泡	调节施工现场环境条件
	底材为镀锌板或不明材质	使用镀锌板专用高级原子灰
开裂	使用劣质原子灰	使用高品质的高级原子灰
	用含苯系溶剂稀释原子灰	用酮类溶剂（不推荐）或专用调节油稀释
	底材收缩率太高	建议采用薄刮、多次的施工方法
打磨性不够好	使用劣质原子灰	使用高品质的高级原子灰
	原子灰未干就进行干磨	待原子灰干后再进行干磨
	使用档次不够高的原子灰	使用更高档次的高级原子灰
地图纹	使用劣质原子灰	使用高品质的高级原子灰
	打磨前底材未经除油或除油不当	打磨前应对底材进行彻底的除油
	打磨不恰当	严格按照操作程序进行打磨
	原子灰未刮涂平整，边缘未经磨边	原子灰应尽量刮涂平整，边缘必须磨平
边痕缩印	使用劣质原子灰	使用高品质的高级原子灰
	原子灰未完全硬化就喷涂上层	待原子灰完全硬化再喷涂上层
	原子灰未喷涂中涂底漆	喷涂合格的中涂底漆
	使用的打磨砂纸太粗	使用较细的打磨砂纸
修补斑印	使用劣质原子灰	使用高品质的高级原子灰
	被修补部位打磨不良而产生光泽不匀	对修补部位进行细心打磨
	修补面积太小	修补面应扩大到明显的几何分界线外，技巧是，喷涂修补漆后在交接界面口喷一道稀释剂可消除斑印
	修补涂料与原涂料的光泽、颜色不同	更换与原涂料的光泽、颜色相同的修补涂料
漆面失光	使用劣质原子灰	使用高品质的高级原子灰
	原子灰未经打磨平整就喷涂面漆	原子灰需经打磨平整后再喷涂面漆
	在高温、高湿或极低温的环境下喷涂	控制涂装环境

（续）

常见缺陷	主要可能原因	处理措施
漆面失光	漆膜过分烘干或烘干时换气不充分	控制漆膜烘干工艺
返粘	使用劣质原子灰	使用高品质的高级原子灰
	面涂未充分干透，或交联不足	使用合格面漆并严格按照干燥程序干燥
	中涂层的挥发成分逐渐透过面涂层引起回粘	选用合格中涂并严格按照干燥程序干燥，待中涂完全干燥后再喷涂面漆
丰满度不良	使用劣质原子灰	使用高品质的高级原子灰
	被涂面不平滑而吸收涂料	打磨以消除被涂面的粗度，涂封底涂料以消除底材对面层涂料的吸收
橘皮	使用劣质原子灰	使用高品质的高级原子灰
	底材打磨不充分，底漆未干透	底材打磨要充分，且要等到底漆完全干透后再刮涂原子灰
起皱	面漆涂膜烘干升温过急，表面干燥过快	执行晾干和烘干的工艺规范
	面漆涂膜过厚或在喷涂时产生肥厚的边缘	每道涂层控制在 20μm 限值内
	喷涂间隙时间过短，原子灰未干透而产生应变	执行晾干和烘干的工艺规范
咬底	原子灰和中涂底漆未干就喷涂面漆	待原子灰和中涂层干透后再涂面漆
	涂层不配套、底涂层的耐溶剂性差，或面漆含有能溶胀底涂层的溶剂	改变涂层体系，选用合适的底漆，在容易产生咬起的配套涂层场合，建议不使用面漆
显影性不良	被涂物表面平整度差	提高加工精度，保证被涂件表面平整光滑
	涂装环境差，涂层表面产生颗粒	改善涂装环境，喷涂室、涂层干燥场所的空气应无尘
砂纸纹	选用的打磨砂纸太精或质量差	应按工艺要求选用打磨砂纸，先采用 80# 水砂纸打磨，然后采用 360# 水砂纸进行细磨
	涂层未干透（或未冷却）就打磨	待涂层干透和冷却至室温后再打磨，尽量以湿磨取代干磨
	被涂物表面状态不良，有极深的锉刀纹或打磨纹	提高涂装前涂物表面质量或尽量打磨平整

第五节　中涂底漆的打磨

中涂底漆层在汽车涂层组合中是在面漆层之下底漆层之上的中间涂层，主要起增强涂层间附着力、加强底漆层的封闭性及填充细微痕迹的作用。因此中涂底漆要有一定的附着力、耐溶剂性及填充性，以保证为面漆提供一个完美的施工表面，并能突出面漆的装饰性。

一　打磨中涂底漆的作用

打磨中涂底漆的作用主要是满足板面的平整度和光滑度，从而满足喷涂的需求和色漆的吸附能力。它起着重要的承上启下的作用，既能牢固地附着在底漆表面上，又能容易地与它上面的面漆涂层相结合。

二　中涂底漆的组成及分类

1. 中涂底漆的组成

中涂底漆主要由颜料、树脂、溶剂、添加剂组成。其中颜料为体质颜料，占比 60% ~ 70%。

2. 中涂底漆的分类

中涂底漆可分为硝基中涂底漆、氨基甲酸中涂底漆、热固性氨基醇酸中涂底漆等。

1）硝基中涂底漆是单组分中涂底漆，主要由硝酸纤维和醇酸或丙烯酸树脂组成。由于快干、使用简便，所以它获得广泛使用。但是，该材料的涂装特性不及其他中涂底漆。

2）氨基甲酸中涂底漆是一种双组分中涂底漆，主要由聚酯、丙烯酸和醇酸树脂组成，使用聚异氰酸酯作为硬化剂。虽然它的涂装性能极好，但是它干燥得慢，需要在大约 60℃下进行强制干燥。人们广泛认为，中涂底漆干得越快，其性能越差。

3）热固性氨基醇酸中涂底漆是单组分中涂底漆，主要由三聚氰胺或醇酸树脂组成，在施涂烘烤面漆重涂之前用作底漆。它要求在 90 ~ 120℃下进行烘烤，但是其涂装性能与新车一样。

根据组分不同中涂底漆又可分为单组分中涂底漆和双组分中涂底漆。单组分中涂底漆自然干燥速度快于双组分中涂底漆，但是隔离性、填充性、附着力、耐候性都比双组分中涂底漆差，通常只适用于小面积修补喷涂，且由于无法添加柔软剂降低柔韧性，所以不能喷涂在塑料件上，否则容易造成漆膜开裂、剥落。

双组分中涂底漆在常温（20℃）情况下自然干燥时间为 1 ~ 2h。为了加快其干燥速度，可以采用短波红外线烤灯加热，在 15min 后漆膜即可固化打磨，这样既缩短了干燥时间，又能保证作业效率。

面漆颜色的灰度值与中涂底漆颜色的灰度值接近时，底材颜色就容易被遮盖，不但减少了底色漆涂料的使用量，同时也提高了施工效率。如果左右两边采用不同灰度的中涂底漆，左边被底色漆完全遮盖，而右边未被遮盖，故在施中涂底漆时应尽量选与面漆颜色灰度值相接近的中涂底漆，如图 3-132 所示。

通常涂料供应厂商会提供 2 ~ 3 种颜色的中涂底漆，如白、黑、灰，通过三者按不同比例可调配出 7 种不同灰度的中涂底漆，如图 3-133 所示。其中 SG01 ~ SG07 即灰度值，不同涂料品牌的灰度值表示编号不同，但编号中一定含有灰度值的数字。

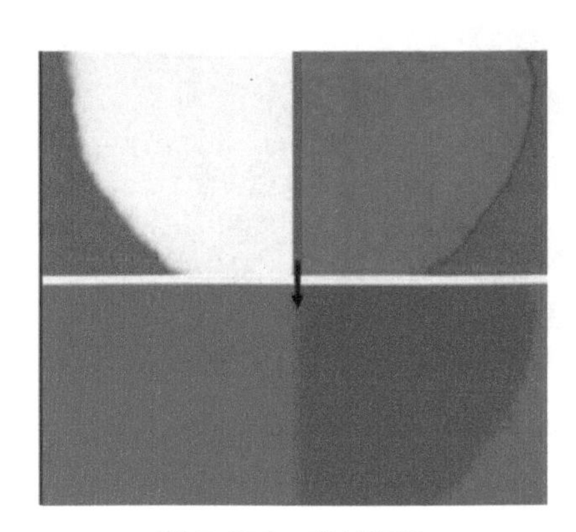

图 3-132 底材颜色

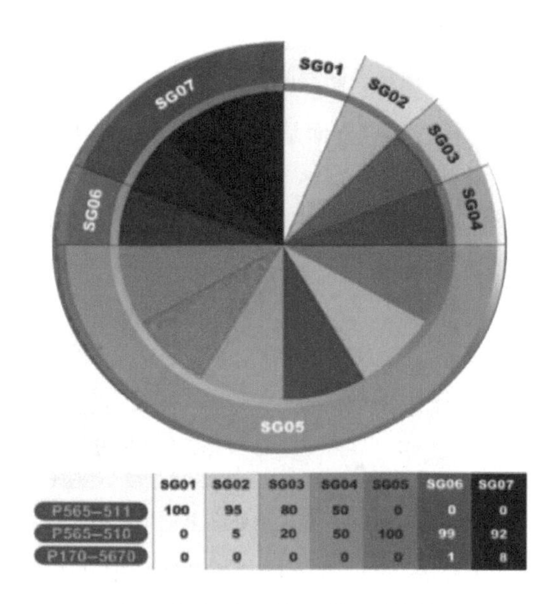

	SG01	SG02	SG03	SG04	SG05	SG06	SG07
P565-511	100	95	80	50	0	0	0
P565-510	0	5	20	50	100	99	92
P170-5670	0	0	0	0	0	1	8

图 3-133 不同灰度的中涂底漆

三 中涂底漆的打磨方式

为了取得平整光滑的表面，在中涂底漆彻底干燥后需进行打磨。在打磨中涂底漆之前应仔细检查板件表面是否有针孔、砂纸打磨痕迹、凹坑等现象，如果存在缺陷，应先用原子灰刮涂处理并烘烤干燥后再进行打磨。

对中涂底漆的打磨操作方法与原子灰的打磨方法基本相同。干打磨采用 400# ~ 600# 干磨砂纸进行打磨，如果用气动打磨机打磨不宜用力过大，否则会在板面上留下较深的砂纸打磨痕迹；湿打磨一般采用 600# ~ 800# 的水砂纸进行打磨。无论是干打磨还是湿打磨都要整板打磨，不能只打磨底漆部分。

四 打磨材料以及工具

中涂底漆的打磨材料主要是砂纸，打磨工具主要是手工打磨垫和打磨机专用托盘。它们的技术特性在“原子灰的打磨”章节中已有介绍，在此不再赘述。

五 打磨中涂底漆

打磨中涂底漆需要准备的工具设备、耗材包括干打磨设备、干磨砂纸、海绵软垫、吹尘枪、棉纱手套、防尘口罩、防护眼罩、炭粉指示剂、耳塞、防护口罩、刮刀、原子灰、烤灯、百洁布、调灰板等。

1. 修复钣金表面缺陷

1）检查钣金表面是否有缺陷，是否需要再填原子灰，如有缺陷需做好记号，如图 3-134、图 3-135 所示。

图 3-134　在缺陷处画上记号（一）

图 3-135　在缺陷处画上记号（二）

2）穿戴刮涂原子灰时需要的防护用品（棉纱手套、防护口罩、防护鞋），如图 3-136 所示。

3）原子灰通常装于铁质的罐内，打开原子灰盒盖，使用专用工具将原子灰充分搅拌均匀。用刮灰刀取出原子灰至调灰板上，与固化剂按比例混合、调拌均匀后，进行刮涂。

4）刮涂原子灰修复钣金表面的缺陷，如图 3-137、图 3-138 所示。

注意：原子灰混合固化剂后其活化寿命很短，只有 5 ~ 7min（常温），在温度较高的季节，时间会进一步缩短。所以，原子灰的调配和施工速度要快一些，应在其固化时间内尽快施工完毕。

图 3-136　穿戴防护用品

图 3-137　刮涂原子灰

图 3-138　刮涂完成

5）将烤灯和板件调整为 80 ~ 100cm 的距离，正对于板件，调整红外线烤灯的高度，如图 3-139 所示。

6）接通红外线烤灯电源，打开红外线烤灯电源开关，如图 3-140 所示。

图 3-139　调整高度

图 3-140　打开电源开关

7）设定红外线烤灯的工作时间（15min），用红外线烤灯对刮涂板面进行烘烤，加速原子灰的干燥，如图 3-141、图 3-142 所示。

图 3-141　设定工作时间

图 3-142　烘烤刮涂板面

2. 打磨中涂底漆

1）打磨底漆需佩戴的防护用品（棉纱手套、防尘口罩、防护耳塞、防护眼罩、防护鞋），如图 3-143 所示。

2）检查原子灰是否彻底干燥，然后涂上炭粉指示剂，如图 3-144、图 3-145 所示。

图 3-143　穿戴防护用品

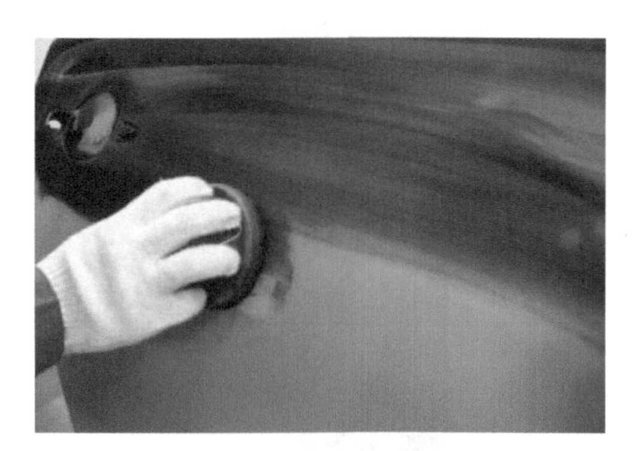

图 3-144　炭粉指示剂

3）按打磨设备的标准电压接通其电源（接通电源前要观察打磨设备说明书），如图 3-146 所示。

图 3-145　涂抹完成

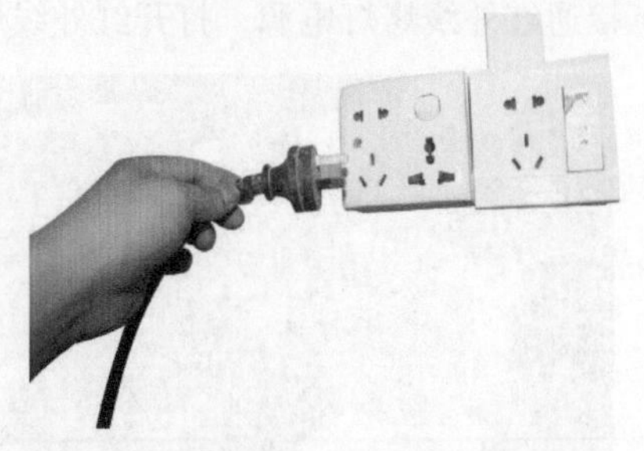

图 3-146　接通电源

4）连接好高压气管，打开操控开关至自动吸尘档，如图 3-147、图 3-148 所示。

图 3-147　接上高压气管

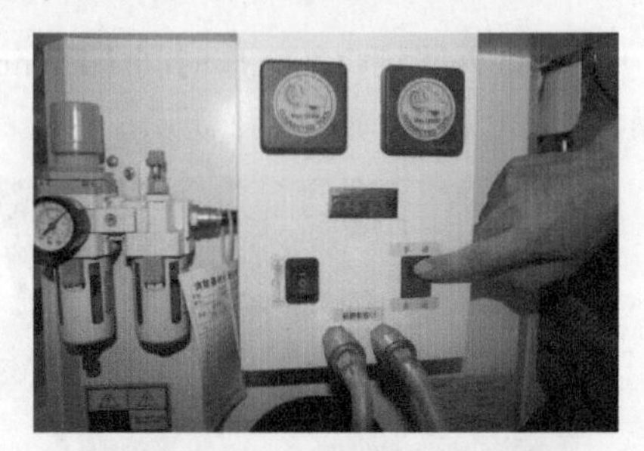

图 3-148　打开自动吸尘模式

5）选用 3# 打磨头，装上海绵软垫，装上 400# 干磨砂纸。对正打磨头上的吸尘孔装上干磨砂纸，确保吸尘通畅，如图 3-149 ~ 图 3-153 所示。

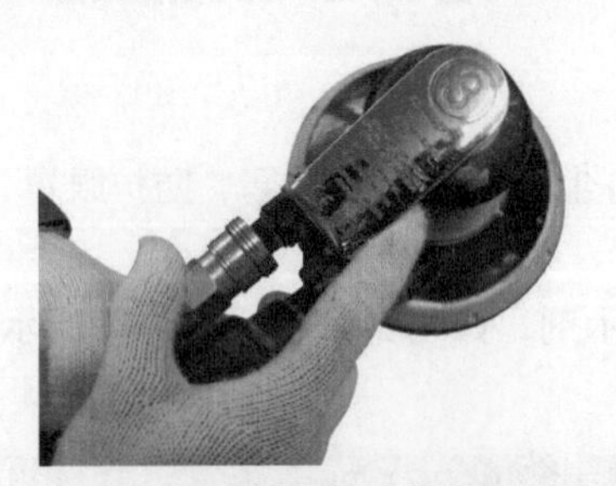

图 3-149　安装 3# 打磨头

图 3-150　安装海绵软垫

图 3-151　海绵软垫安装完成

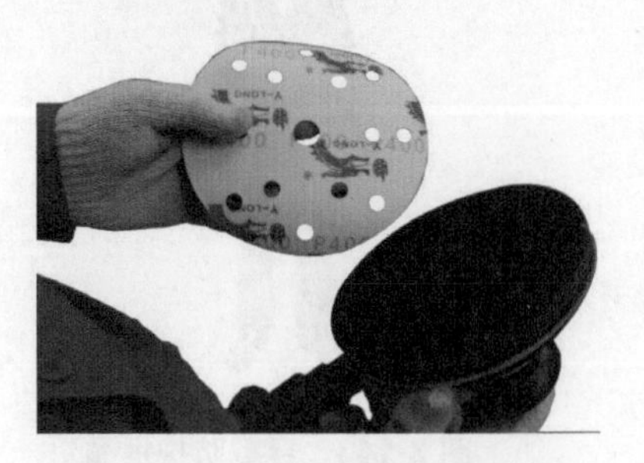

图 3-152　安装 400# 干磨砂纸

6）对钣金件进行整板打磨，凹陷处和边角部位可以使用百洁布打磨，如图 3-154 ~ 图 3-156 所示。

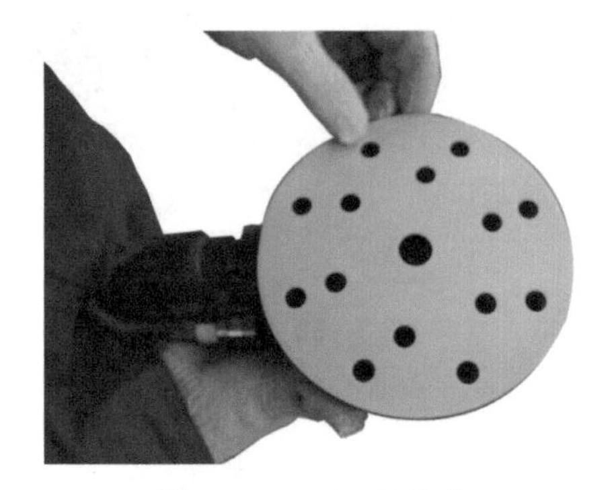

图 3-153　对正吸尘孔

图 3-154　整板打磨

注意：整板打磨要根据先板面后边角的方法进行打磨。

图 3-155　打磨凹陷处

图 3-156　打磨边角处

7）打磨完成，用吹尘枪对板件进行里外除尘，检查施工质量（检查钣金表面是否有砂纸痕等缺陷），对海绵软垫以及打磨头进行除尘，如图 3-157 ~ 图 3-159 所示。

图 3-157　对板件除尘

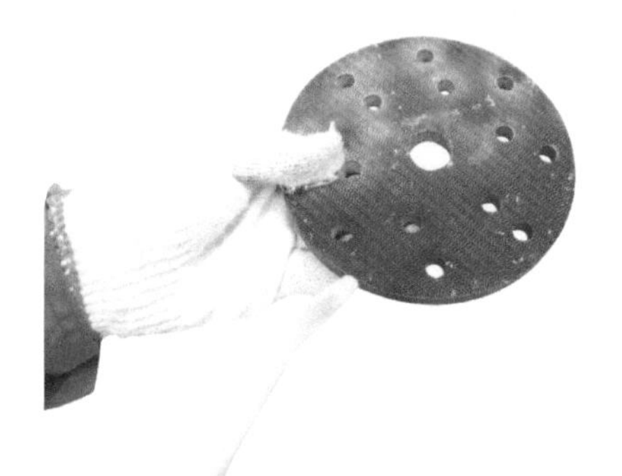

图 3-158　对海绵软垫除尘

标准：板面平整光滑无砂纸痕，无凹凸部位。

六 中涂底漆的特性

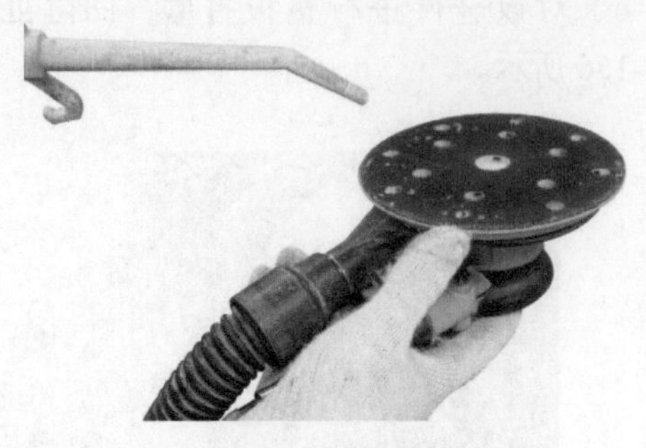

图 3-159 对打磨头除尘

中涂底漆的特性如下：

1）与底漆、原子灰、旧涂层及面漆有良好的配套性，涂层间的结合力强，不被面漆的溶剂所咬起。

2）干燥后涂层硬度适中，能抗石击，具有良好的打磨性能及耐水性，打磨后表面平整光滑，无起皱、脱皮等，局部喷漆边缘平滑性好，无接口痕迹。

3）有良好的填充性能，经喷涂打磨后能消除底材上的轻微划痕、砂眼等。

4）有良好的隔离性能，防止底漆层、原子灰层、旧涂层不良物质向面漆层渗出而污染漆膜表面及破坏面漆层的装饰性，阻止面漆层的溶剂渗透到底漆层、原子灰层、旧漆层。

5）具有良好的施工性能，如温度适应性、干燥迅速、施工容易等。

第四章

车漆颜色的调配与喷涂

第一节　车漆颜色的调配

汽车的表面色彩主要是面漆颜色的体现，当车漆因为某些原因需要修补时，新喷涂的面漆必须具有与车身面漆相同的颜色色彩，而调漆的作用就是使新喷面漆颜色达到无痕迹修补。汽车面漆颜色色彩繁多，往往不是单一色母的颜色，而是多种色母相调和后获得的色彩，而且同一品种的涂料，不同批次存在色差，使用年限不同，也会与原漆产生色差。因此，调漆工必须要根据原车色彩的类型选择合适的色母调出所需的颜色。

一　色漆的分类

色漆通常分为以下两类：

1）单组份面漆（1K 漆）：银粉漆、珍珠漆、1K 色漆。1K 漆耐候性差，所以一般都要在色漆上再喷涂一遍透明的清漆，我们称为双工序；白珍珠漆是三工序，因为白色反光，会影响珍珠漆的闪光度，所以珍珠漆应喷涂在 1K 白色的表面，再喷涂清漆。

2）双组分面漆（2K 漆）：清漆、实色漆（素色漆）。2K 漆耐候性较强，一般表面漆都属于 2K 漆，如果是实色素色漆，只需要喷涂这一层漆，我们称为单工序。

特别注意：1K 漆是单组分漆，2K 漆是双组分漆，两者性质不一样，所以不能混用。

二　调色的原则及方法

1. 调色原则

两种以上不同色调的颜色混合，都会产生一个新色调，例如黄色加蓝色得到绿色，红色加黄色得到橙色，蓝色加红色得到紫色，涂料的调色相当于颜色的减法过程，拿到一块欲配制的标准色板，首先要分清哪种色母为主，哪些为副色，判断出它们之间的关系如何。在 2K 彩色漆中加入不同白色漆，就可以得到饱和度不同的色彩，即深浅不同，就和 1K 漆中加入银粉一样。一般情况下，主色确定后，先调漆深浅，后调色相。在彩色漆中加入不同量的黑漆，就可以得到明度不同的颜色，如果将副色加到一起或者使用多种色调不同颜色配色，也会降低颜色的彩度，色彩变得晦暗，明度降低。

2. 调色方法

常用的调色方法有经验法、利用色卡调色法、电脑调色法等。经验法是调漆人员利用自身多年的经验来判断如何调色，利用这种方法调漆比较方便快捷、简单，但对于调漆人员的技术水平要求很高。利用色卡调色是汽车维修最常用的调色方法之一，其本质就是利用涂料制造商所提供的色卡查阅原车的颜色配方，再加以微调。

由于科学技术的飞速发展，特别是电子计算机技术的发展，电子计算机技术在涂装技术中也得到一定的应用。电脑调色是近几年发展的一类高科技自动化调色工艺。电脑调漆机能把复杂烦琐的调色工作变为一种快速、简单而又准确的调色方式，大大方便了汽车修补涂装的调色，目前已在汽车修补涂装行业使用。在电脑调色工作中，电脑实际上就是一个大型的色漆配方资料库，它能够储存若干种色漆标准配方和标准色漆颜色的数码（色号）。不论单色漆数码或复色漆数码，都可输入电脑以备使用者调色使用。需要调配某一种汽车面漆颜色时，可先将色号输入电脑，从显示屏上就可以显示出该色号的面漆配方与用量比，而后按此数据进行调配，就可以获得所需的面漆颜色。各类色漆品种数量达上千种规格，完全能满足汽车制造和汽车维修的需求。当汽车送到修理厂之后，有的汽车在车身面漆的一定部位涂有漆的标号。如果修理厂有同样标号的色漆，就可以直接选用。若没有，就可将此标号输入电脑。从荧光屏上就可以显示出组成此种标号复色漆的各单色漆的组分及重量。按其组分和重量进行调配，就可得出所需要标号的色漆了。

三 车漆颜色的调配步骤

车漆颜色的调配包括色漆调配、色漆试喷、清漆喷涂、颜色比对四个方面。

1. 色漆调配

色漆调配工作需要准备的设备工具、耗材及防护用品包括整套色母、调漆杯、调漆尺、色卡、色母表、电子秤、防溶剂手套、防护口罩、喷漆服、防护眼罩、耳塞、抛光蜡、除油布、全自动色母搅拌机等。

（1）清洁准备

1）首先打开全自动色母搅拌机，设置搅动 15min。因为色母搅拌机工作时是搅拌全部色母，因此可以直接开始搅拌，不用特意准备相应色母，如图 4-1 所示。

2）车身除垢。将目标颜色移至适合调漆的光线位置后，用湿抹布擦除目标颜色板件的污垢，防止污垢妨碍颜色比对的正确性，如图 4-2 所示。

图 4-1 打开全自动色母搅拌机

图 4-2 擦拭污垢

3）穿戴好相应的防护用品。将抛光蜡倒在除油布上，再用除油布彻底去除要比对漆面的污垢，如图 4-3、图 4-4 所示。

注意：此工序目的是清除污垢，因此不要太过用力，只要擦拭干净即可。

4）比对颜色。用色卡与车身清洁干净的区域比对，选出与车身颜色相同的色卡，如图 4-5 所示。

图 4-3 穿戴防护用品

图 4-4 用除油布去除污垢

注意：比对时要迎着光线，多变换角度观察。

图 4-5 比对颜色

（2）颜色调配

1）接通调漆专用电子秤电源，打开电子秤电源开关，如图 4-6、图 4-7 所示。用调漆专用电子秤称量色母，精度高，能够避免误差过大导致出现色差。

2）根据所需要的色漆量选择好调漆杯放于电子秤上，再将电子秤清零。调漆杯一般有 0.2L、0.3L、0.5L、1L、2L 几个规格，要判断好喷涂所需的量选择合适的调漆杯，避免浪费，如图 4-8 所示。

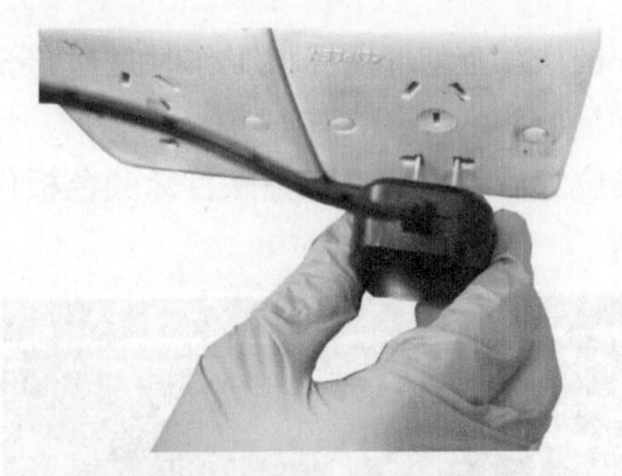
图 4-6 接通电子秤电源

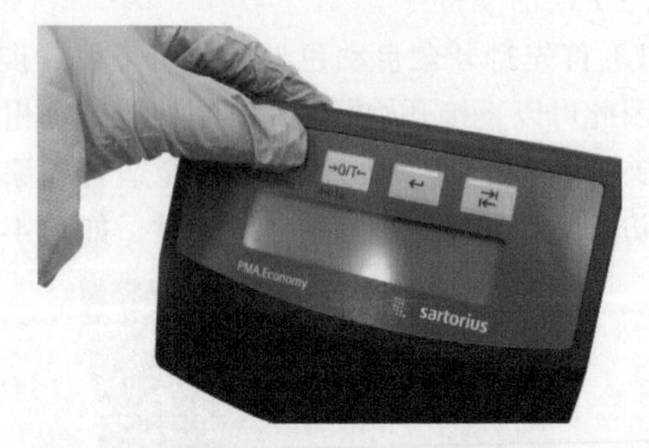

图 4-7 打开电子秤电源开关

3）根据色卡配方算出所需色母量，然后向调漆杯中添加色母，如图 4-9、图 4-10 所示。

图 4-8 选择调漆杯

图 4-9 添加色母

注意：每添加一种色母都要做好记录，避免重复添加或添加比例出错。

4）用调漆尺将添加的所有色母彻底搅拌均匀。注意，一定要彻底搅拌均匀，否则颜色将会与目标颜色差别太大，如图 4-11 所示。

图 4-10　记录添加量

图 4-11　搅拌色母

5）将调漆尺与目标颜色比对。注意比对时要迎着光线，多变换几次角度进行比对，如图 4-12 所示。

6）根据颜色的误差补充添加色母进行微调，并且要添加配方中的色母，如图 4-13 所示。

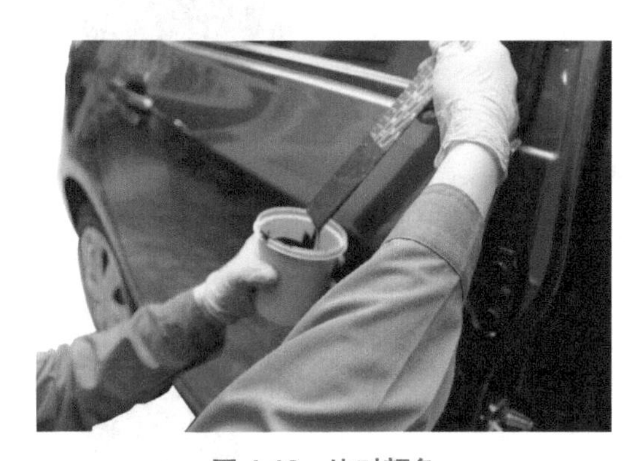

图 4-12　比对颜色

图 4-13　补充添加色母

7）再次与目标颜色比对、微调，直至调漆尺和车身颜色观察一致时表示调好，如图 4-14 所示。

2. 色漆试喷

色漆试喷工作需准备的工具有喷枪、试喷板、红外线烤灯等。

1）再取一个调漆杯，将所调的色漆倒出喷涂试喷板的用量，约 15 ~ 20g 即可，然后按比例添加稀释剂与固化剂等助剂并搅拌均匀，如图 4-15 所示。

2）用过滤纸过滤掉色漆中的杂质并将色漆倒入喷壶，如图 4-16 所示。

图 4-14　再次比对

图 4-15　添加助剂

图 4-16　过滤色漆

3）第一次喷涂。先在试喷板上喷薄薄的一层色漆，喷涂时喷枪距喷涂点约 150mm，遮盖 60% 左右；喷涂完成后用红外线烤灯烘烤试喷板，加快色漆的干燥，如图 4-17、图 4-18 所示。

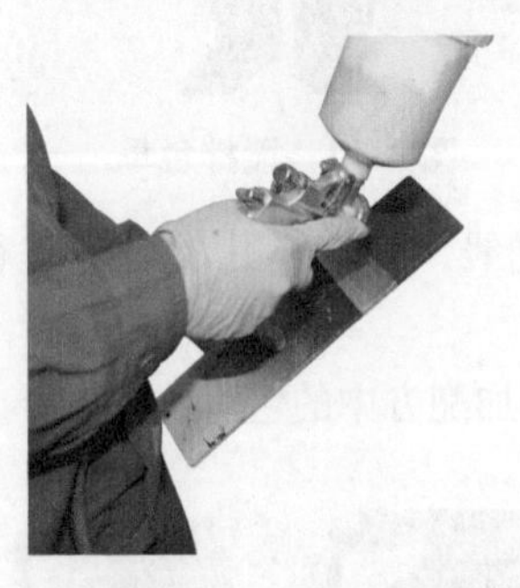

图 4-17　第一次喷涂

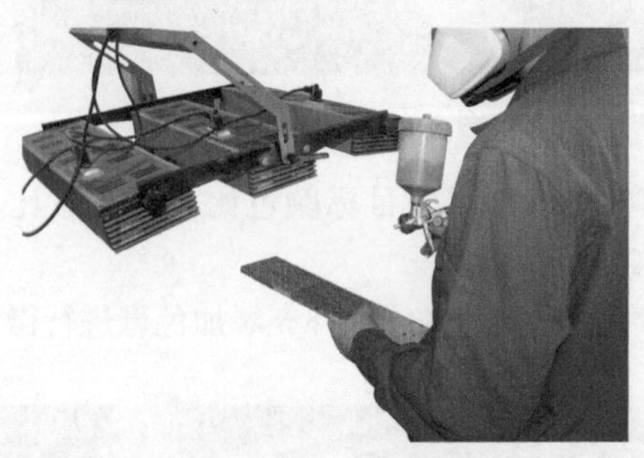

图 4-18　烘烤板件

4）第二次喷涂。待色漆完全干燥后，再次喷涂色漆，喷涂时喷枪距喷涂点约 150mm，遮盖 100%；喷涂完成后用红外线烤灯烘烤试喷板，加快色漆的干燥，如图 4-19、图 4-20 所示。

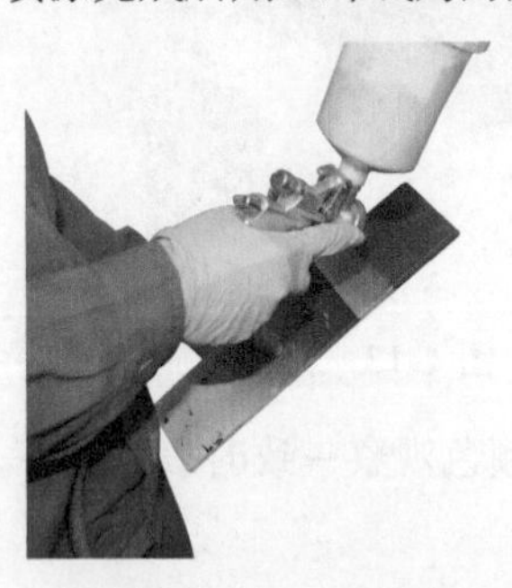

图 4-19　第二次喷涂

图 4-20　烘烤板件

5）第三次喷涂。待色漆完全干燥后，对试喷板雾喷色漆，喷涂时喷枪距喷涂点约 250mm，使试喷板形成效果层（即有颗粒感），如图 4-21 所示。喷涂完成后用红外线烤灯烘烤试喷板，加快色漆的干燥。

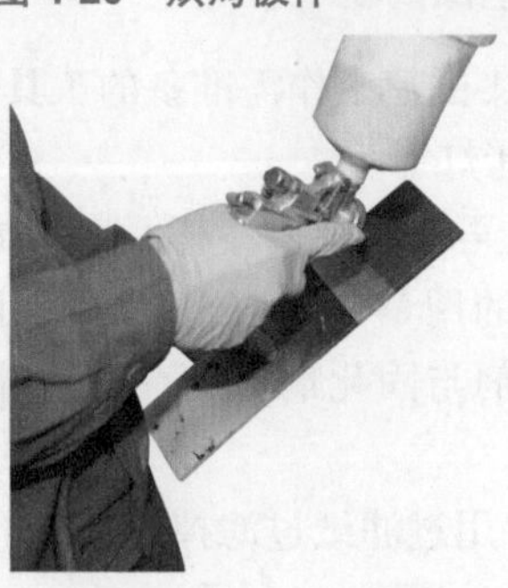

图 4-21　第三次喷涂

3. 清漆喷涂

1）准备清漆。取适量清漆倒入调漆杯，并往清漆中按比例添加稀释剂与固化剂等助剂，然后用调漆尺搅拌均匀，如图 4-22、图 4-23 所示。

2）喷涂清漆。将添加好助剂的清漆用过滤纸过滤掉其中的杂质并倒入喷壶。向试喷板上喷涂清漆，喷涂完成后用红外线烤灯烘烤试喷板，加快清漆的干燥（15min 以上），如图 4-24、图 4-25 所示。

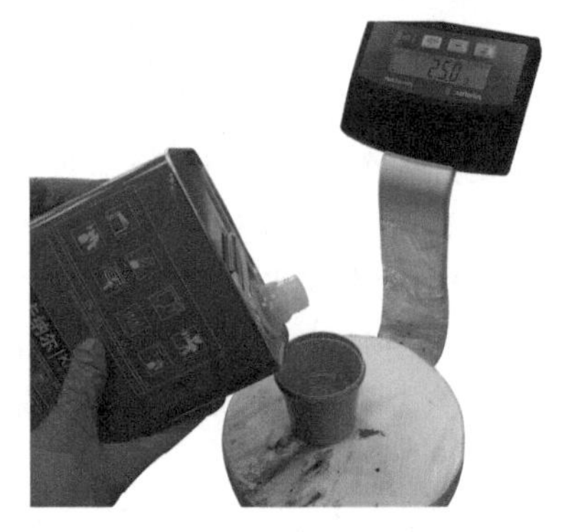

图 4-22 清漆添加助剂

图 4-23 添加助剂

图 4-24 喷涂清漆

图 4-25 烘烤清漆

4. 颜色比对

待清漆干燥后，将试喷板与车身颜色比对，比对时要迎着光线并多次变换角度观察，如图 4-26 所示。如果颜色匹配则算出颜色配方并做好记录，如颜色不匹配则重新微调色漆并试喷直到颜色正确。操作完成后将喷枪清洗干净，工具场地整理清洁到位，如图 4-27 所示。

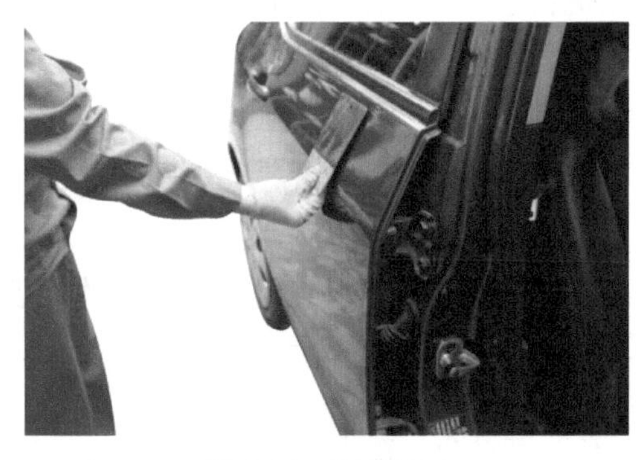

图 4-26 颜色比对

图 4-27 将喷枪清洁干净

四 相关知识拓展

1. 色彩的基本知识

自然界中物体的颜色千变万化，人之所以能看见物体的颜色，是由于发光体的光线照射在物体上，光的辐射能量作用于眼睛上。不发光物体的颜色只有受到光线的反射时才被呈现出来，物体的颜色是由光线在物体上被反射和有吸收的情况决定的。一个物体在日光下呈现绿色，是由于这个物体主要将白光中的绿色范围的波长反射出来，而光谱的其他部分则被它吸收，如果在钠光灯下观察这个物体就看不出是绿色，因为钠光的光线中没有绿光的成分可以被它反射。这可以看出，物体的可见颜色是随光照光谱成分而变化的。一个物体如果完全反射射来的光线，那么这个物体我们看来是白色的；如果它完全吸收投射在它上面的光线，则这个物体看来是黑色的。

颜色分为非彩色和彩色，非彩色是指黑色、白色和这两者之间深浅不同的灰色，白黑系列上的非彩色的反射率代表物体的明度。反射率越高，越接近白色；反射率越低，越接近黑色。彩色系列是指除了白黑系列以外的各种颜色。光谱不同波长在视觉上表现为各种颜色的色调，如红、橙、黄、绿、蓝、紫等。要确切地说清楚某一种颜色，必须考虑到颜色的三个基本属性，即色调、饱和度和明度，这三者在视觉中组成一个统一的总效果。色调是指在物体反射的光线中以哪种波长占优势来决定的，不同的波长产生不同的颜色感觉，色调是决定颜色本质的基本特征。颜色的饱和度是指一个颜色的鲜明程度。而非彩色则只有明度的差别，而没有色调和饱和度这两个属性。

合理的色彩布置在创造舒适的工作和生活环境方面具有重要意义。色彩调节可使环境变得更加明亮，减轻眼睛和全身的疲乏，增强工作的乐趣，提高劳动效率，创造一个特定的环境，体现某种风格和情调，减少事故和灾害，提高工作质量，增强对物质的爱护心理等。体现在室内建筑方面，当涂装暖色调的涂料，如红、橙、黄系列，使人联想到太阳、火焰而产生热烈、温暖的感觉；涂装冷色调的涂料，如绿、蓝、紫颜色系列，使人产生凉爽的感觉，仿佛处于充满植物和水的环境之中。当降低色彩的鲜艳度，避免产生补色残像、避免色彩多而杂的配色，使照明光的颜色接近自然光时，可防止眼睛和全身的疲劳。

色彩与安全也具有密切的联系，许多颜色已成为世界通用的一种语言。红色是强烈的刺激色，又叫兴奋色，多用于提示危险的标志；黄色是醒目色，在交通管理中，用作警示的作用；蓝色是冷色，具有平静、凉爽的特点，在工业中用作管理设备上的标志；绿色是背景色，对人的心理不起刺激作用，不易产生视觉疲劳，给人以安全感，在工业中多用作安全色。其他颜色也有广泛的应用，尤其是白色具有减色作用，减少强烈的色彩时，可以加入适量的白色来解决。

2. 颜色的基本理论

油漆的三原色是红、黄、蓝（主要色相）；次要色是绿、紫、橙（二次间色）。二次间色是原色与原色相加的颜色：红色 + 黄色 = 橙色；黄色 + 蓝色 = 绿色；蓝色 + 红色 = 紫色。

调色搭配时要用邻近色搭配，不能用互补色搭配。

任何一种原色加上其他的两种原色的二次间色为互补色，都等于灰色（消色）：红色 + 绿色 = 灰色；黄色 + 紫色 = 灰色；蓝色 + 橙色 = 灰色。三原色同时相加等于灰色（消色），同时相为互补色。

3. 色彩的性质

当比较颜色时，注意以下特征：色相 = 颜色；明暗度 = 深浅度；彩度 = 饱和度。

（1）色相

色相是颜色的第一个性质，这一特性使我们可将物体描述为红色、橙色、黄色、绿色、蓝色或紫色。色彩系统中最基本的色相是红色、黄色和蓝色，它们也称为“三原色”。

三原色是不能通过混合其他颜色而得到的。这三种颜色有各自独立存在的位置。

除了三原色以外的颜色——如橙色、绿色、紫色及其他中间色，它们可以通过混合三原色而得到。理论上几乎所有的颜色都可以用三原色调配出来，但在实践中，我们将红、黄、蓝混合在一起后得到的将是脏黑色。这是因为光谱中的色光是透明的，而颜料是含有固体成分的，是不透明的。因此用红、黄、蓝三种颜料不能调出所有的颜色。

（2）明暗度

色彩的第二个性质是明暗度。明度是一种计量单位，它表明某种色彩呈现出的深浅或明暗度可标在刻度尺上，从白至黑、由浅至深依次渐进，也就是常说的颜色黑了一点再加点白色，或者说正面合适侧面浅了一点，就再加深一点的颜色。

（3）彩度

彩度是色彩的第三个性质。它是一种不易察觉并经常受到曲解的性质，除非比较同一色相和明度的两种颜色，才会意识到它的表现形式。而进行这种比较时，通常会使用“鲜艳”或“黯淡”这样的词语来进行描述。比如说一个深蓝珍珠漆，当用黑色把它正面调到一样深的时候，侧面黑了，那就可以理解为明暗度加过了，彩度没达到，而要调整彩度，只需要加入大量的蓝色就可以令其正面变深，侧面彩度提高。也就是说除了黑色可以加深正面的明暗度之外，大量加入彩色色母也可以令正面变深并且侧面彩度提高。

4. 油漆色差的影响因素

（1）不同油漆批次的色差影响

不同批次的油漆由于在调配及原料采购过程中存在差异，所以就导致油漆本身存在色差，但只要在所允许的色差范围之内，就能通过现场施工参数的调整来做出改变。但是油漆原漆的色差误差范围要比现场施工的误差范围小，这是因为现场施工条件要远比油漆实验室的条件差，为了降低现场施工的难度，必须对原漆的色差做出严格控制。

（2）油漆遮盖能力的影响

研究表明，只有当材料的涂膜厚度大于 15μm 时，才能达到遮盖的效果，一般车辆底色漆膜的厚度只能达到 12～15μm，并不能完全遮盖底材，这是造成车辆漆膜发花、有色差的主要原因。经研究发现，只有当漆膜的厚度达到遮盖厚度时，色差才能稳定，不再有大的波动。这种缺陷主要表现在返修和补修时，由于一些颜色较浅的地方遮盖能力较差，再次重涂时容易超出色差误差范围。

（3）油漆类别的影响

不同类型的油漆由于本身的成分不同，对光的吸收和反射均存在差异，因此所呈现出来的颜色也不同。这就需要在采购和使用色漆时一定要充分了解该色漆的性能，在对整个车辆进行喷涂时，尽量做到使用同一种类型的色漆，避免出现由于与原漆类型不同而引起的色差问题。色漆分为单色漆和闪光漆，闪光漆又包括金属漆和珠光漆。单色漆中的颜料粒子主要对光进行散射，散射向着不同的方向，因而不会出现由于观察角度不同而造成颜色不同的现象，色差相对于其他类型的色漆比较易于控制。闪光漆中的金属漆主要对光进行反射，当漆中的铝粉在漆膜中平行排列时，就会发生镜面反射，所观察的角度不同，就会感受到铝粉反射的光的强度也不同，也就是会因角度的变化而造成金属色感的不同。金属漆中的铝粉是影响色感的主要原因，铝粉的含量和形状大小会是造成镜面反射强度不同的原因。铝粉越多，尺寸越大，反射率也就越大，不同角度所观察到的效果就越不同。尤其是在喷涂的流程中，油漆颜料在喷涂管道里长时间地循环往复，造成铝粉的破碎变形，反射率降低，喷涂同一车辆时就会造成色差问题的出现。珠光漆中珠光粉的加入会使颜料产生珍珠般的色彩，这主要是因为油漆中云母片和二氧化钛的加入，光线在漆膜界面上发生反射、折射、吸收、透射多种作用，经过这些作用的光线从漆膜上平行射出，发生干涉，就会产生珍珠般的色彩。闪光漆在喷涂后由于溶剂挥发，会导致黏度增大，漆膜收缩。当漆膜喷涂较薄时，其收缩后铝粉很容易平行于底膜排列，而当喷涂的漆膜本身就较厚时，溶剂挥发漆膜收缩后，由于底膜后空间大，就会导致珠光粉的排列不再平行，这样就造成角度不同颜色就不同的后果。

5. 油漆色差的控制方法

控制原漆的色差要从原漆入手，对原料油漆从严管理，要从正规的商家进货，尽量避免由于色漆批次的不同所导致的色差问题，杜绝不合格的油漆产品出现在生产线上，尽可能地降低现场施工的工作难度。要定期对油漆原漆进行色差监控，及时掌握原漆的色差情况，坚决为油漆的质量把好关，从而便于对现场的施工参数进行调整。

而且，要严格控制漆膜的厚度，以遮盖底材的颜色，在返修和补修时尽量减小色差的范围。

6. 调色技巧

拟定调色配方以前，要根据颜色样板或按某一实物的颜色来进行分析，首先了解色相范围，由几种颜色组成，哪种是主色，哪种是副色，色与色之间关系如何，各占比例约多少。然后根据经验初步拟出颜色配方，再经小样调试。调色时，先加入主色，再以着色力较强的颜色为副，慢慢间断地加入并不断搅拌，要随时观察颜色的变化，取样抹、刷、喷或沾在干净的样板上，待颜色稳定后与原始样板比色，在整个调色过程中必须掌握“由浅入深”的原则。从减色法的原理可以看出，若样品与标准板比较，过红可以采用减色法或加青，过绿可以采用减绿或加紫，过蓝可以采用减蓝或加黄的方法调整，反之亦然，因为黄、青、紫和蓝、红、绿互为补色，但是颜料的这种混合将导致明度下降，可以用黑、白来调节混色的明度。

目前油漆生产厂家一般备有黑、白、红、绿、蓝、黄、青、紫等色浆或色母用于调色，在进行实色漆调色时，多采用浅色域在白基础中加小于 5% 的高浓度色浆调色，深色域使用清漆加固定量色浆的调色方法。而透明色的调色则选用一些透明颜料浆或染料液，透明色的颜色变化还受到涂层的厚度及底材的影响，在实际调色比色时应该在规定的厚度及底材上进行比较。金属漆的调色除遵循颜料混合基本原理外，还应考虑到自发光类金属颜料对颜色的影响，相对要复杂一些。

第二节 底漆的喷涂

底漆是指直接涂到物体表面作为面漆坚实基础的涂料，也是被涂物与涂层之间的粘结层，使其上面的各涂层可以牢固地结合并覆盖在被涂物上。底漆在钢板表面形成干膜后，可以隔绝金属表面与空气、水分及其他腐蚀介质直接接触，起到缓蚀保护作用，提高面漆的附着力，增加面漆的丰满度，提供抗碱性，同时可以保证面漆的均匀吸收，使油漆系统发挥最佳效果。“面漆质量好就可以不用底漆”的说法是错误的，因为面漆与底漆的功能不同，面漆更加侧重于最终的装饰与表现效果，而底漆则侧重于提高附着力、防腐功能、抗碱性等。根据涂装要求，底漆可分为头道底漆、二道底漆等。

底漆根据不同的用途和防腐机理可以分为物理隔绝底漆、化学侵蚀性底漆和塑料专用底漆等类型，涂装修补中常用的底漆有环氧型底漆、中涂底漆和塑料底漆等，需要根据不同的情况进行选用，如果底漆层使用不当将会影响面漆层的质量。

对于何种底材喷涂何种底漆一般可遵循以下原则：

1）对于大面积的裸金属，通常采用首先喷涂一薄层侵蚀底漆，然后再喷涂较厚涂层的隔绝底漆。

2）对于良好的旧漆层或面积不大的裸露金属区域，可以直接喷涂隔绝底漆。

3）对于塑料件，需要喷涂塑料底漆。

4）对于在打磨时没有磨到底漆层的良好旧漆层，可以直接喷涂中涂底漆或面漆。

在喷涂底漆层之前，先将需要喷涂的区域用清洁剂清洁干净，去除油污、蜡脂及灰尘，经适当遮盖后进行喷涂。底漆层的喷涂膜厚可根据情况掌握，一般情况下如果底漆层上还要喷涂中涂层，则可将底漆喷涂得薄一些，只要能够达到防腐和提高黏附能力的目的就可以了；如果在底漆层上直接进行面漆的喷涂，则需要喷涂得厚一些，根据不同的要求可以进行打磨。总的漆膜厚度以不超过 50μm 为宜。需要注意的是，在旧涂层修补喷涂底漆时，要选用与原涂层无冲突的底漆。

底漆干燥后要经过适当的打磨，为下一步喷涂工作做好准备。打磨时为更好地判断打磨的程度，应使用“打磨指导层”。打磨指导层即在需要打磨的涂层上薄薄喷涂或擦涂一层其他颜色的颜色层，意在使打磨时打磨到的区域与未打磨的区域在颜色上有一定的差异，以有利于观察打磨的程度。指导层被磨掉的地方即为高点，而未被磨掉的部位即为低点，指导层全部被磨掉后，需要打磨的区域就比较平滑了。

一 底漆的性能要求和种类

1. 底漆性能要求

底漆的性能要求如下：

1）底漆对底材表面应有良好的附着能力，对其他面漆要有良好的结合能力。

2）底漆干燥后要有很好的物理性能和机械强度，能随金属伸缩、弯曲，能抵抗外来的冲击力而不开裂、不脱落，能够抵抗其上面涂层的溶剂溶蚀而不会咬起。

3）底漆要具有一定的填充力，能够填平底材上微小的高低不平、孔眼和细小的纹路等。

4）底漆要便于施工，涂膜流平性要好，不流挂、干燥快，而且要容易打磨平整、不粘砂纸，保证漆面平滑光亮。

应根据涂装的要求和使用的目的，采用不同类型的底漆；根据工件表面状态和底漆的性质选择适当的涂装方法。

底漆涂膜的强度和结合能力的大小决定于涂膜的厚度、均匀度及其是否完全干燥，底漆涂膜一般不宜过厚，以 15~ 25μm 为宜（在汽车表面装饰性要求不高，底漆上直接喷涂面漆的情况下涂膜可以更厚），过厚则涂膜干燥缓慢，还容易造成涂膜强度不够和附着力不良。

2. 底漆的种类

底漆的种类比较多，现在汽车涂装中以环氧树脂底漆和侵蚀底漆及中涂底漆最为多见。

（1）环氧树脂底漆

环氧树脂底漆简称环氧底漆，是物理隔绝防腐底漆的代表。环氧树脂是线型的高聚物，以环氧丙烷和二酚基丙烷缩聚而成。它具有极强的粘结力和附着力、良好的初性和优良的耐化学性。

1）环氧底漆具有如下的优点：

① 附着力极强，对金属、木材、玻璃、塑料、陶瓷、纺织物等都有很好的附着力和粘结力。

② 涂膜韧性好，耐挠曲，且硬度比较高。

③ 耐化学性优良，尤其是耐碱性更为突出。因为环氧树脂的分子结构内含有能键，而醚键在化学上之最稳定的，所以对水、溶剂、酸、碱和其他化学品都有良好的抵抗力。

④ 良好的电绝缘性，耐久性、耐热性良好。

2）环氧底漆的缺点如下：

① 表面粉化较快，这也是它主要用于底层涂料的原因之一。

② 环氧底漆使用胺类作为固化剂，胺类对人体和皮肤有一定的刺激性，因此在使用时要加以注意。

（2）侵蚀底漆

侵蚀底漆是以化学防腐手段来达到其防腐的目的，主要代表为磷化底漆。

磷化底漆是以聚乙烯醇缩丁醛树脂溶于有机溶剂中，并加入防锈颜料四盐锌铬黄等制成，使用时要分开一定比例调配后喷涂。

注：品牌漆中的磷化底漆一般都已经制成成品，按一定的比例加入固化剂使用即可。

金属表面涂装磷化底漆后，磷化液（弱磷酸）与防锈颜料四盐锌铬黄反应，生成同一般磷化处理相似的不溶性磷酸盐覆盖膜。同时生成的铬酸使金属表面钝化。由于聚乙烯醇缩丁醛树脂具有很多极性基团，它也参与了锌铬颜料与磷酸的反应，转变成不溶性铬合物膜层，与上述的磷酸盐覆盖膜都起防腐蚀和增强涂层附着力的作用。

磷化底漆作为有色及黑色金属的防锈涂料，能够代替金属的磷化处理，在提高抗腐蚀性和绝缘性、增强涂层与金属表面的附着力等方面比磷化处理层更好，而且工艺和设备要求比较简单。但磷化底漆涂膜很薄（8 ~ 15μm），因此一般不单独作为底漆使用，在涂装磷化底漆后通常仍用一般底漆打底。

环氧底漆与磷化底漆对底材都具有良好的防腐性，对其上的涂层也都具有良好的粘结能力，一般在汽车修补中常使用环氧底漆作为打底，而在汽车制造中大面积钣金操作后对裸金属进行磷化防腐处理时常采用磷化底漆。

（3）中涂底漆

中涂底漆是指介于底漆涂层和面漆涂层之间所用的涂料，也称底漆喷灰，俗称“二道浆”。

1）主要功能。它主要是改善被涂工件表面和底漆涂层的平整度，为面漆层创造良好的基础，以提高面漆涂层的鲜映性和丰满度，提高整个涂层的装饰性和抗石击性。

2）性能要求如下：

① 应与底漆、面漆配套良好，涂层间的结合力强，硬度配套适中，不被面漆的溶剂所咬起。

② 应具有足够的填平性，能清除被涂底材表面的划痕、打磨痕迹和微小孔洞、小眼等缺陷。

③ 打磨性能良好，不粘砂纸，在打磨后能得到平整光滑的表面（现在有些品牌漆中都有免磨中涂漆，靠其本身的展平性得到平整光滑的表面）。

④ 具有良好的韧性和弹性，抗石击性良好。

提示：

对于表面平整度较好、装饰性要求又不太高的载货汽车和普通大客车，在制造和涂装修理时有时不采用中涂漆，对于装饰性要求很高的中高级客车则都采用中涂漆。

二 底漆喷涂区域及要求

1. 对大面积裸金属喷涂底漆

在对大面积裸金属进行底漆喷涂时，一般首先进行磷化处理后再喷涂隔绝底漆。磷化处理通常用喷涂磷化底漆的方法来进行，喷涂时要根据不同的底材选用不同的底漆。

对于薄钢板喷一层磷化底漆即可，对于铝合金板材需要喷涂含有铬酸锌的底漆进行钝化处理。对于镀锌板等底材通常不用喷涂侵蚀底漆，直接喷涂隔绝底漆即可。

侵蚀底漆一般不单独使用，在其上要喷涂隔绝底漆共同组成底漆层，所以侵蚀底漆的涂膜要薄一些，以 15μm 左右为好。喷涂侵蚀底漆时须选用塑料容器，按照使用说明进行调配，喷涂所用的喷枪也最好使用塑料枪罐，并在喷涂完毕后马上进行清洗，避免枪身受到侵蚀。侵蚀底漆的面积不宜过大，可以遮盖住裸露金属区域即可。

待侵蚀底漆干燥后就可以直接喷涂隔绝底漆了，其间不必进行打磨处理。隔绝底漆以环氧树脂型居多，因底漆的施工黏度比较大，在选择喷枪时需要选比较大的口径。以环保型喷枪为例，喷涂时选用 1.7 ~ 1.9mm 口径（重力式）的底漆喷枪。隔绝底漆的喷涂方法为：薄喷 1~2 遍，其间间隔为 5 ~ 10min（常温），厚膜一般达 30 ~ 35μm，只要将裸露金属覆盖住即可。底漆喷涂完毕，静置 5 ~ 10min，待溶剂挥发一段时间，然后加温至 60 ~ 75℃烘烤 30min。

漆膜完全干固后，用 P240 ~ P360 干磨砂纸配合打磨机打磨，或用 P600 水磨砂纸湿磨。打磨时尽量不要将底漆磨穿，如果磨穿则需要对磨穿部位重新喷涂底漆。

2. 对旧涂层喷涂底漆

对旧涂层的底漆喷涂不像对待裸金属那样复杂。旧涂层经过打磨后如果没有裸露出金属底材，可以不喷涂环氧底漆，直接喷涂中涂底漆或施涂原子灰。如果旧涂层打磨后有部分区域露出了金属底材，只要对裸露的金属部位喷涂底漆而不必全面喷涂，对小部分裸露金属的处理也可以适当简化，可以不必喷涂侵蚀底漆。经过喷涂底漆的部位必须经过打磨后才能喷涂中涂漆或面漆，打磨时必须将所喷涂的底漆打磨平整、光滑，并打磨出羽状边。

3. 塑料件的底漆喷涂

塑料件在喷涂时需要使用专用的塑料底漆。首先用塑料专用清洁剂清洁塑料件表面，然后用 1.7 ~ 1.9mm 口径的喷枪（重力式）喷涂 1 ~ 2 遍，层间间隔时间为 5 ~ 10min。塑料底漆实际上是一种塑料黏接偶联剂，它可以浸润塑料制品，使得其上的涂层获得良好的粘附能力。因此，在塑料底漆未干燥时直接喷涂中涂或面漆其粘附效果会更好。但如果需要刮涂原子灰，则必须等其完全干燥。

三 中涂底漆的喷涂步骤

中涂底漆的喷涂方法如下：

1）穿戴板件除尘所需的防护用品（防尘口罩、防护眼镜、工作鞋、棉手套），如图 4-28 所示。

2）将吹尘枪接上高压气管，如图 4-29 所示。

图 4-28　穿戴除尘防护装备

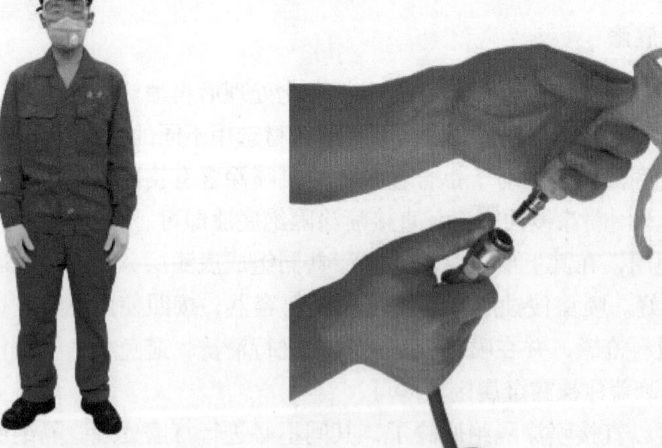

图 4-29　吹尘枪连接气管

3）用吹尘枪配合抹布对板件里外除尘，如图 4-30 所示。

4）将板件移至喷涂房，打开漆房电源开关，开启照明。进入喷涂房，穿戴所需的防护用品（活性炭口罩、防护眼镜、工作鞋、防溶剂手套），如图 4-31、图 4-32 所示。

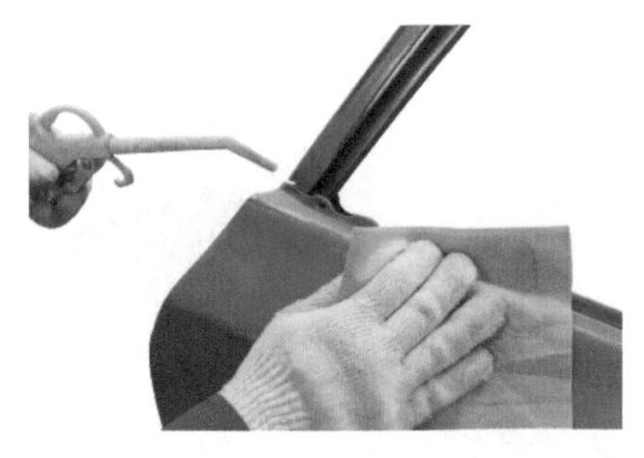

图 4-30　板件除尘

图 4-31　打开漆房电源

5）用喷壶将除油剂呈雾状喷洒在板件上，如图 4-33 所示。

图 4-32　穿戴喷涂防护装备

图 4-33　喷除油剂

6）用两张除油布一前一后、一湿一干进行擦拭（先板面后边角），如图 4-34 所示。

7）接通电子秤电源，如图 4-35 所示。

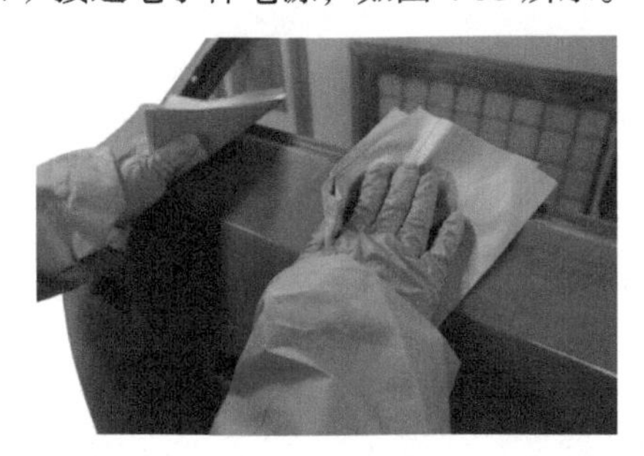

图 4-34　擦拭除油

图 4-35　接通电源

8）打开电子秤电源开关，放上调漆杯后将其清零（每次添加另一种助剂前要将其清零），如图 4-36、图 4-37 所示。

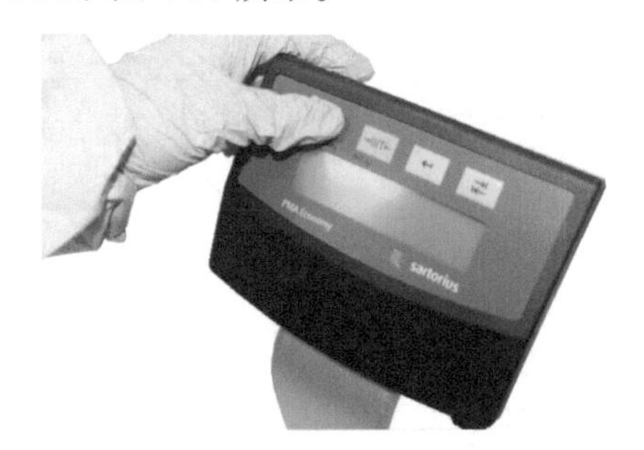

图 4-36　打开电子秤开关

图 4-37　电子秤清零

9）中涂底漆按比例添加助剂（中涂底漆：中途专用固化剂：稀释剂＝4∶1∶1），如图 4-38、图 4-39 所示。

图 4-38　添加中涂底漆

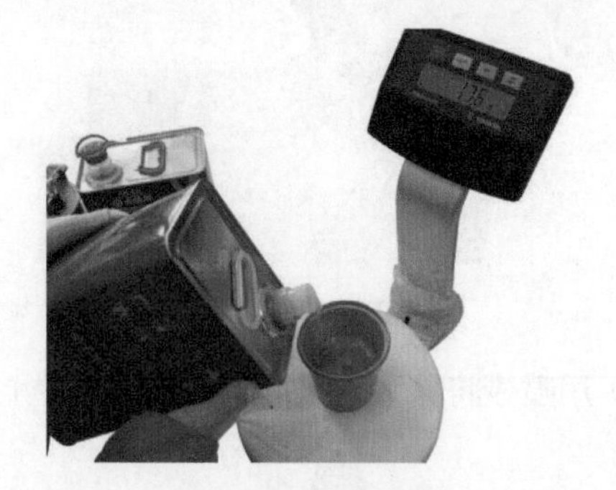
图 4-39　添加助剂

10）将加好助剂的中涂底漆彻底搅拌均匀，如图 4-40 所示。

11）选择 200 目过滤纸过滤掉中涂底漆中的颗粒及杂质，如图 4-41 所示。

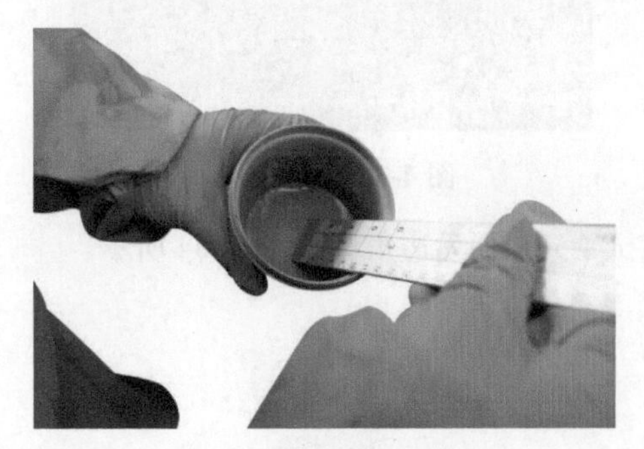
图 4-40　搅拌中涂底漆

图 4-41　过滤杂质

12）板件粘尘（对处理好底材的板件进行除尘操作时先板面再边角），如图 4-42 所示。

13）打开喷涂房喷漆开关，如图 4-43 所示。

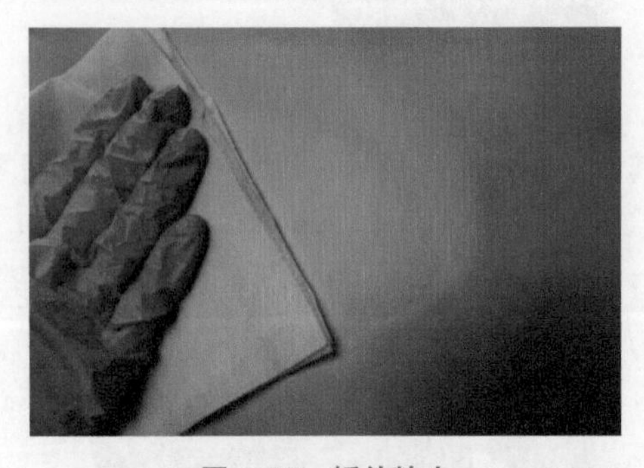
图 4-42　板件粘尘

图 4-43　打开喷涂房喷漆开关

14）喷枪接上高压气管，如图 4-44 所示。

15）调整喷枪（调整喷枪的喷幅、气压和雾化三项标准），如图 4-45、图 4-46 所示。

16）先在测试板上试喷，确认达标后，然后到板件上进行操作，如图 4-47 所示。

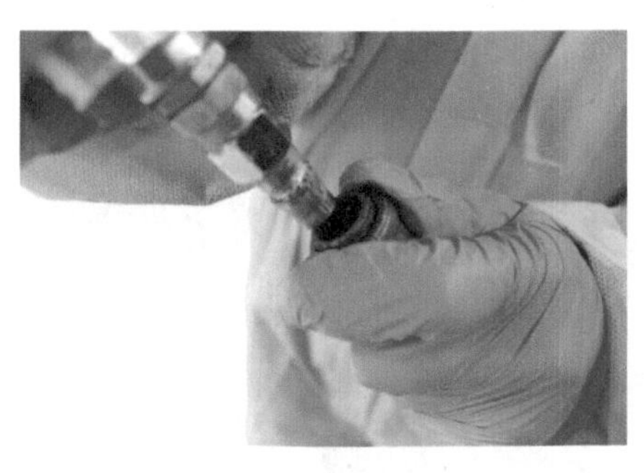

图 4-44 连接气管

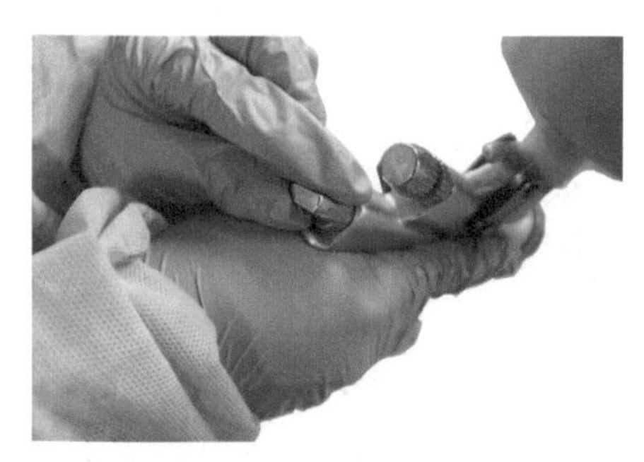

图 4-45 空气压力调节

图 4-46 喷幅调节

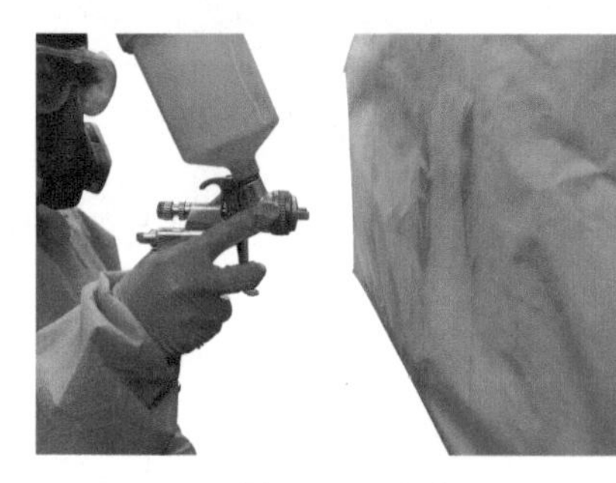

图 4-47 试喷

17）喷涂板件，喷涂原子灰部分（薄喷，遮盖 60% 左右），如图 4-48 所示。

18）闪干 3 ~ 5min 再喷涂板件，整板喷涂（遮盖 80% 以上），如图 4-49、图 4-50 所示。

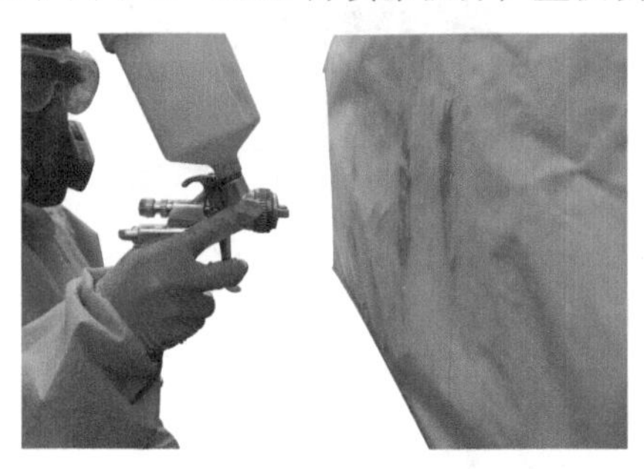

图 4-48 第一遍喷涂

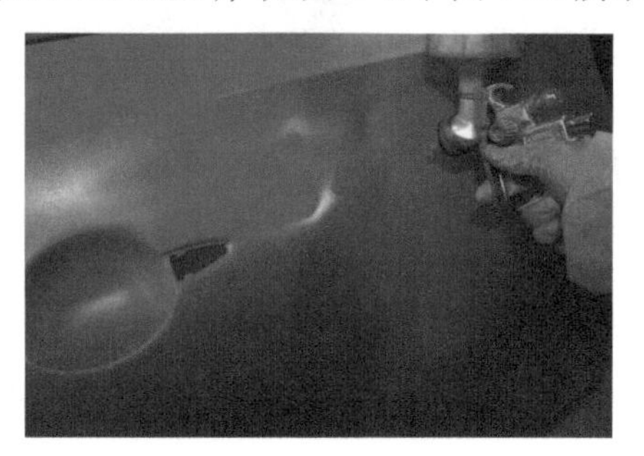

图 4-49 第二遍喷涂

19）闪干 3 ~ 5min 再喷涂板件，整板喷涂（遮盖 100%，要求漆面饱满、不粗糙，无露底、流挂等缺陷），如图 4-51、图 4-52 所示。

图 4-50 第二遍喷涂的效果

图 4-51 第三遍喷涂

20）设置红外线烤灯的烘烤时间（30min）及烘烤温度（60℃），如图 4-53、图 4-54 所示。

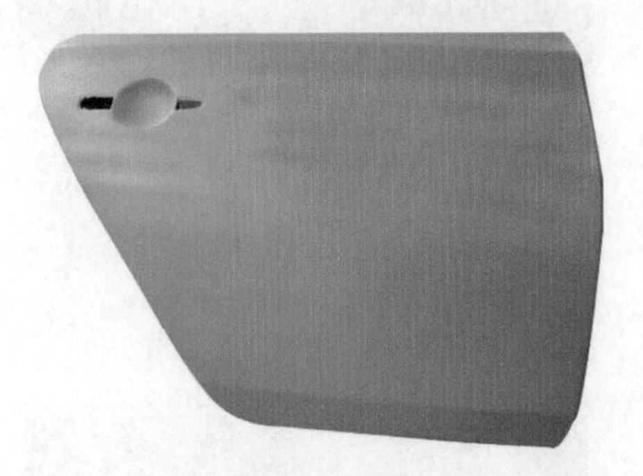

图 4-52　第三遍喷涂的效果

图 4-53　调节定时

21）打开电源开关，调整板件与烤灯距离为 800 ~ 1000mm，正对板面烘烤，如图 4-55、图 4-56 所示。

图 4-54　调节温度

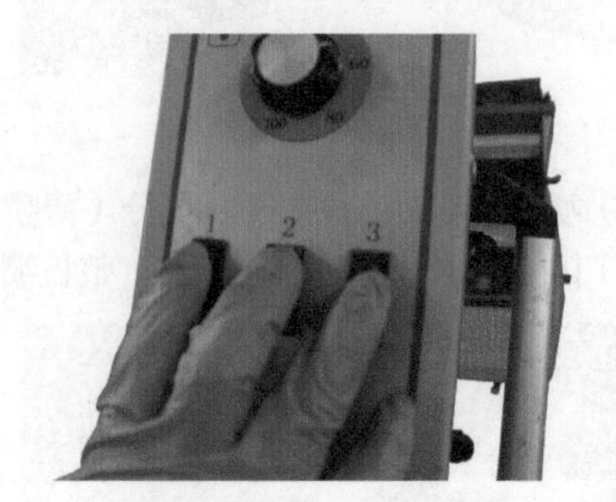

图 4-55　打开烤灯开关

注意：烤灯与漆面要保持距离适中，太近会造成漆面烤坏，太远则烘烤效果达不到要求。

22）清洗喷枪，如图 4-57、图 4-58 所示。喷涂完毕，必须对喷枪进行日常清洁维护，不重视保养和清洁，会使喷枪发生故障和缩短喷枪的使用寿命。抽取出不锈钢枪针要轻轻地摆放到工作台上，不要让枪针碰撞其他的硬质物体，以免造成枪针的弯曲或变形等；要用专用扳手卸下喷嘴，特别注意，喷嘴和风帽的空气导流孔不宜用硬质物体捅里面的漆尘，以免产生孔距变形；喷枪浸泡在干净的溶剂中数分钟，用合适的工具对其他部件进行清洗。清洗完毕，按先安装喷嘴、再安装枪针的顺序进行安装，否则容易造成喷嘴的胀裂等现象；最后再安装并调整好风帽的正确方向，否则也会影响到漆雾的均匀性。

图 4-56　烘烤漆面

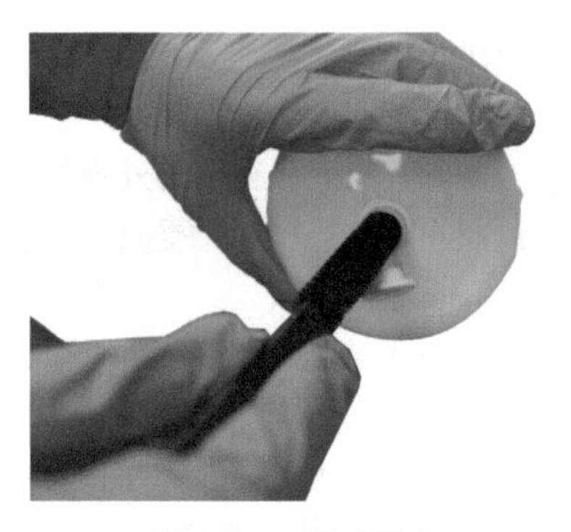

图 4-57　清洁漆壶

图 4-58　清洁风帽

注意：不可将喷枪整体浸泡在溶剂中，否则会使密封圈硬化，并破坏润滑效果。

23）进行 6S 整理，如图 4-59 所示。

图 4-59　烤漆房清洁整理

四　中涂底漆的后处理及注意点

一般使用 P400 ~ P600 干磨砂纸配合 3# 偏心振动打磨头进行中涂层的打磨，或使用 P800 水磨砂纸水磨。中涂层要打磨得非常光滑，表面不得留有粗糙的砂纸痕迹或其他的小坑或凸起等，因为中涂层上要喷涂的是整个涂层最关键的面漆层，任何微小的瑕疵都可能会影响到整个涂层的装饰性，所以要格外仔细。使用打磨指导层对最后的打磨工作会有很大的帮助。

中涂层在打磨时要注意以下两点：

1）如果在打磨过程中将中涂底漆磨穿、露出底材，必须补喷中涂漆，并重新进行打磨。

2）如果有些部位在打磨过程中出现凹陷、气孔等情况，必须重新施涂原子灰，将补涂的原子灰打磨后再喷涂中涂底漆，然后进行打磨。

第三节　单工序面漆的喷涂

车身外表经过底漆、原子灰及中涂施工后，已达到表面光滑平整，无沙眼、砂纸打磨痕迹等缺陷。面漆的施工是对前面所有施工质量的总评，整个涂装工作质量的高低都由面漆来体现。

一　面漆的作用

汽车面漆是汽车整个涂层中的最后一层涂料，它在整个涂层中发挥着主要的装饰和保护作用，决定了涂层的耐久性能和外观等。汽车面漆可以使汽车五颜六色，焕然一新。汽车面漆是整个漆膜的最外一层，这就要求面漆具有比底层涂料更完善的性能。

具体性能要求如下：

1）外观装饰。保证汽车车身具有高质量的、优美的外观，具有光彩亮丽的外观装饰性。

2）硬度和抗崩裂性。面漆涂膜应坚硬耐磨，以保证涂层在汽车行驶中经受路面砂石的冲击和在擦洗车身时不产生划痕、裂纹。

3）耐候性。按有关标准，要求汽车用面漆涂层在热带地区长期暴晒不少于 12 个月后，只允许极轻微的失光和变色，不得有起泡、开裂和锈点。

4）耐潮湿性和防腐蚀性。涂过面漆的工件浸泡在 40~50℃的温水中，暴露在相对湿度较高的空气中，面漆应不起泡、不变色或不失光。整个涂装体系具有较强的防腐蚀性。

5）耐药剂性。面漆涂层在使用过程中，若与蓄电池酸液、润滑油、制动液、汽油、各种清洗剂和路面沥青等直接接触，擦净后接触面不应变色或失光，也不应产生带色的印迹。

6）施工性。在流水线生产中，面漆的涂布方法多采用自动喷涂或静电喷涂，烘干温度一般为 120～140℃，时间以 30～40min 为宜。在装饰性要求高时，面漆涂层应具有优良的抛光性能，这样能满足汽车在使用中对漆面光泽度翻新的要求。

二 什么是单工序面漆

一般面漆按照施工工序可分为单工序、双工序和三工序。根据颜色效果一般可分为纯色漆、金属漆、珍珠漆和清漆。单工序面漆是指喷涂同一种涂料即形成完整的面漆层的涂装工艺，即喷涂素色、实色、纯色漆，主要是与汽车漆中的金属漆相对应。它不含金属颜料，故称之为素色或纯色、实色等。素色漆喷涂并干燥后，它的漆膜具有较高光泽和硬度、较佳的耐化学介质性能和耐候性，在它上面不需要喷涂清漆层了。因为它作为面漆仅有自身一层，所以素色漆被称为单工序面漆，单工序的喷涂工艺也称为单层做法。

三 单工序面漆的喷涂步骤

单工序面漆的喷涂包括板件清洁、面漆喷涂、面漆烘烤三个方面。

1. 板件清洁

板件清洁工作需要准备的工具、耗材及防护用品包括吹尘枪、除油剂、除油布、防尘口罩、护目镜、棉纱手套、防溶剂手套等。

（1）板件除尘

1）穿戴好除尘需要的防护用品，如图 4-60 所示。

2）打开喷涂房电源开关，开启照明，将板件移至喷涂房进准备除尘，如图 4-61、图 4-62 所示。

图 4-60 穿戴除尘所需的防护用品

图 4-61　打开喷涂房电源开关

图 4-62　开启照明

3）将吹尘枪接上高压气管，用吹尘枪配合抹布对板件里外除尘，如图 4-63、图 4-64 所示。

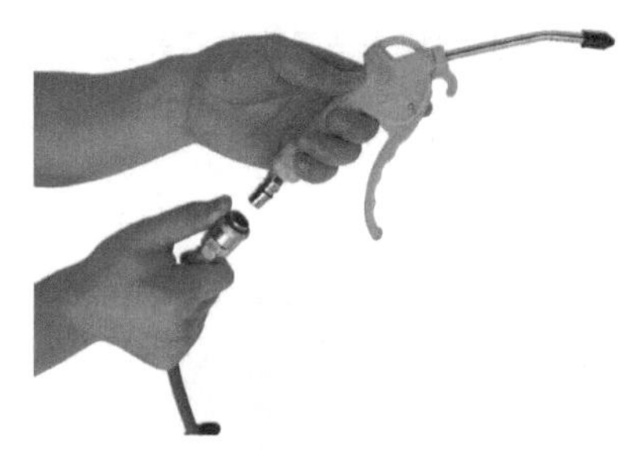

图 4-63　连接高压气管

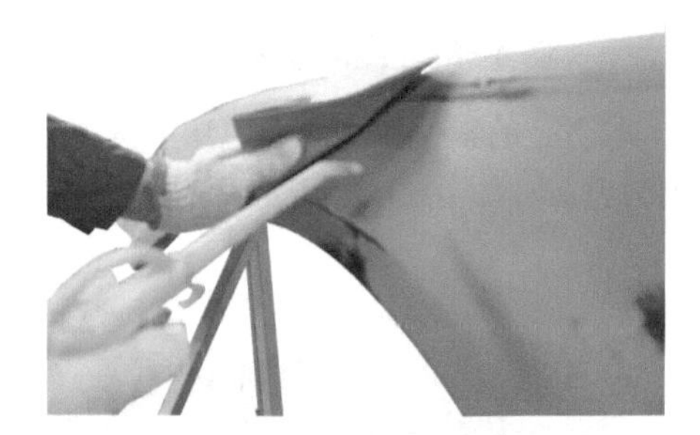

图 4-64　板件除尘

（2）板件除油

1）穿戴好除油所需的防护用品，如图 4-65 所示。

2）用喷壶将除油剂呈雾状喷洒在板件或除油布上，如图 4-66 所示。

图 4-65　穿戴除油所需防护用品

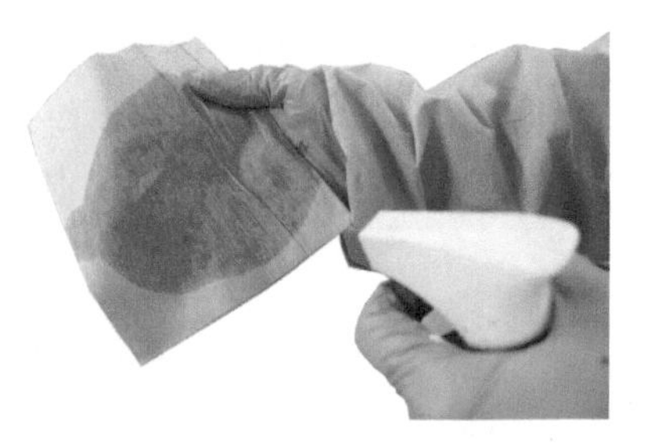

图 4-66　喷洒除油剂

3）用两张除油布一前一后进行擦拭，先擦拭板面，后擦拭边角，依次均匀除油，如图 4-67 所示。

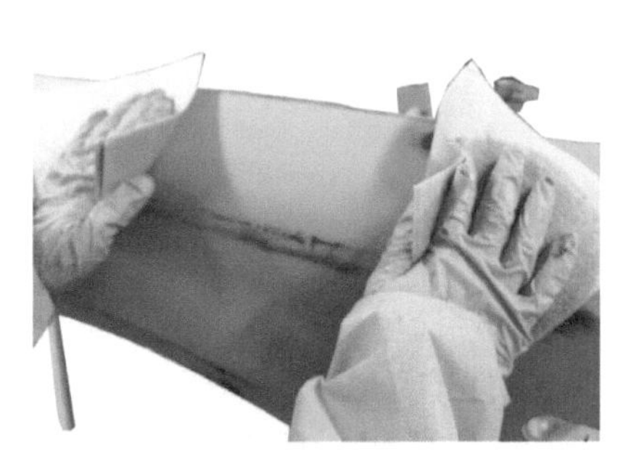

图 4-67　擦拭除油

2. 面漆喷涂

面漆喷涂工作需要准备的工具、耗材包括粘尘布、素色漆、助剂、电子秤、调漆杯、调漆尺、过滤纸等。

（1）调漆

1）接通电子秤电源，打开电子秤电源开关，放上调漆杯后将其清零，注意每次添加另一种助剂前要将其清零，如图 4-68 ~ 图 4-70 所示。

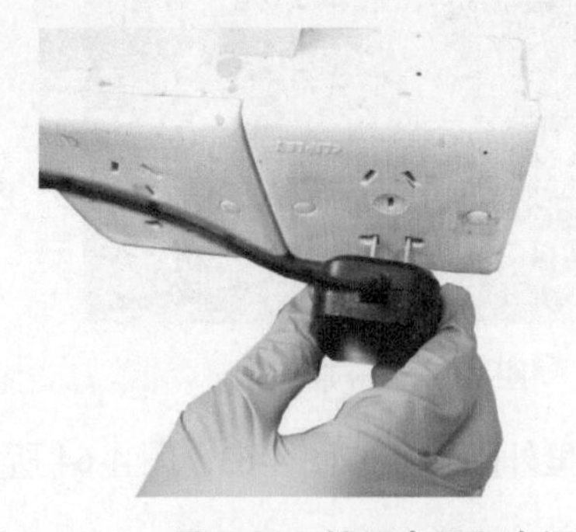

图 4-68　接通电子秤电源

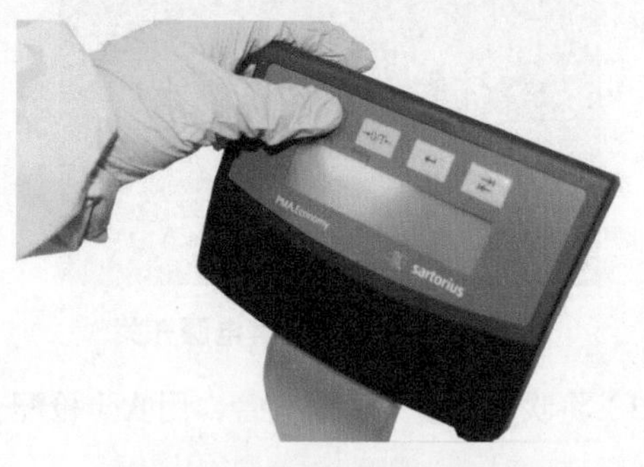

图 4-69　打开电子秤电源开关

2）取适量的素色漆，向素色漆中按比例添加固化剂以及稀释剂等助剂，漆、固化剂及稀释剂的比例为 2∶1∶（0.5 ~ 1），如图 4-71、图 4-72 所示。

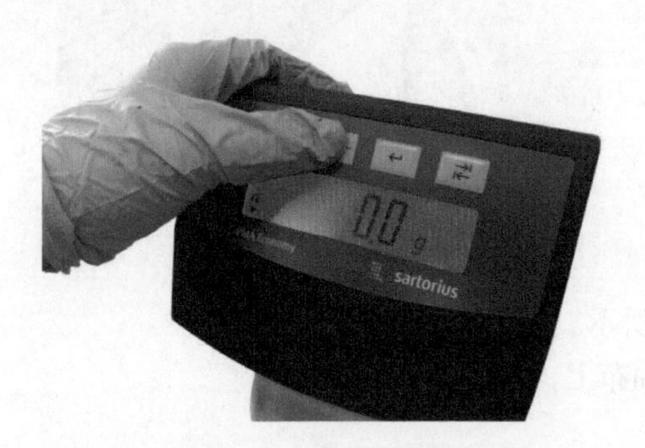

图 4-70　电子秤清零

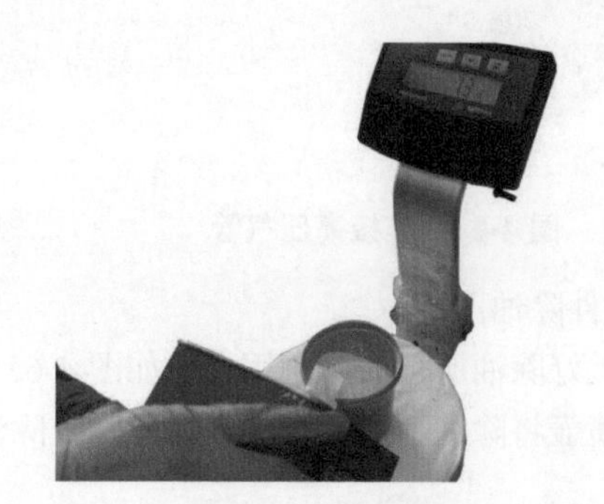

图 4-71　添加助剂（一）

3）将添加好助剂的色漆彻底搅拌均匀，选择 200 目过滤纸过滤掉色漆中的颗粒及杂质，并将色漆经过滤倒入喷漆壶，如图 4-73、图 4-74 所示。

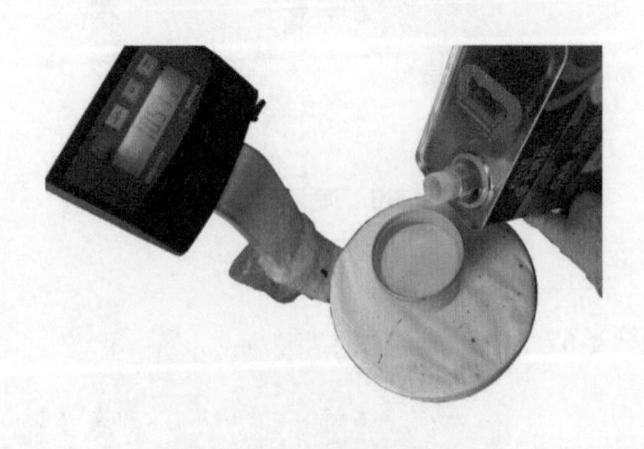

图 4-72　添加助剂（二）

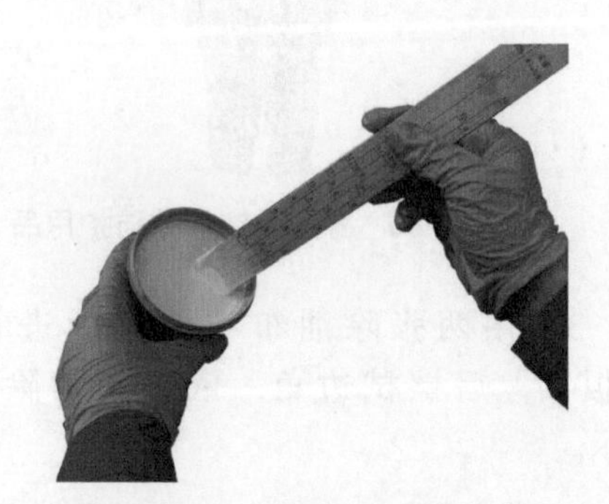

图 4-73　色漆搅拌均匀

（2）喷涂色漆

1）打开喷涂房喷漆开关（图 4-75），喷涂房换气系统开始工作，为喷漆提供一个清洁、安全、照明良好的密封环境。这样做，既可以隔开其他工序对喷漆的影响，又可以使喷漆所造成的污染得到有效的控制和治理。

图 4-74 过滤色漆

图 4-75 打开喷漆开关

2）喷枪接上高压气管，然后对喷枪进行调节，调整喷枪的气压大小，调整喷枪的出漆量，调整喷枪的扇面，如图 4-76 ~ 图 4-79 所示。

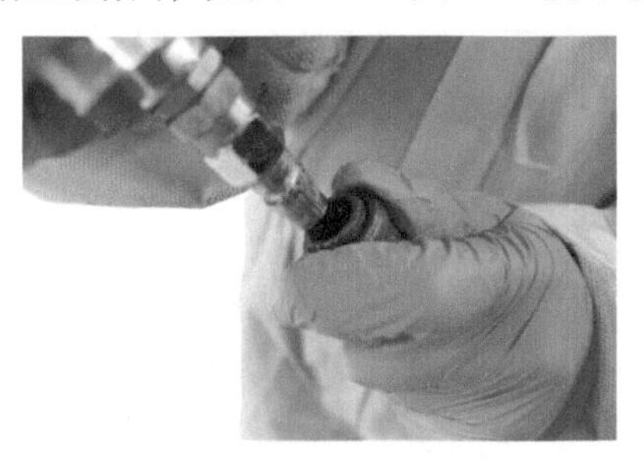

图 4-76 连接高压气管

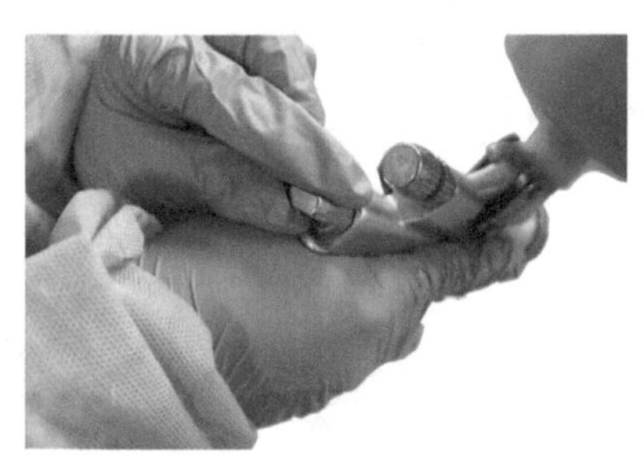

图 4-77 调整喷枪气压

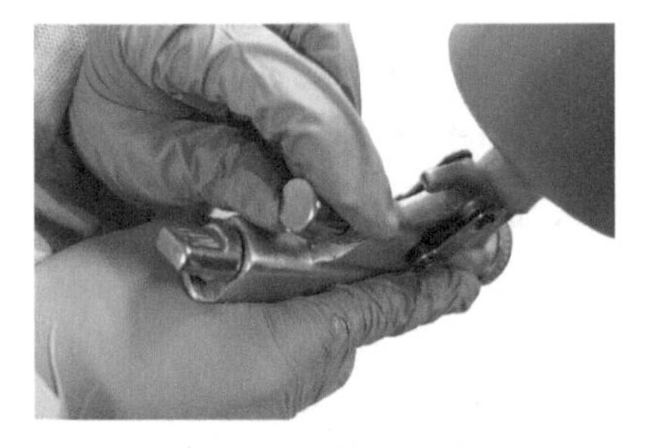

图 4-78 调整出漆量

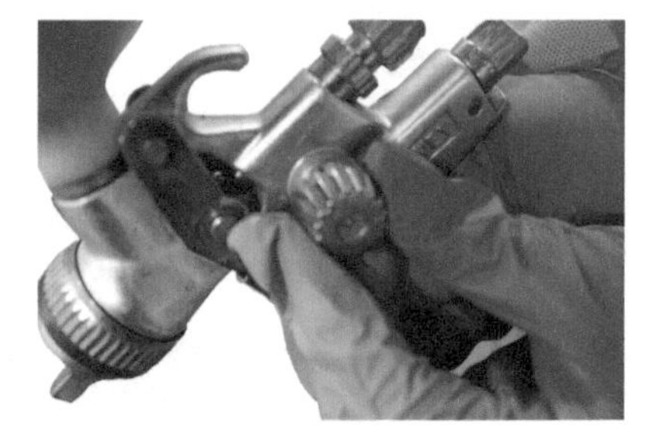

图 4-79 调整扇面形状

3）试喷，扇面应从中间向两边扩散呈椭圆形，如图 4-80 所示。

4）用喷枪对板件吹风，配合粘尘布对板件粘尘，注意先对板面粘尘，后对边角粘尘，如图 4-81 所示。

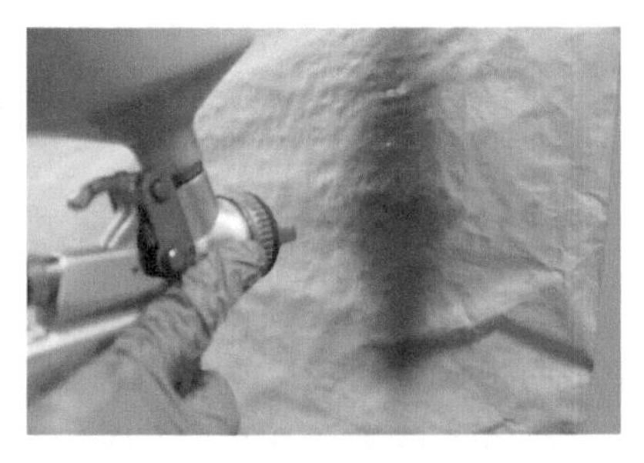

图 4-80 试喷

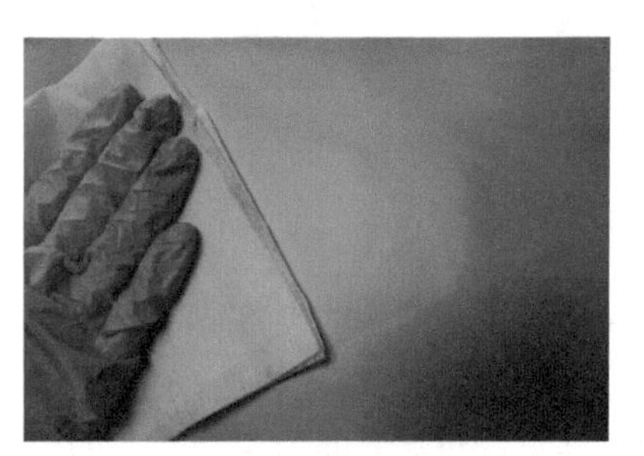

图 4-81 板件粘尘

5）喷涂板件，第一遍喷涂采用薄喷，遮盖率80%左右，先喷涂边角，再喷涂板面，如图4-82所示。

图 4-82 第一遍喷涂

注意：喷涂时要将高压气管挂在背后，防止气管碰到漆面产生缺陷，喷枪距离喷涂点150～200mm，并且喷漆时喷枪与喷涂点垂直，利用手腕的灵活转动，从而移动喷枪，不可移动身体，与上道喷涂重叠宽度为1/3～1/2。

6）闪干3～5min后再整板喷涂，先喷涂边角，再喷涂板面，遮盖率80%以上，如图4-83所示。

7）闪干3～5min后用手轻轻触碰板面，当漆面有粘手感但漆不粘在手上时，即可进行喷涂，如图4-84所示。

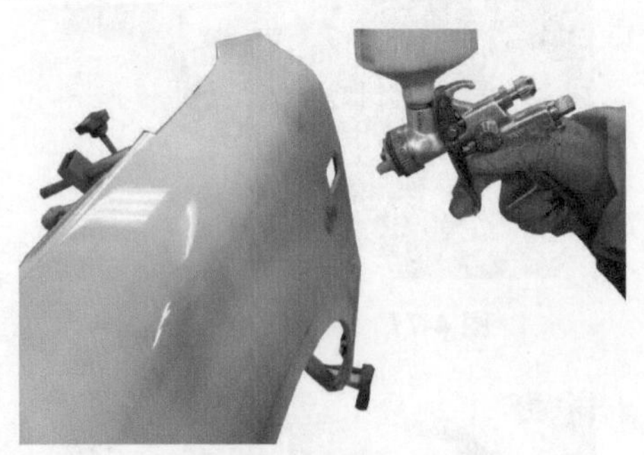
图 4-83 第二遍喷涂

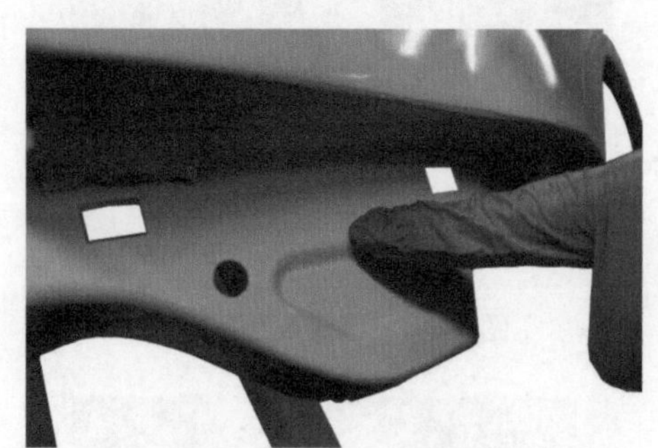
图 4-84 检查干燥程度

8）对整个板面进行喷涂，先喷涂边角，再喷涂板面，遮盖率100%，喷涂后要求漆面饱满、不粗糙，无露底、流挂等缺陷，如图4-85、图4-86所示。

图 4-85 第三遍喷涂

图 4-86 喷涂完成

3. 面漆烘烤

面漆烘烤需要准备的设备是红外线烤灯。

1）待喷涂完成的板件静置15～20min后烘烤板件。关闭喷涂房照明，打开总烤漆开关，设置红外线烤灯的烘烤时间为45min、烘烤温度为60℃，调整烤灯与板件距离为80～100cm，如图4-87～图4-90所示。

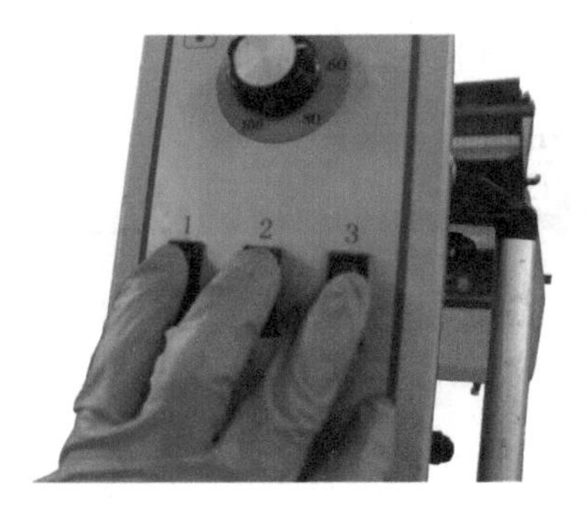

图 4-87　打开烤漆开关

图 4-88　设置烘烤时间

图 4-89　设置烘烤温度

图 4-90　调整烘烤距离

2）在烘烤板件时将喷枪拆卸清洗干净，工具整理归位，如图 4-91 所示。

四　素色漆的相关知识

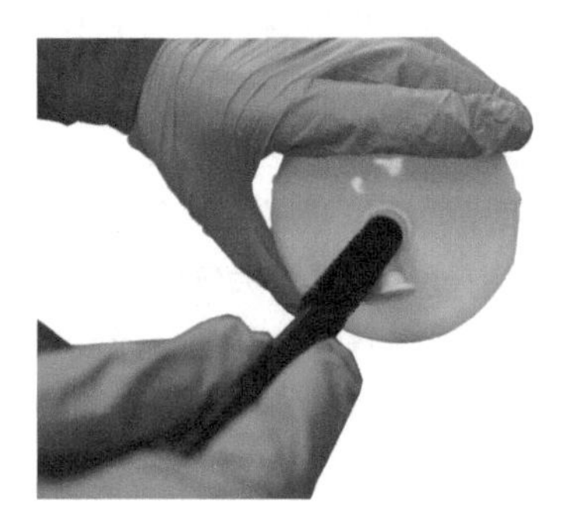

图 4-91　清洗喷壶盖

1. 素色漆有哪些颜色

素色漆的颜色有多种，如青、黄、红、白、黑等，但素色漆的颜色是正色。

2. 素色漆可以加银粉吗

素色漆可以加银粉，但是加了银粉之后，所显现出来的颜色就不是原本的正色了，白色会变成珍珠白，黑色会变成带亮光的“炭黑”，红色会变成所谓的“酒红”，而黄色则会变成闪闪动人的“金黄”。

没有添加金属粉末的素色漆，漆面的硬度会比较软，高速行车被路面弹起的飞石击中时，漆面比较容易剥落。另外，素色漆的车在清洁时一定不可以直接以干布或湿布擦拭，绝对要用大量的清水先冲掉附着于车漆表面的灰尘，这样才不会在抹布一接触车体时，就让坚硬的灰尘有机会刮伤车漆。

3. 素色漆的特点

素色漆适用于所有纤维漆面的修复，能够轻松去除橘皮、光环、浅划痕、涡纹等漆面缺陷，并通过去除长期附着于车漆表面的氧化膜层和公路盐碱，恢复车身原有的色彩及光泽。素色漆含氨，具有更强的切割能力并能加快研磨速度，不含蜡和与车漆不相容的硅，用后不留有害残留物。

第四节　双工序面漆的喷涂

车身外表经过底漆、原子灰及中涂施工，已达到表面光滑平整，无沙眼、砂纸打磨痕迹等缺陷，然后可进行面漆的施工。本节将详细介绍双工序面漆的喷涂。

一　面漆的作用

双工序面漆的作用和具体性能要求与单工序面漆相同，在此不再赘述。

二　什么是双工序面漆

双工序面漆指的是金属漆，如银粉漆、金属闪光漆、珍珠漆等。金属漆基本上都是以金属颗粒（铝粉颗粒和珍珠云母颗粒最为普遍）加入涂料后，可以造成正侧面颜色深浅不同，强光下出现闪烁的效果。双工序的喷涂分为色漆喷涂和清漆喷涂两道工序，所以称为双工序。双工序喷涂要求色漆金属颗粒排列整齐，清漆均匀饱满、纹理清晰。金属面漆中的珍珠漆情况又比较特殊，珍珠漆中所含的云母颗粒通透性很高，所以遮盖能力极差，在喷涂时需要先喷一层与底色漆颜色相近或相同的色漆底以提高遮盖能力，然后喷涂珍珠漆，珍珠漆上再喷涂罩光清漆。这种面漆用三道喷涂工序完成。

双工序面漆以金属漆居多，但也有纯素色的。颜色漆层一般为单组分型，喷涂后表面光泽度很低或没有光泽，且对大气中的有害物质抵抗能力很差，所以必须喷涂罩光清漆。罩光清漆为双组分型，固化后具有极高的光泽和对外界有害物质的抵抗性，能够很好地突出底层的颜色和金属效果，对底层色漆还具有极好的保护性。两种涂膜共同组成面漆层，具有极好的装饰性和光泽度。

底色漆层的喷涂如果是纯色的，在喷涂时只要按照正常的喷涂手法即可，并注意保证颜色和遮盖能力的均匀性。根据色漆的遮盖能力决定喷涂的层数，以完全显现出颜色为准，现在常用的高固体成分色漆一般喷涂两道或三道就可达到要求。

双工序面漆的色漆涂料（包括银粉漆和珍珠漆）一般要加入比较多的稀释剂，通常达到50%，施工黏度很低，容易造成涂膜厚度和颜色的不均匀，所以在喷涂时要格外注意喷枪口径的选择和出漆量、喷幅宽度的调整。喷涂时每道的间隔时间一般比较短，只要等到涂膜中的溶剂成分挥发到涂膜表面完全失光时，即可进行下一道的喷涂，不必等到完全干燥。

喷涂金属色漆底时，因为金属漆中含有铝粉（或银粉）等金属颗粒，这些金属颗粒在喷涂到施喷表面后的排列状况对颜色的影响非常大，所以在喷涂时需要格外注意颜色的均匀和正、侧光情况下的颜色变化。在调金属漆时要注意稀释剂的用量，要按照使用说明严格操作，不可随意改变。金属漆通常需要加入银粉调理剂来控制金属颗粒的排列，银粉调理剂的用量是按照所调金属漆的量按比例添加的，在调色的配方中有细致的规定，不允许随意添加。金属漆在喷涂时必须经过充分的搅拌，防止金属颗粒沉淀而造成施喷表面颜色的差异。过滤金属漆的滤网细度要根据银粉颗粒的大小来决定，喷枪中的小滤网可以拆下不用，防止阻塞造成涂膜故障。

三 双工序面漆的喷涂步骤

双工序面漆的喷涂包括板件清洁、面漆喷涂、清漆喷涂、板件烘烤四个方面。

1. 板件清洁

板件清洁工作需要准备的工具、耗材、防护用品包括除油剂、除油布、防溶剂手套、喷涂服、防护口罩、防尘口罩、棉纱手套、防护眼罩、耳塞、粘尘布、吹尘枪等。

（1）板件除尘

1）穿戴好除尘需要的防护用品，如图 4-92 所示。

2）打开喷涂房电源开关，开启照明，将板件移至喷涂房进准备除尘，如图 4-93、图 4-94 所示。

图 4-92 穿戴除尘需要的防护用品

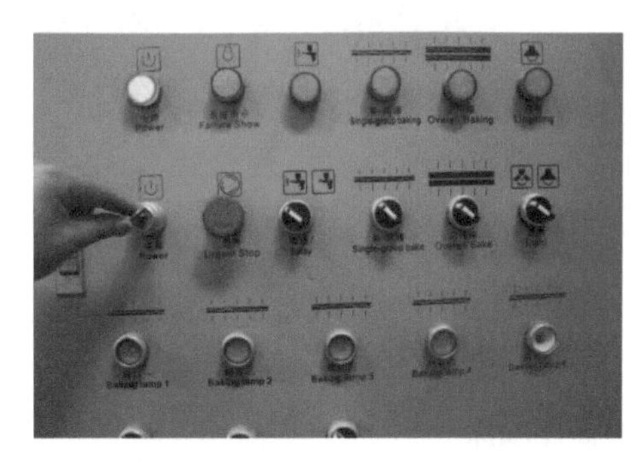

图 4-93 打开喷涂房电源开关

3）将吹尘枪接上高压气管，用吹尘枪配合抹布对板件里外除尘，如图 4-95、图 4-96 所示。

图 4-94 开启照明

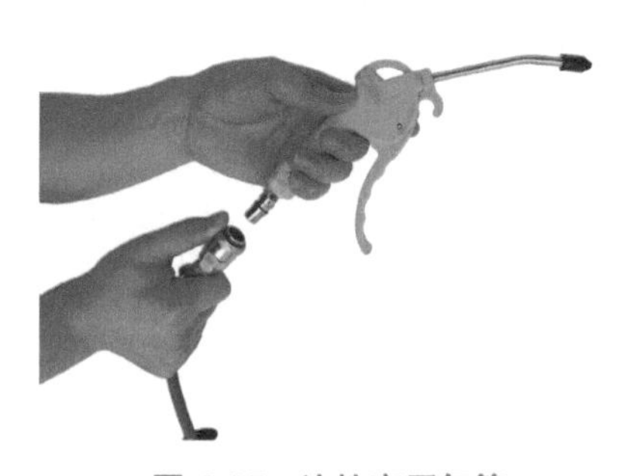

图 4-95 连接高压气管

（2）板件除油

1）穿戴好除油所需的防护用品，如图 4-97 所示。

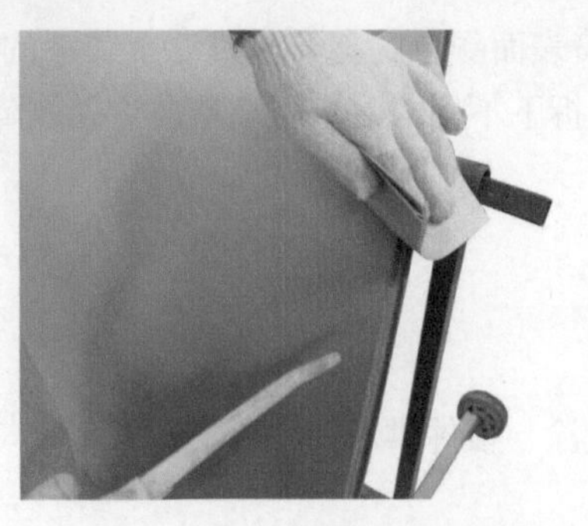

图 4-96　板件除尘

图 4-97　穿戴除油所需防护用品

2）用喷壶将除油剂呈雾状喷洒在板件或除油布上，如图 4-98 所示。

3）用两张除油布一前一后进行擦拭，先擦板面、后擦边角，依次均匀除油，如图 4-99 所示。

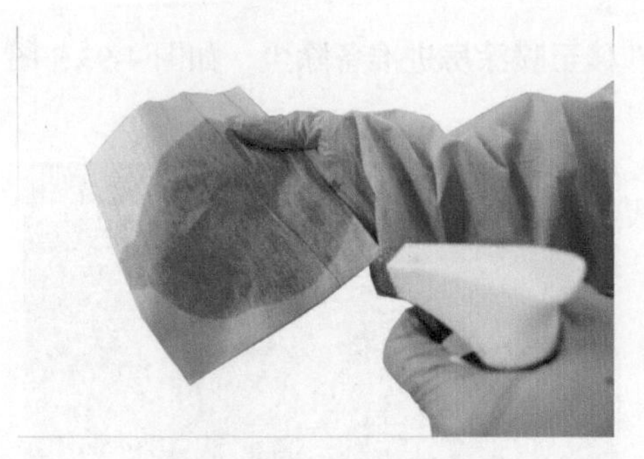

图 4-98　喷洒除油剂

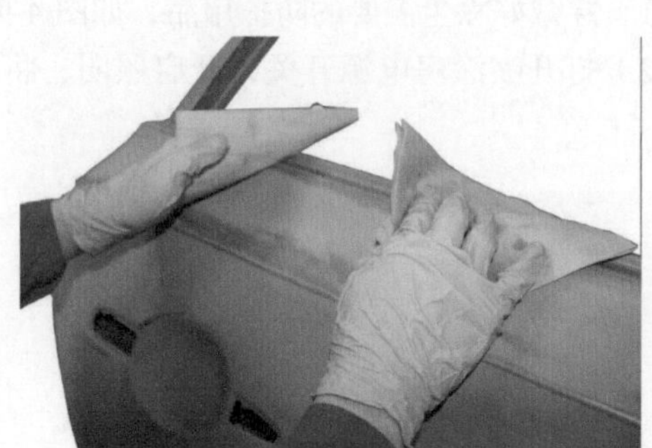

图 4-99　擦拭除油

2. 面漆喷涂

面漆喷涂工作需要准备的工具、耗材包括喷枪、粘尘布、单组分色漆、稀释剂、电子秤、调漆杯、调漆尺、过滤纸等。

（1）调漆

1）接通电子秤电源，打开电子秤电源开关，放上调漆杯后将其清零，如图 4-100 ~ 图 4-102 所示。

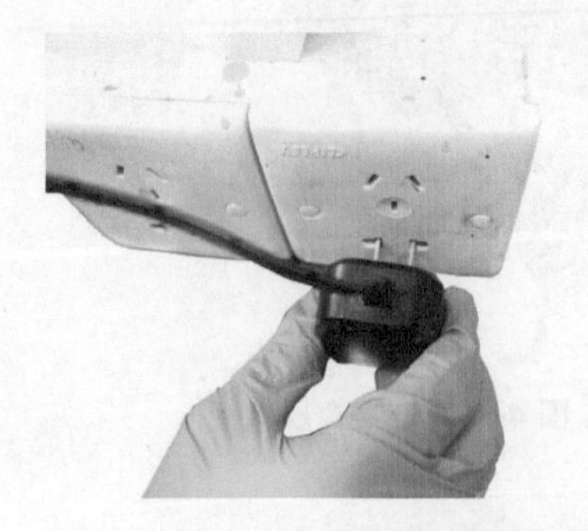

图 4-100　接通电子秤电源

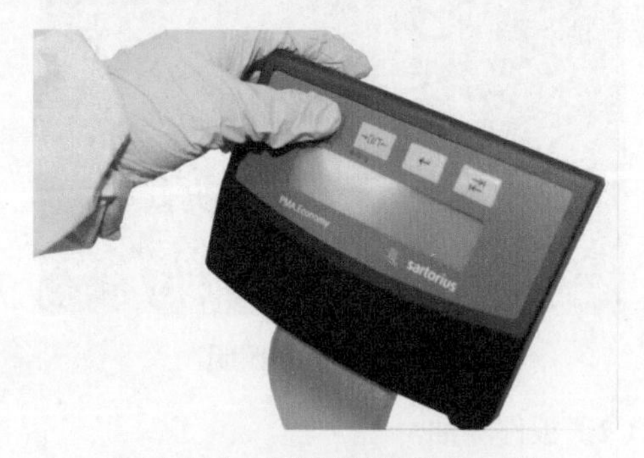

图 4-101　打开电子秤电源开关

2）取适量的金属色漆，向色漆中按比例添加稀释剂，漆与稀释剂的比例为 1 :（0.8 ~ 1.2），如图 4-103 所示。

图 4-102　电子秤清零

图 4-103　添加稀释剂

注意：每次添加另一种助剂前要将电子秤清零。

3）将添加好助剂的色漆彻底搅拌均匀，选择 200 目过滤纸过滤掉色漆中的颗粒及杂质，并将色漆倒入喷漆壶，如图 4-104、图 4-105 所示。

图 4-104　色漆搅拌均匀

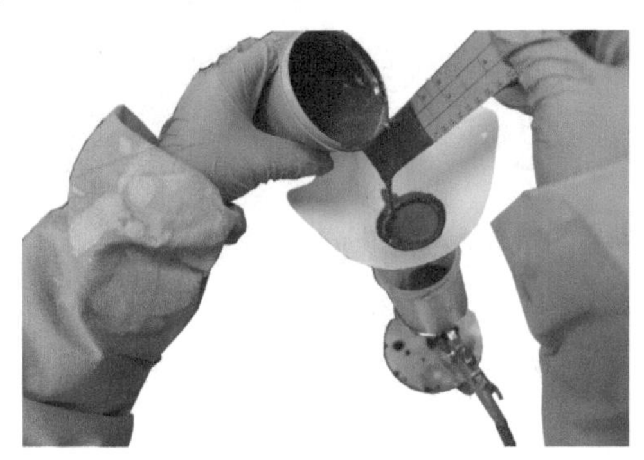

图 4-105　过滤色漆

（2）喷涂色漆

1）打开喷涂房喷漆开关，喷涂房换气系统开始工作，为喷漆提供一个清洁、安全、照明良好的密封环境，如图 4-106 所示。这样做，既可以隔开其他工序对喷漆的影响，又可以使喷漆所造成的污染得到有效的控制和治理。

2）喷枪接上高压气管，然后对喷枪进行调节，调整喷枪的气压大小、出漆量和扇面形状，如图 4-107 ~ 图 4-110 所示。

图 4-106　打开喷漆开关

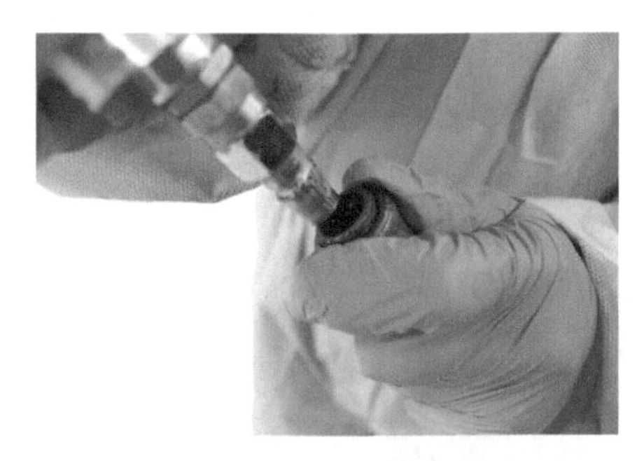

图 4-107　连接高压气管

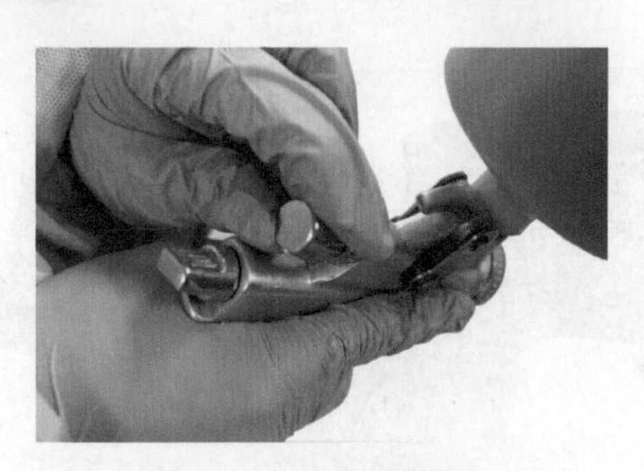

图 4-108　调整喷枪气压

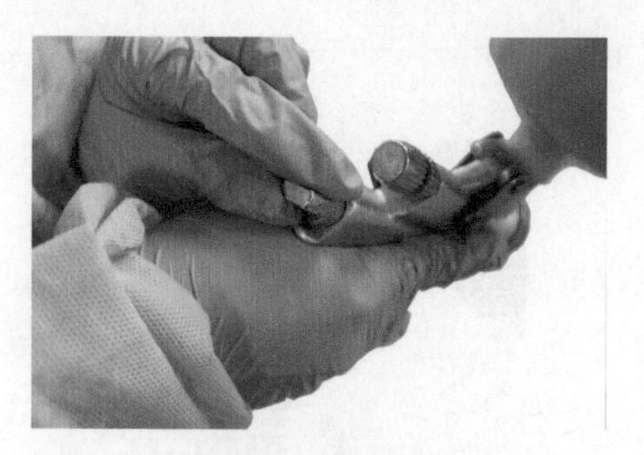

图 4-109　调整出漆量

3）试喷，扇面应从中间向两边扩散呈椭圆形，如图 4-111 所示。

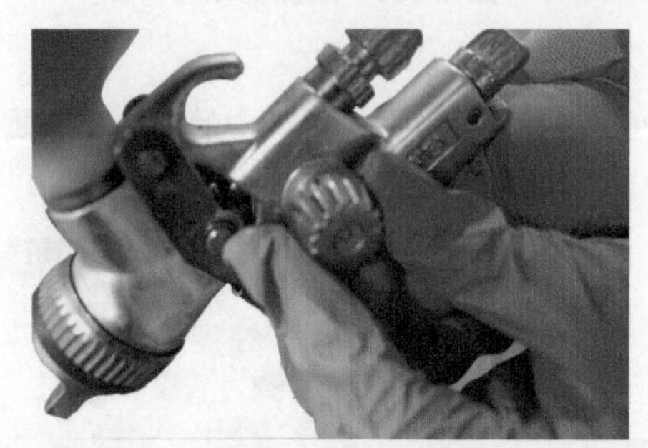

图 4-110　调整扇面形状

图 4-111　试喷

4）喷涂板件，第一遍喷涂采用薄喷，遮盖率 60% 左右，先喷涂边角，再喷涂板面，如图 4-112 所示。

注意：喷涂时要将高压气管挂在背后，防止气管碰到漆面产生缺陷，喷枪距离喷涂点 150～200mm，并且喷漆时喷枪与喷涂点垂直，利用手腕的灵活转动从而移动喷枪，不可移动身体，与上道喷涂重叠宽度为 1/3～1/2。

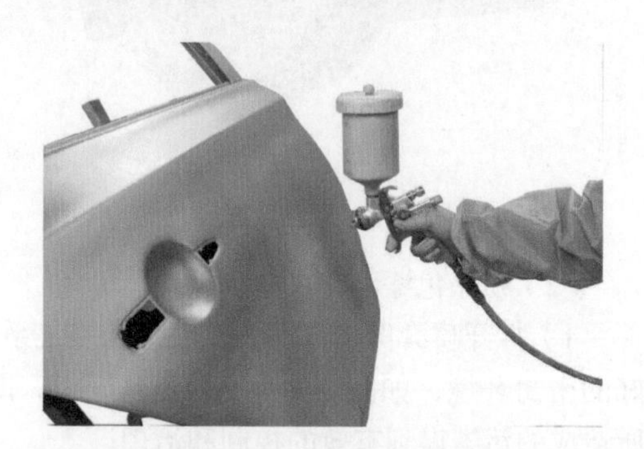

图 4-112　第一遍喷涂

5）待色漆完全干燥，用粘尘布粘尘，然后对板面进行喷涂，喷涂时先喷边角，再喷涂板面，遮盖率 80% 左右，如图 4-113、图 4-114 所示。

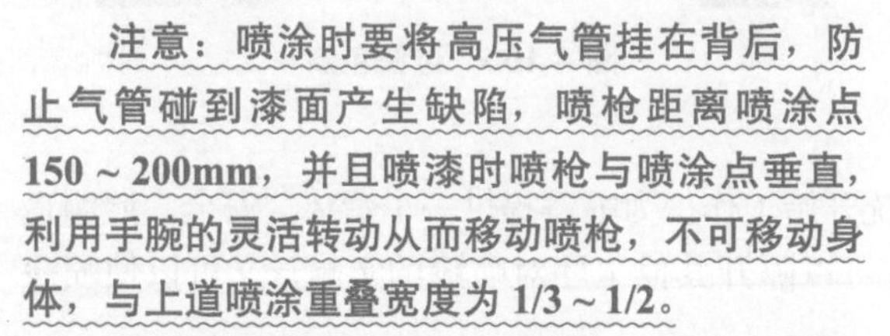

图 4-113　板件粘尘

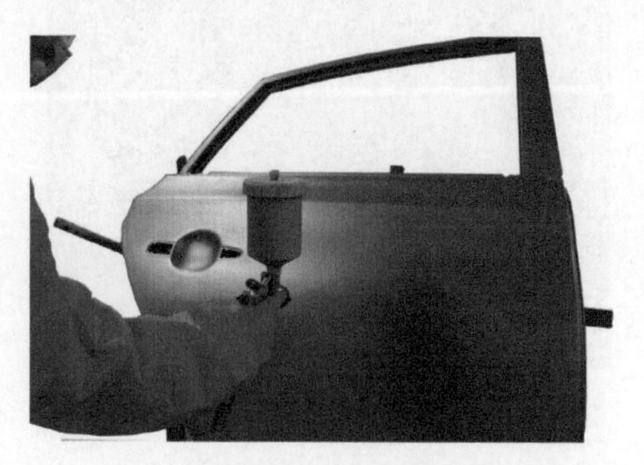

图 4-114　第二遍喷涂

6）待色漆完全干燥，用粘尘布粘尘，然后对整个板面进行喷涂，喷涂时先喷边角，再喷涂板面，遮盖率100%，如图4-115、图4-116所示。

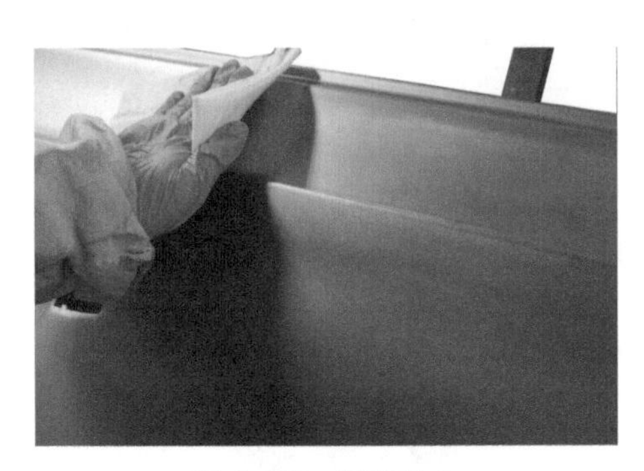

图4-115 再次粘尘

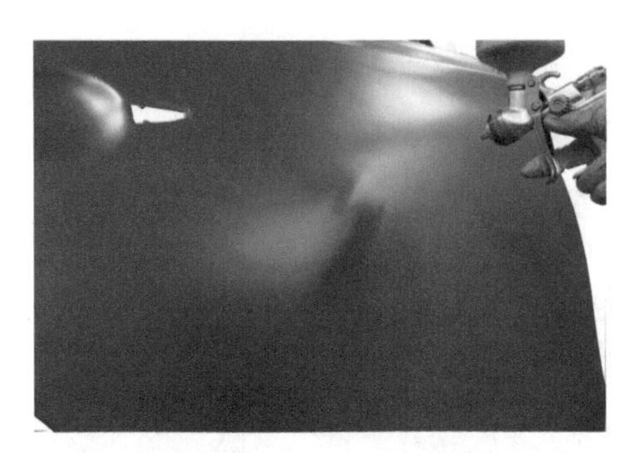

图4-116 第三遍喷涂

7）待色漆完全干燥，用粘尘布粘尘。对板面喷涂效果层，雾喷板件，喷枪距离喷涂点250mm，走枪速度800mm/s，如图4-117～图4-119所示。

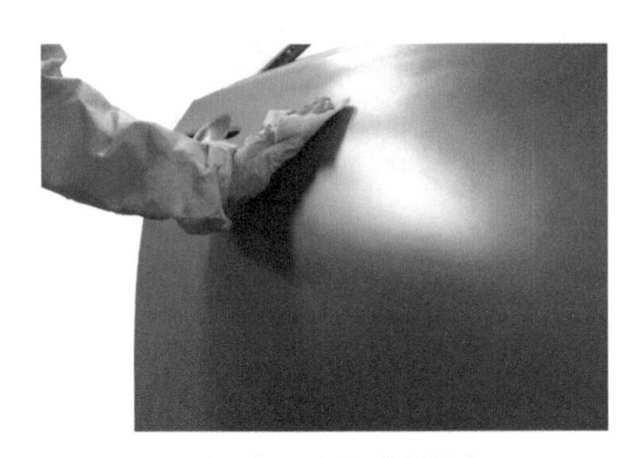

图4-117 用粘尘布粘尘

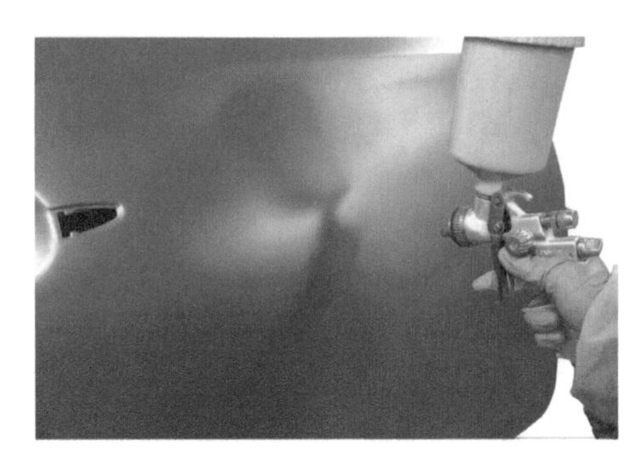

图4-118 雾喷板件

（3）清洗喷枪

喷涂完成后，将喷枪分解清洗干净，注意仔细擦拭针阀如图4-120、图4-121所示。

图4-119 色漆喷涂完成的效果

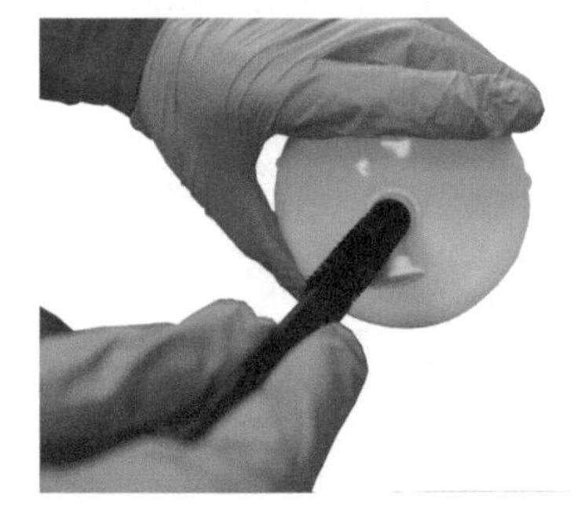

图4-120 清洗喷壶盖

3. 清漆喷涂

清漆喷涂工作需要准备的耗材有清漆和固化剂。

（1）调漆

1）接通电子秤电源，打开电子秤电源开关，放上调漆杯后将其清零，如图 4-122 ~ 图 4-124 所示。

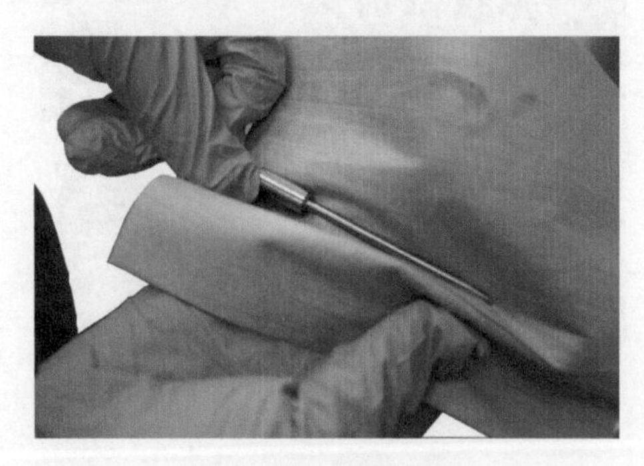

图 4-121　擦拭针阀

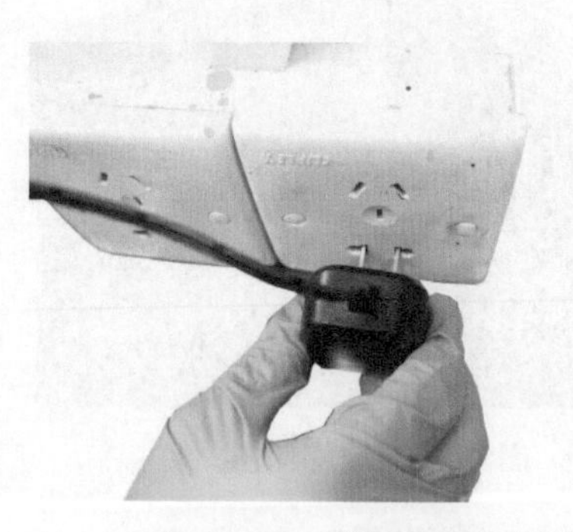

图 4-122　接通电子秤电源

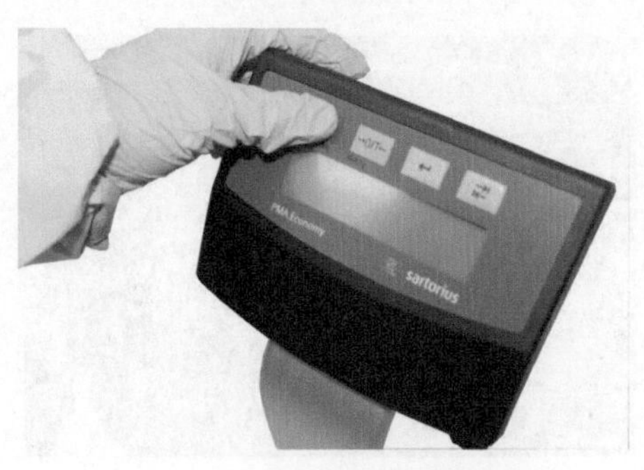

图 4-123　打开电子秤电源开关

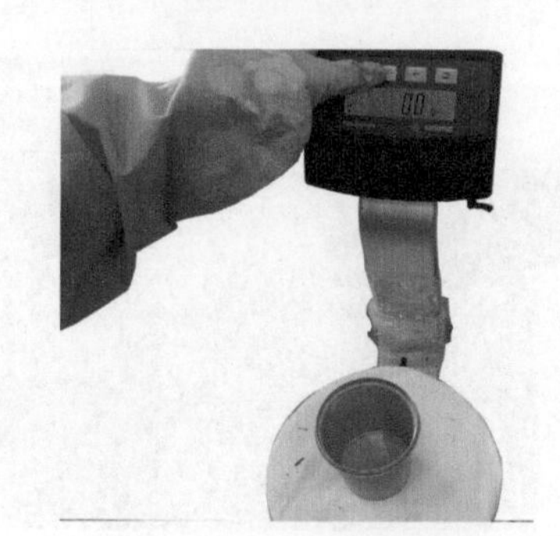

图 4-124　电子秤清零

2）取适量的清漆，向清漆中按比例添加稀释剂、固化剂等助剂，漆、固化剂和稀释剂的比例为 2∶1∶（0.3 ~ 0.6），如图 4-125、图 4-126 所示。

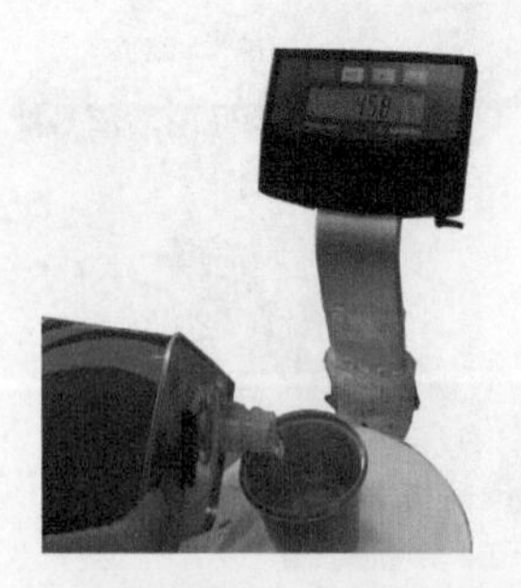

图 4-125　添加清漆

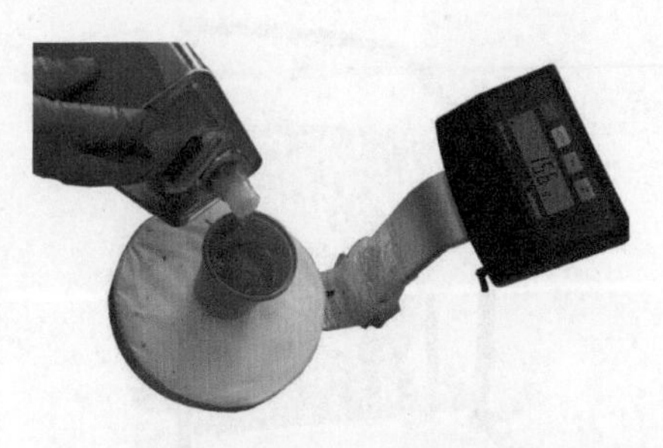

图 4-126　添加助剂

注意：每次添加另一种助剂前要将电子秤清零。

3）将添加好助剂的清漆彻底搅拌均匀，选择 200 目过滤纸过滤掉清漆中的颗粒及杂质，并将清漆倒入喷漆壶，如图 4-127、图 4-128 所示。

图 4-127 清漆搅拌均匀

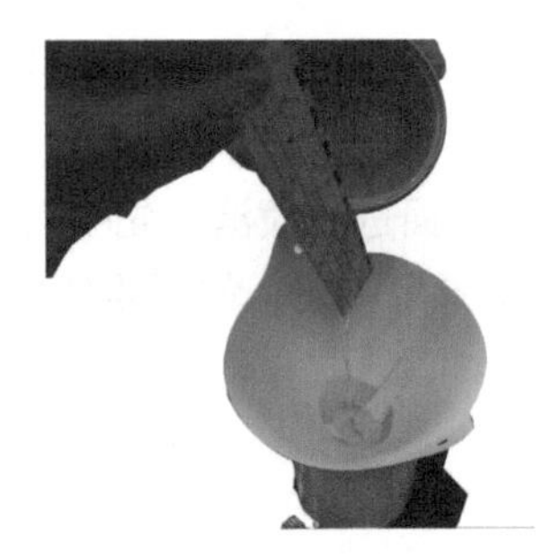
图 4-128 过滤清漆

（2）喷涂清漆

1）喷枪接上高压气管，然后对喷枪进行调节，调整喷枪的气压大小、出漆量和扇面形状，如图 4-129 ~ 图 4-132 所示。

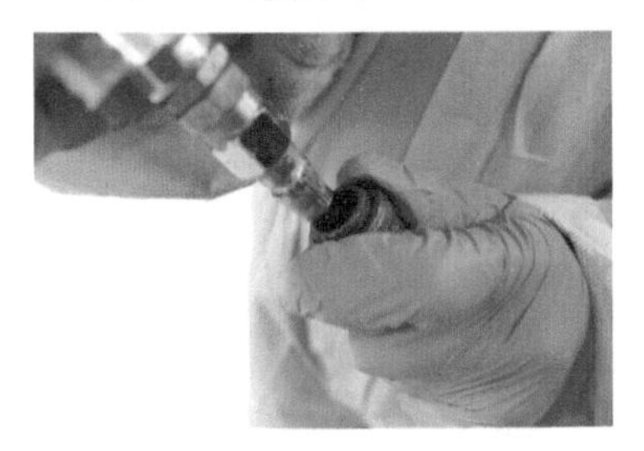
图 4-129 连接高压气管

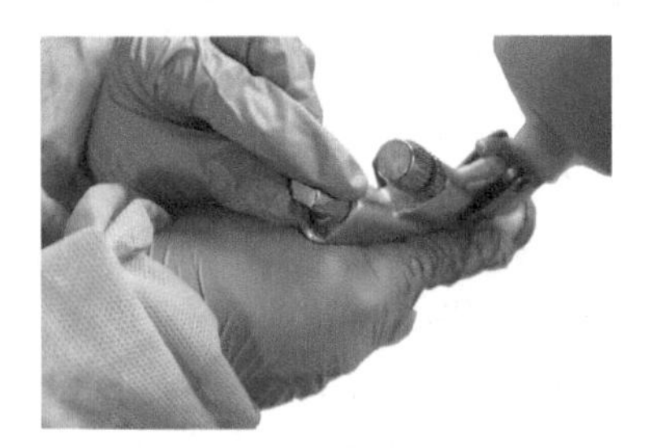
图 4-130 调整喷枪气压

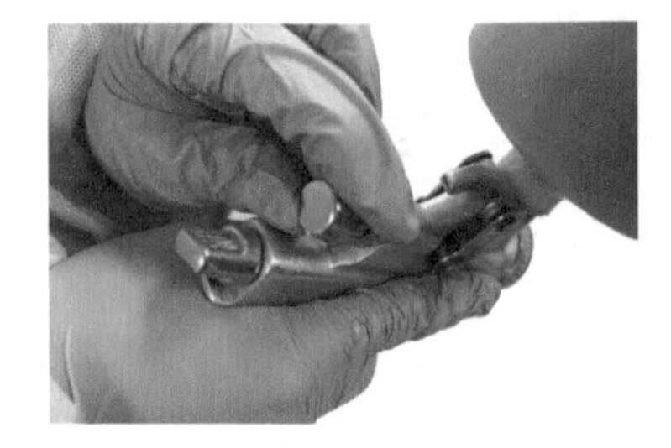
图 4-131 调整出漆量

图 4-132 调整扇面形状

2）试喷，扇面应从中间向两边扩散呈椭圆形，如图 4-133 所示。

3）在色漆完全干透的情况下整面喷涂清漆，先喷涂边角，再喷涂板面，遮盖率 80% 以上，如图 4-134 所示。

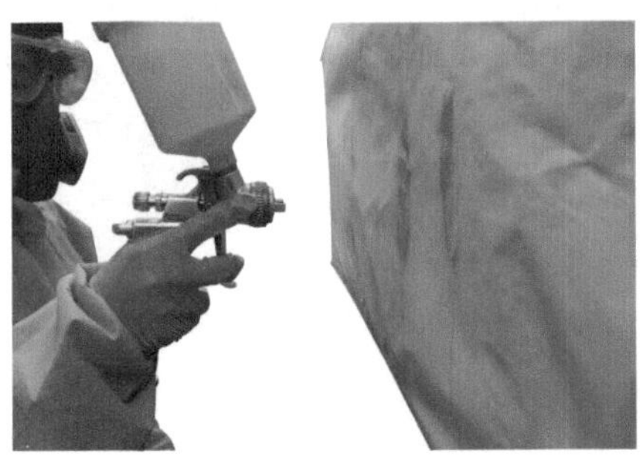
图 4-133 试喷

图 4-134 第一遍清漆喷涂

4）清漆层闪干 3 ~ 5min 后，用手轻轻触碰板面，当漆面有粘手感但漆不粘在手上时，即可喷涂第二遍清漆，如图 4-135 所示。

5）对整个板面进行喷涂，先喷涂边角，再喷涂板面，遮盖率 100%，要求漆面饱满、不粗糙，无露底、流挂等缺陷，如图 4-136 所示。

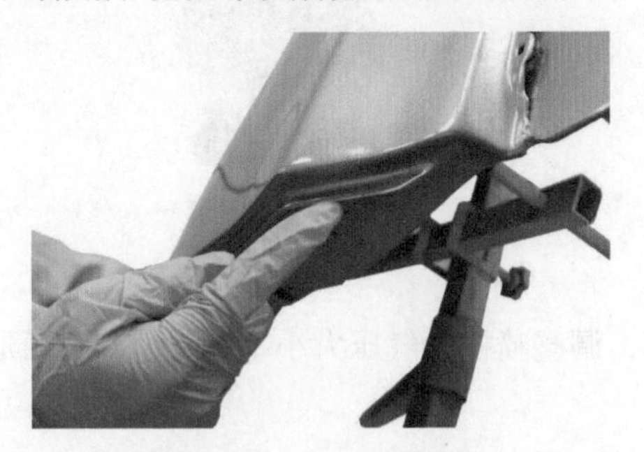

图 4-135 检查干燥情况

图 4-136 第二遍清漆喷涂

4. 板件烘烤

1）新喷漆面静置 15 ~ 20min 后进行漆面烘烤。关闭喷涂房照明，打开总烤漆开关，设置红外线烤灯的烘烤时间为 45min、烘烤温度为 60℃，调整烤灯与板件距离为 80 ~ 100cm，如图 4-137 ~ 图 4-140 所示。

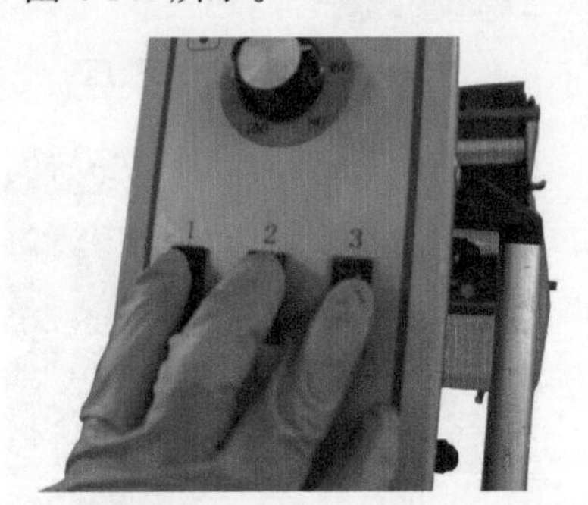

图 4-137 打开烤漆开关

图 4-138 设置烘烤时间

图 4-139 设置烘烤温度

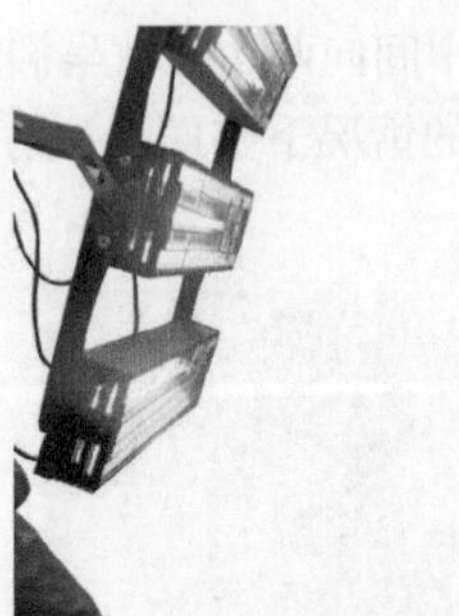

图 4-140 调整烘烤距离

2）在烘烤板件时将喷枪拆卸清洗干净，工具整理归位，如图 4-141 所示。

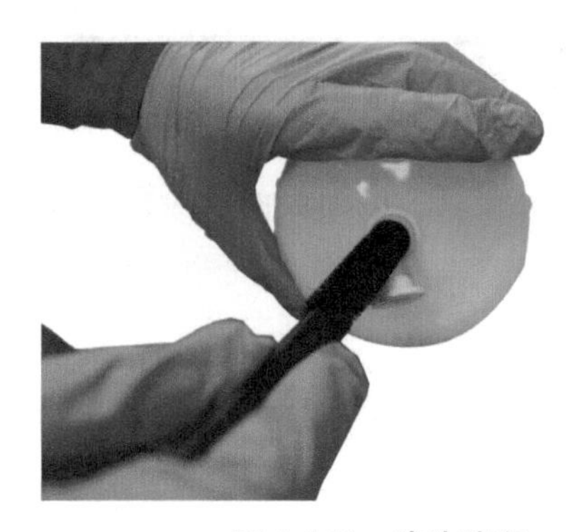

图 4-141 清洗喷壶

四 相关知识拓展

1. 什么是金属漆

金属漆又叫金属闪光漆，在它的漆基中加有微细的金属粉末（如铝粉、铜粉等），光线射到金属粉末上后，又透过气膜被反射出来，因此，看上去好像金属在闪闪发光一样。这种金属闪光漆可以给人们带来愉悦、轻快、新颖的感觉。改变金属粉末的形状和大小，就可以控制金属闪光漆膜的闪光度，在金属漆的外面，通常还加有一层清漆予以保护。

金属漆一般有水性和溶剂型两种。由于虽然水性漆环保性较好，但金属粉末在水和空气中不稳定，常发生化学反应而变质，因此其表面需要进行特殊处理，致使用于水性漆中的金属粉价格昂贵，使用受到限制。目前的金属漆主要以溶剂型为主，根据漆基树脂的不同，溶剂型金属漆包括丙烯酸金属漆、氟碳金属漆等。

喷涂了金属漆的汽车外表面，不但看起来更闪闪动人，而且在不同的角度下，由于光线的折射，会让车色甚至轮廓都有所变化，让整车外观造型看起来更丰富、更有趣。

2. 金属漆喷涂要点

1）底材需要除锈除油除尘，可用酸洗、磷化、电动打磨、人工打磨、喷砂等方法除锈，可用溶剂清洗。如底材粗糙，可先刮涂附着力、干性较好的原子灰或者底漆调和灰。

2）空气压缩机和油水过滤器要先除水后才使用，底材水分干燥后再喷涂，以避免水、油造成漆膜针孔。

3）底漆未实干就喷面漆，可能发生咬底或者起“痱子”，并造成附着力下降，另外注意强溶剂面漆不应选配弱溶剂底漆。

4）稀释剂型号用错，会发生重大质量问题，同一系列的稀释剂，也需要根据气温选择合适的稀释剂。

5）喷漆时，注意喷漆工具的出漆量、出气量、喷幅宽窄以及喷涂时的走枪速度和距离，这些参数与油漆施工黏度一样，都可调节。不同的油漆对雾化程度要求不一样。雾化程度不同，会造成同一种油漆施工出来颜色、光泽、花纹、排列效果的差异。雾化太低，可能漆膜不均，流平欠佳或者起缩针孔眼；雾化过度，可能会失光、粗糙。

第五节　水性漆的喷涂

前面两节分别介绍了单工序面漆和双工序面漆的喷涂，本节将详细介绍水性漆的喷涂方法。

一　水性漆的定义及特点

水性漆又称水性涂料，是以水而不是传统的有机溶剂作为主要溶剂或分散介质，其含水量约为 20%～50%，不含有苯、甲醛、游离 TDI 等有毒重金属。它无毒无刺激气味，对人体无害，不污染环境，漆膜丰满、晶莹透亮、柔韧性好，并且具有耐水、耐磨、耐老化、耐黄变、干燥快、使用方便等特点。水性漆成分包括溶剂、树脂、颜料和添加剂等，其有机溶剂含量较低，在 5%～15% 之间，对降低污染、节省资源效果显著。

水性漆的特点如下：

1）以水作为溶剂，节省大量资源，消除了施工时火灾危险性，降低了对大气的污染。它仅采用少量低毒性醇醚类有机溶剂，改善了作业环境条件。一般的水性涂料有机溶剂含量在 5%～15% 之间，而现在的阴极电泳涂料更是已降至 1.2% 以下。

2）水性涂料在湿表面和潮湿环境中可以直接涂覆施工，对材质表面适应性好，涂层附着力强。

3）涂装工具可用水清洗，大大减少了清洗溶剂的消耗。

4）电泳涂膜均匀、平整，展平性好，内腔、焊缝、棱角、棱边等部位都能涂上一定厚度的涂膜，有很好的防护性。电泳涂膜有最好的耐腐蚀性，厚膜阴极电泳涂层的耐盐雾性最高可达 1200h。

二　如何选购水性漆

1. 从溶剂入手

凡是能够用水作为溶剂或分散介质的涂料产品，我们都称之为水性漆。因此，辨别是否为水性漆可以从稀释剂方面查看，一般的涂料桶身都会注明稀释剂的种类，如果还需要用专用的稀释剂或者是酒精等物质来稀释的话，那就不是水性漆了。

2. 从涂料成分入手

水性漆与油性漆最大的不同就是其成分不同。水性漆包括水溶型、水稀释型、水分散型三种，其中的主要原料为丙烯酸、聚氨酯复合物两种，所以可以很清楚地辨明涂料是否为水性漆。如果组合成分是由丙烯酸和聚氨酯复合物或者单独丙烯酸组成，一般可以确定是水性漆无疑。

3. 看外观和分层

开启水性漆桶看其表面，好的水性漆应该无分水、无淀粉、无锈蚀和霉变等现象。此外，水性漆在存放一段时间以后，会有分层现象，上层约1/4是水质溶液，下层为涂料颗粒。观察水质溶液是否无色或呈微黄色，是否清晰干净，是否有少量的漂浮物，一般劣质的涂料水溶液较为浑浊，且有较多的漂浮物。

4. 看搅动情况

可以取少量的涂料放入清水中，轻轻地搅动，观察清水是否依然清澈，涂料颗粒是否大小均匀，在清水中是否相对明确、没有粘连感。一般劣质的涂料在搅动后清水会出现浑浊现象，颗粒大小分化也比较严重。

三 水性漆的喷涂步骤

水性漆的喷涂包括板件清洁、喷涂水性色漆、喷涂清漆、烘烤板件四个方面。

1. 板件清洁

板件清洁工作需要准备的工具、耗材及防护用品包括吹尘枪、除油剂、除油布、防尘口罩、护目镜、棉纱手套、防溶剂手套等。

（1）板件除尘

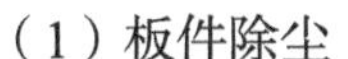

1）穿戴好除尘需要的防护用品，如图4-142所示。

图4-142 穿戴防护用品

2）打开喷涂房电源开关，开启照明，将板件移至喷涂房进准备除尘，如图4-143、图4-144所示。

图4-143 打开喷涂房电源开关

图4-144 开启照明

3）将吹尘枪接上高压气管，用吹尘枪配合抹布对板件里外除尘，如图4-145、图4-146所示。

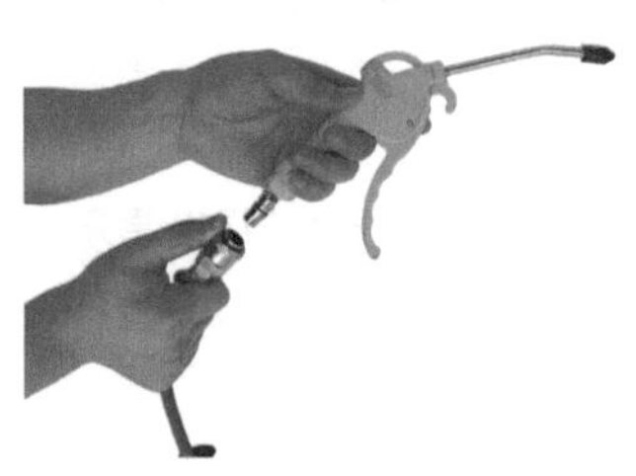

图4-145 连接高压气管

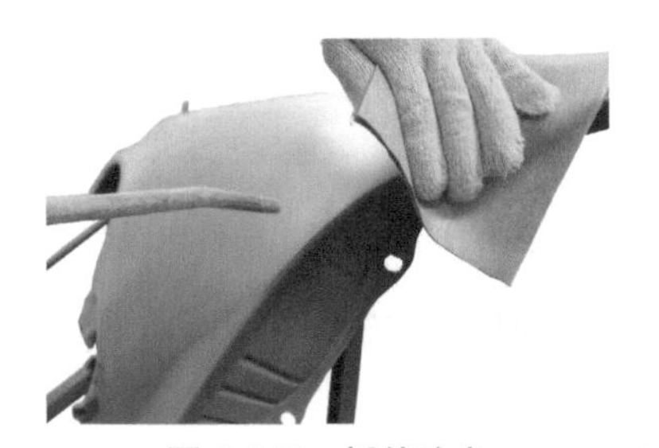

图4-146 板件除尘

（2）板件除油

1）穿戴好除油所需的防护用品，如图 4-147 所示。

2）用喷壶将除油剂呈雾状喷洒在板件或除油布上，如图 4-148 所示。

图 4-147　穿戴除油所需防护用品

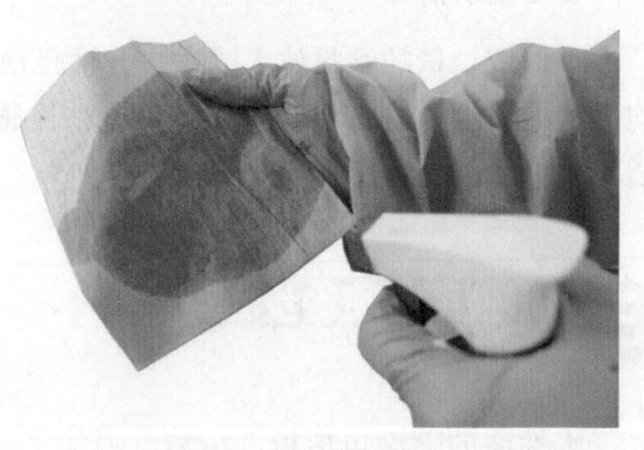

图 4-148　喷洒除油剂

3）用两张除油布一前一后进行擦拭，先擦板面、后擦边角，依次均匀除油，如图 4-149 所示。

2. 喷涂水性色漆

喷涂水性色漆需要准备的工具、耗材包括喷枪、吹风筒、粘尘布、水性色漆、稀释剂、电子秤、调漆杯、调漆尺、过滤纸等。

（1）调漆

1）接通电子秤电源，打开电子秤电源开关，放上调漆杯后将其清零，注意每次添加另一种助剂前要将电子秤清零，如图 4-150～图 4-152 所示。

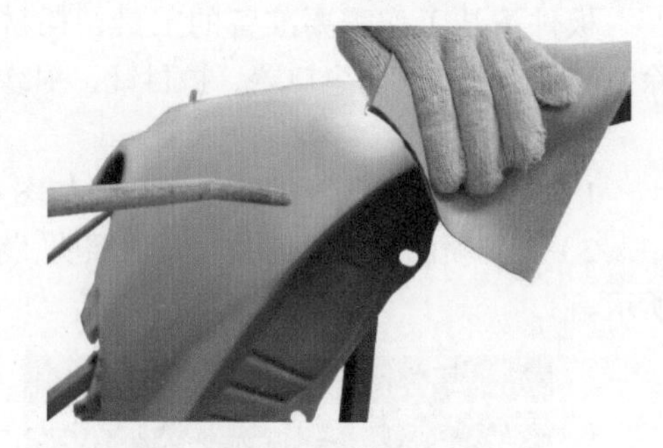

图 4-149　擦拭除油

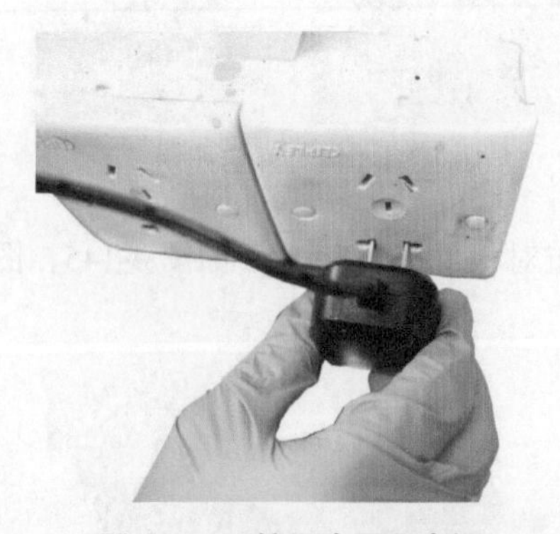

图 4-150　接通电子秤电源

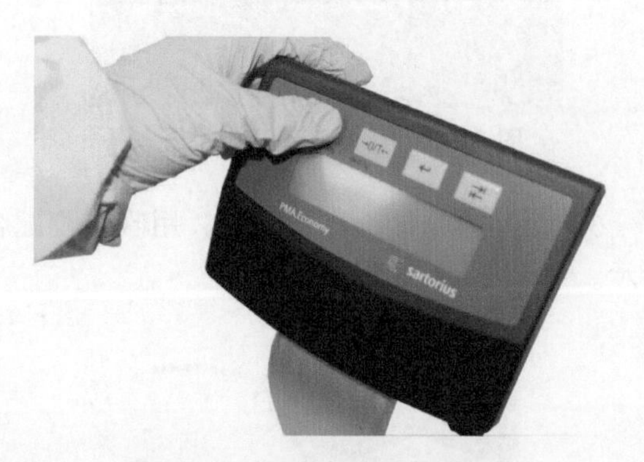

图 4-151　打开电子秤电源开关

2）取适量的水性色漆，向水性色漆中按比例添加稀释剂，水性色漆与专用稀释剂的比例为 1:（0.2～0.5），如图 4-153 所示。

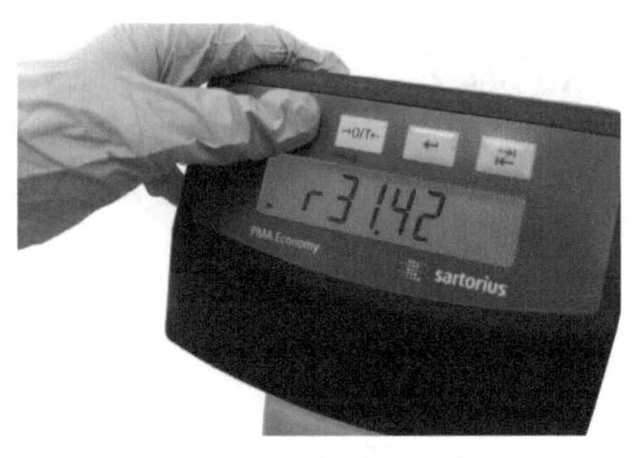

图 4-152　电子秤清零

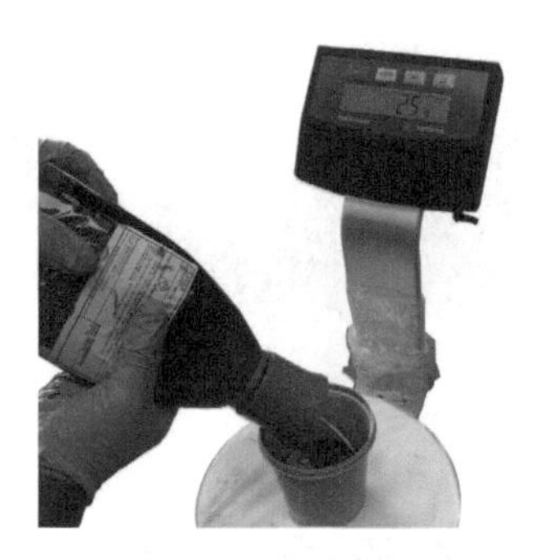

图 4-153　添加稀释剂

3）将添加好助剂的水性色漆彻底搅拌均匀，选择 200 目过滤纸分两次过滤掉色漆中的颗粒及杂质，并将色漆倒入喷漆壶，如图 4-154、图 4-155 所示。

图 4-154　色漆搅拌均匀

图 4-155　过滤色漆

（2）喷涂色漆

1）打开喷涂房喷漆开关，喷涂房换气系统开始工作，为喷漆提供一个清洁、安全、照明良好的密封环境，如图 4-156 所示。这样做，既可以隔开其他工序对喷漆的影响，又可以使喷漆所造成的污染得到有效的控制和治理。

2）喷枪接上高压气管，然后对喷枪进行调节，调整喷枪的气压大小、出漆量和扇面形状，如图 4-157 ~ 图 4-160 所示。

图 4-156　打开喷漆开关

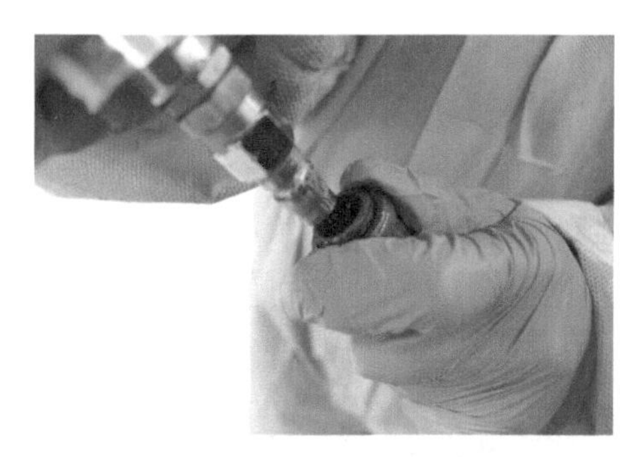

图 4-157　连接高压气管

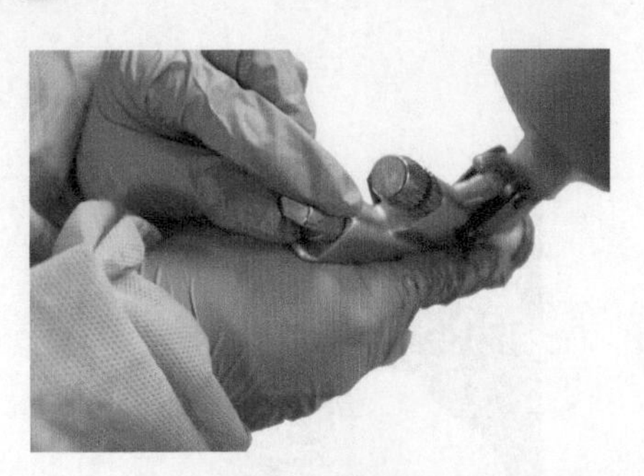

图 4-158　调整喷枪气压

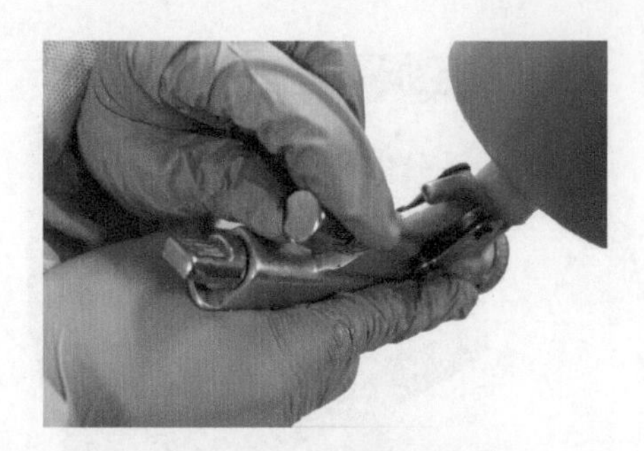

图 4-159　调整出漆量

3）试喷，扇面应从中间向两边扩散呈椭圆形，如图 4-161 所示。

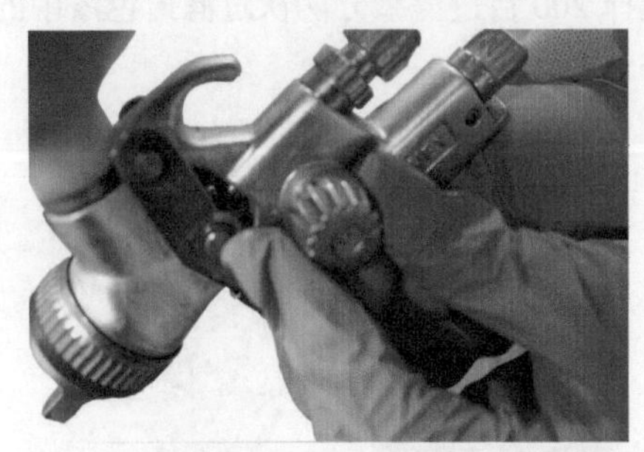

图 4-160　调整扇面形状

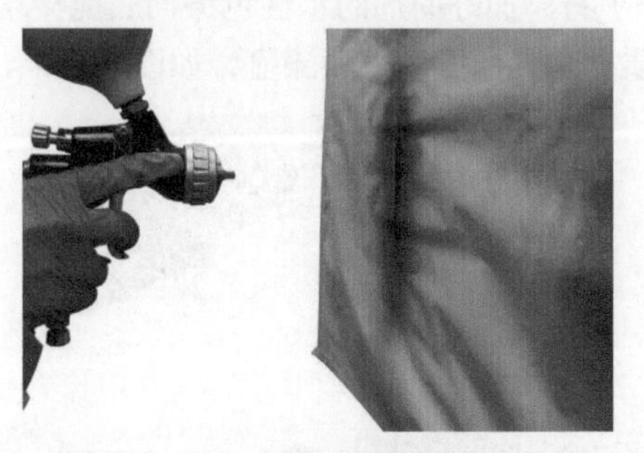

图 4-161　试喷

4）喷涂板件，第一遍喷涂使用薄喷，遮盖率 80% 左右，先喷涂边角，再喷涂板面，如图 4-162、图 4-163 所示。

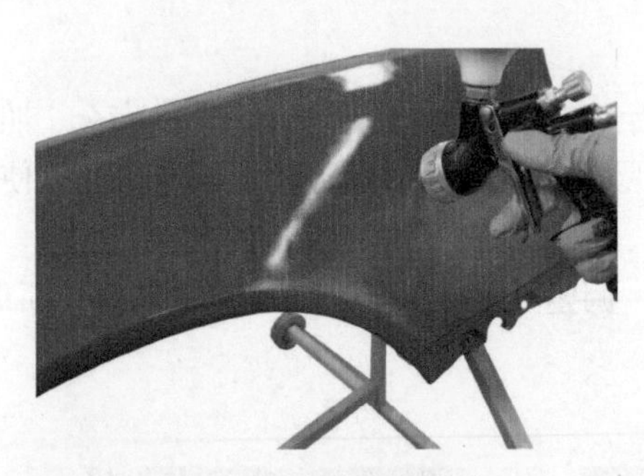

图 4-162　第一遍喷涂

图 4-163　第一遍喷涂后的板件

注意：喷涂时要将高压气管挂在背后，防止气管碰到漆面产生缺陷，喷枪距离喷涂点 150 ~ 200mm，并且喷漆时喷枪与喷涂点垂直，利用手腕的灵活转动从而移动喷枪，不可移动身体，与上道喷涂重叠宽度为 1/3 ~ 1/2。

5）将吹风筒接上高压气管，用吹风筒吹干色漆，吹风时吹风筒距离板件表面 500mm，与板件表面成 45° 角，如图 4-164、图 4-165 所示。

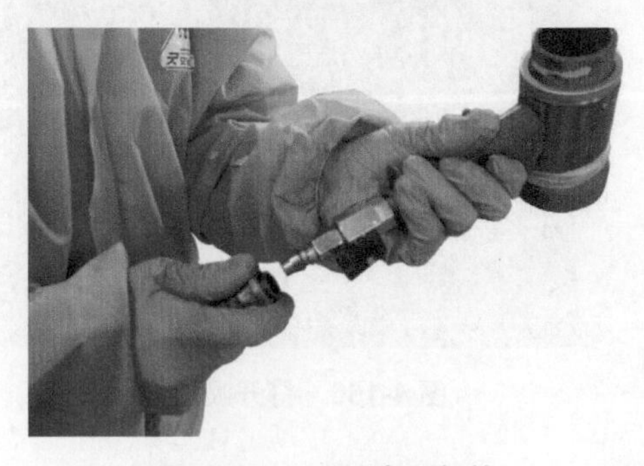

图 4-164　连接高压气管

6）待色漆完全干燥，用粘尘布粘尘，然后对板面进行喷涂，喷涂时先喷边角，再喷涂板面，遮盖率 100%，喷完后用吹风筒吹干色漆，如图 4-166 ~ 图 4-168 所示。

图 4-165 吹干色漆

图 4-166 板件粘尘

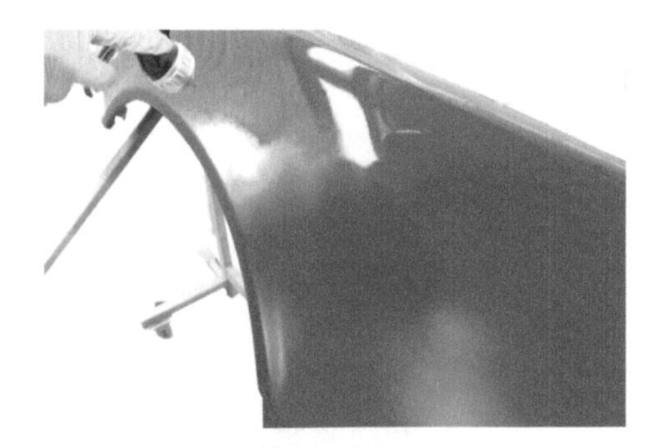

图 4-167 第二遍喷涂

图 4-168 再次吹干色漆

7）待色漆完全干燥，用粘尘布粘尘，然后雾喷板件，使金属颗粒排列均匀、整齐，如图 4-169、图 4-170 所示。

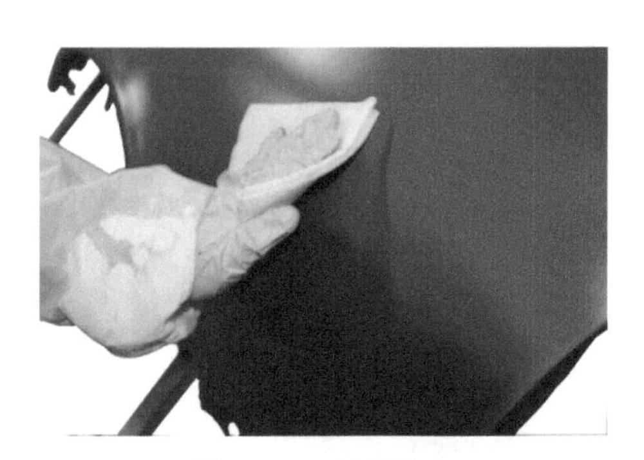

图 4-169 板件粘尘

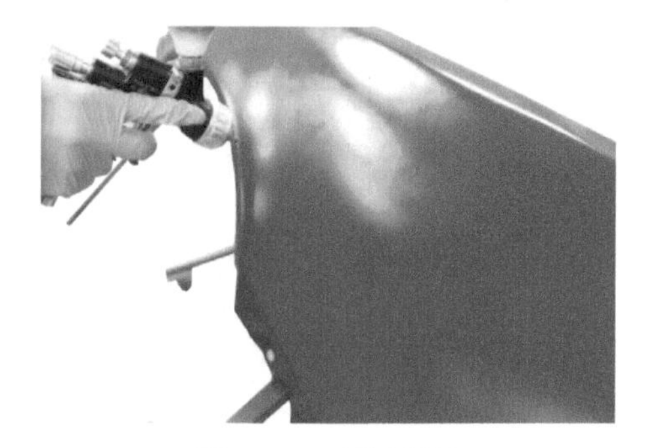

图 4-170 雾喷板件

注意：雾喷时喷枪距离板件 200mm 左右，走枪速度 800mm/s。

（3）清洗喷枪

喷涂完成后，将喷枪分解清洗干净，如图 4-171、图 4-172 所示。

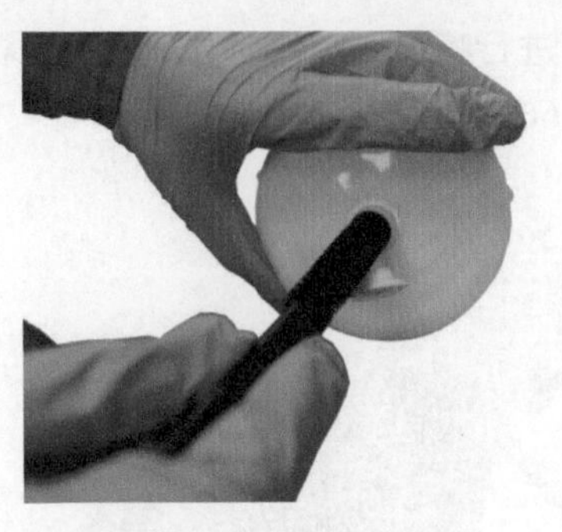

图 4-171　清洗喷壶盖

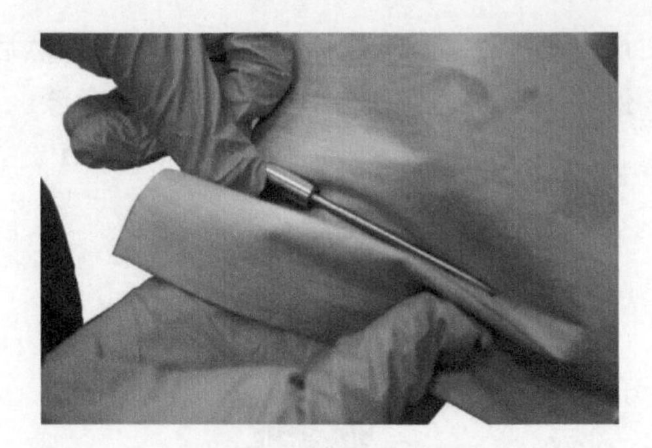

图 4-172　擦拭针阀

3. 清漆喷涂

清漆喷涂需要准备的耗材有清漆、固化剂、稀释剂等。

（1）调漆

1）接通电子秤电源，打开电子秤电源开关，放上调漆杯后将其清零，如图 4-173 ~ 图 4-175 所示。

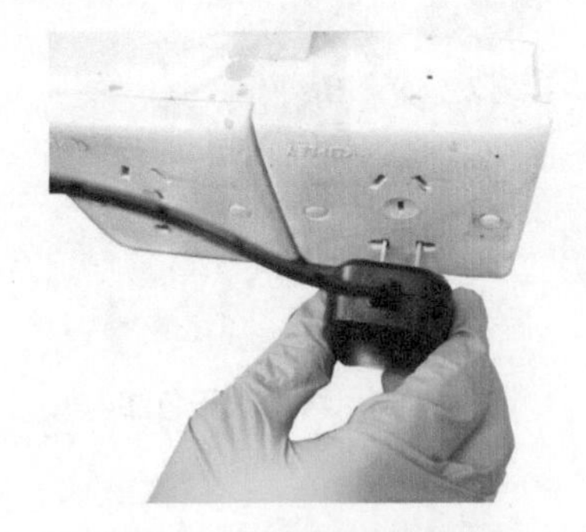

图 4-173　接通电子秤电源

图 4-174　打开电子秤电源开关

2）取适量的清漆，向清漆中按比例添加稀释剂、固化剂等助剂，漆、固化剂和稀释剂的比例为 2∶1∶（0.3 ~ 0.6），如图 4-176、图 4-177 所示。

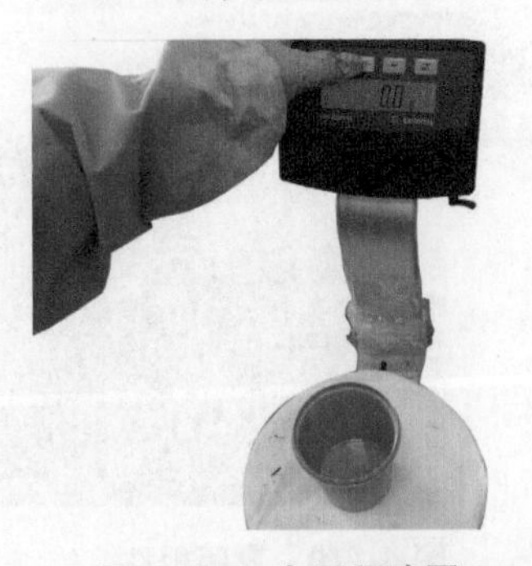

图 4-175　电子秤清零

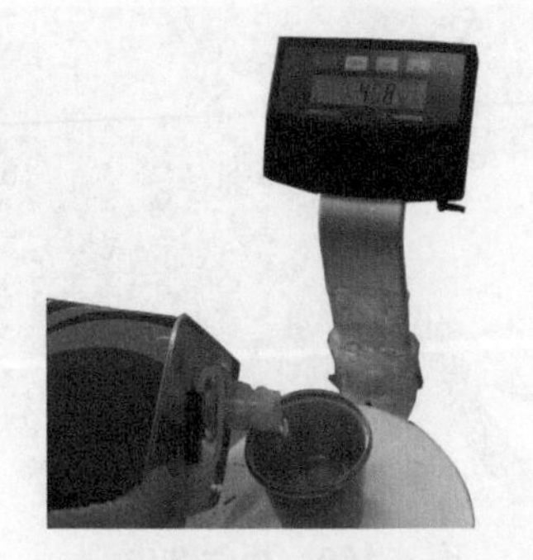

图 4-176　添加清漆

注意：每次添加另一种助剂前要将电子秤清零。

3）将添加好助剂的清漆彻底搅拌均匀，选择 200 目过滤纸过滤掉清漆中的颗粒及杂质，并将清漆倒入喷漆壶，如图 4-178、图 4-179 所示。

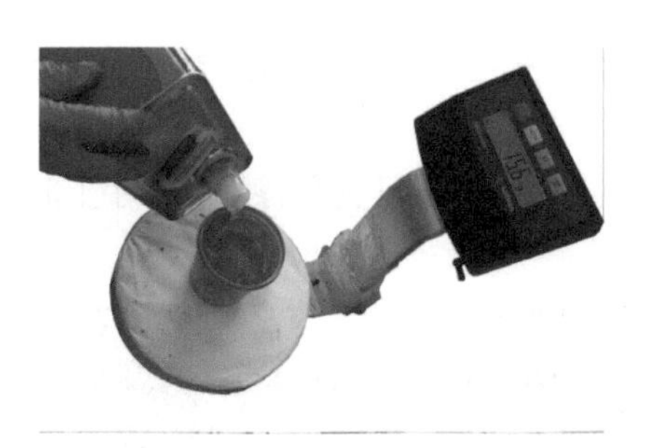

图 4-177 添加助剂

图 4-178 清漆搅拌均匀

（2）喷涂清漆

1）将喷枪接上高压气管，然后对喷枪进行调节，调整喷枪的气压大小、出漆量和扇面形状，如图 4-180 ~ 图 4-183 所示。

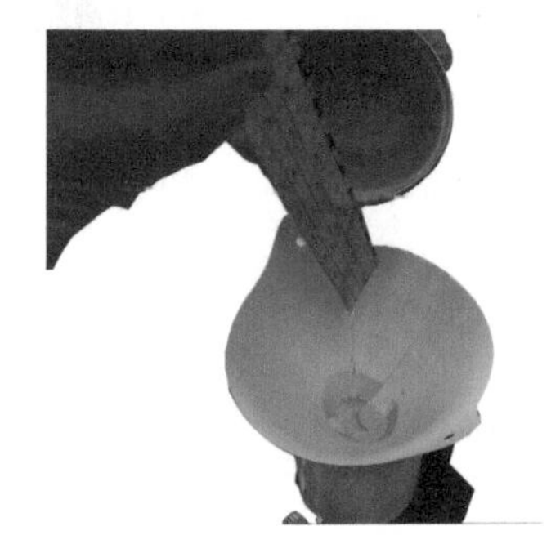

图 4-179 过滤清漆

图 4-180 连接高压气管

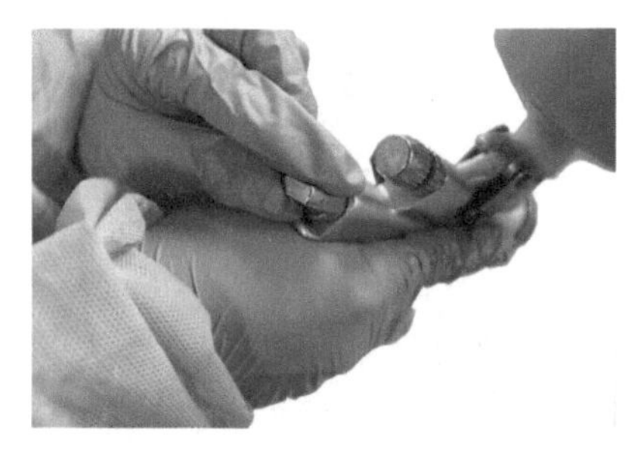

图 4-181 调整喷枪气压

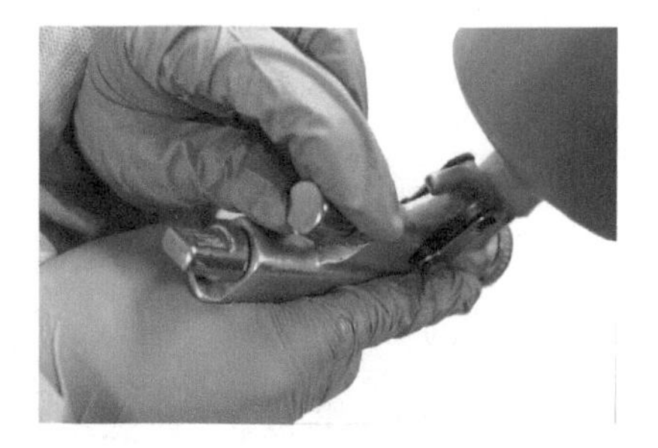

图 4-182 调整出漆量

2）试喷，扇面应从中间向两边扩散呈椭圆形，如图 4-184 所示。

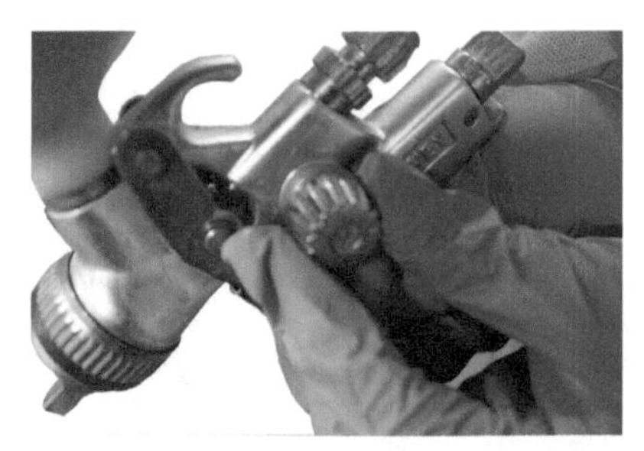

图 4-183 调整扇面形状

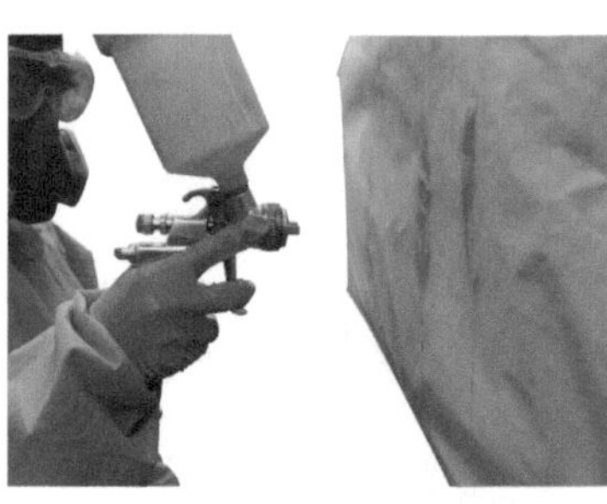

图 4-184 试喷

3）在色漆完全干透的情况下整面喷涂清漆，先喷涂边角，再喷涂板面，遮盖率 80% 以上，如图 4-185 所示。

4）清漆层闪干 3 ~ 5min 后，用手轻轻触碰板面，当漆面有粘手感但漆不粘在手上时，即可喷涂第二遍清漆，如图 4-186 所示。

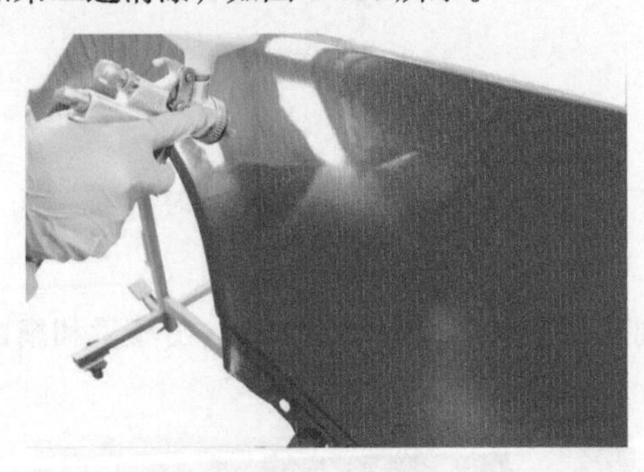
图 4-185　第一遍清漆喷涂

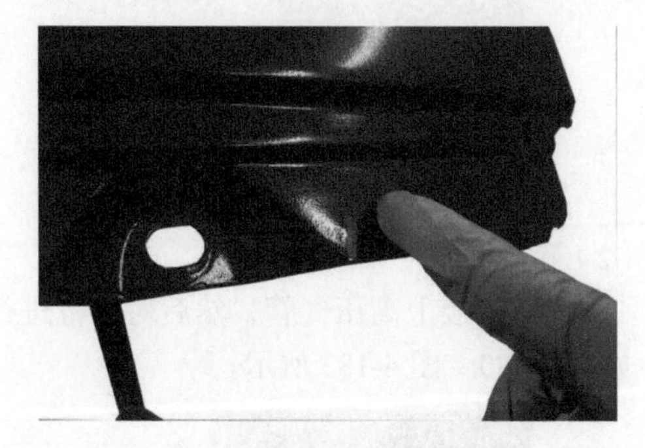
图 4-186　检查干燥情况

5）对整个板面进行喷涂，先喷涂边角，再喷涂板面，遮盖率 100%，要求漆面饱满、不粗糙，无露底、流挂等缺陷，如图 4-187 所示。

4. 板件烘烤

1）新喷漆面静置 15 ~ 20min 后进行漆面烘烤，关闭喷涂房照明，打开总烤漆开关，设置红外线烤灯的烘烤时间为 45min、烘烤温度为 60℃，调整烤灯与板件距离为 80 ~ 100cm，如图 4-188 ~ 图 4-191 所示。

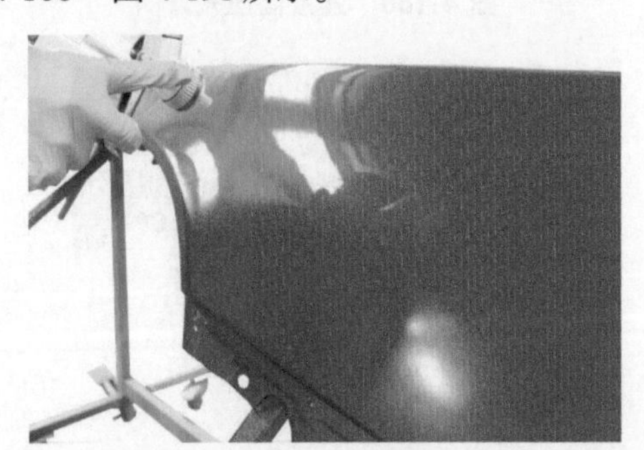
图 4-187　第二遍清漆喷涂

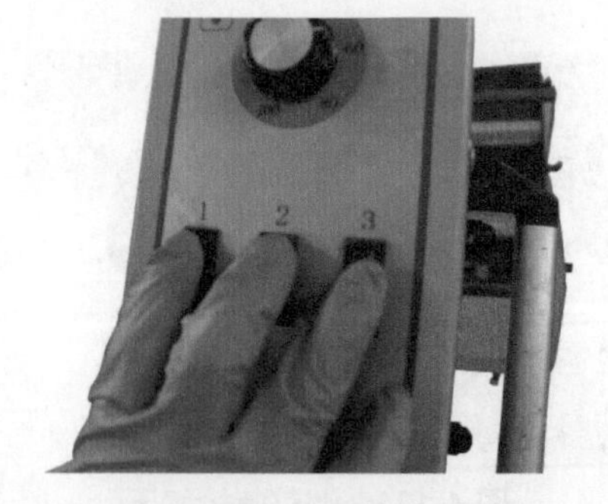

图 4-188　打开烤漆开关

图 4-189　设置烘烤时间

图 4-190　设置烘烤温度

2）在烘烤板件时将喷枪拆卸清洗干净，工具整理归位，如图 4-192 所示。

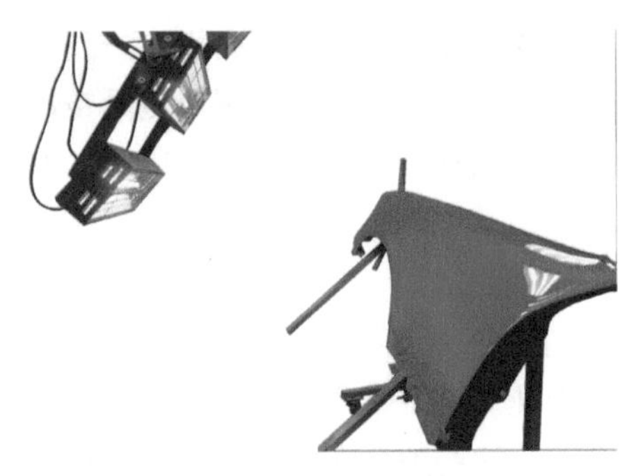

图 4-191 烘烤板件

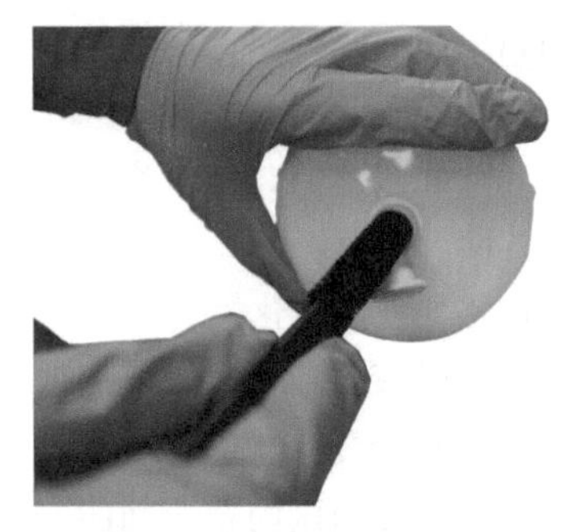

图 4-192 清洗喷壶盖

四 相关知识拓展

1. 汽车使用水性漆的好处

各行各业现在都在推广水性漆，汽车维修行业早在十几年前部分高端汽车品牌就开始使用水性漆了，和传统的油性漆相比，之前的进口水性漆价格非常高，所以都是高端品牌车型在使用，中低端品牌和国产品牌车型以及普通维修厂都没有使用。随着技术更新，国产化水性漆日益成熟，让更多车辆用上水性漆变成了现实，那么汽车上用水性漆到底有什么好处呢?

对于车主而言，终端车主对于油漆不太了解，简单地说就像家里装修一样，家里装修都要用水性漆才环保健康，而汽车是我们的第二活动空间，车辆的环保健康和家庭是一样的。因此，十几年前高端品牌就已经使用水性漆了，水性漆对于终端客户车辆使用的益处是不言而喻的。

从技术质量层面上，水性漆原来都是进口产品，生产工艺都是极为严格的，生产出来的水性漆的质量优于普通的油性漆，所以很多维修厂都反馈水性漆的颜色更加鲜艳，所有的颜色都能调配出，而且光泽度和丰满度更好。

对于施工人员来说，使用水性漆就意味着更高的技术施工要求，所以只要是用水性漆施工出来的车辆，质量一定高于普通油性漆。而且施工人员也更愿意使用健康的水性漆作为施工材料，因为身体永远是自己的。

2. 汽车水性漆的发展

随着人们生活水平的提高，汽车消费者的购买力也与日俱增，对于年轻一代购车者来说，色彩多样化的汽车涂装成为潮流，而这背后呈现的则是汽车涂料科技的升级和创新。

如果说发动机、变速器等是有关汽车性能、驾驶体验的关键部件，那么汽车涂装则不仅关乎汽车的“颜值”和形象，更与车体给人的视觉冲击力、持久性、环保性等息息相关。汽车涂装效果与涂料的选择密不可分，因此，水性汽车漆作为环保性涂料，其延伸的功能及发展潜力不容轻视。

同时，随着国家环保政策的日益收紧，环保、新能源、轻量化成为汽车工业发展的主要趋势，水性漆以环保涂料身份出现，作为当中的重要一环，正面临着新的改变与挑战。在与环境相关的产品目录中明确列出，高挥发性有机物（含汽车修补涂料）属于“高风险产品”在过去20多年中，中国已经发展成为全球第一大涂料生产国，汽车产业的快速发展，更是带动了相关水性漆产业和产品的升级，并带来了市场格局的改变。国内汽车水性漆行业的变化，大概总结为以下几个方面。

（1）发展格局发生变化

国内汽车水性漆企业由粗放发展向成熟有序的方向转变，国内水性漆企业研发技术水平显著提高，涌现出不少具有自主研发能力的本土水性漆企业。外资垄断的行业竞争格局正在发生变化，出现众多国际与国内企业间的合作、合资和并购，这些整合在相当程度上有利于水性漆产品和技术的交流和升级。

（2）由量变到质变的飞跃

早些年，水性漆企业大多数将价格和销量列为发展重点，而今，随着环保政策的不断加码，激烈的行业竞争及客户需求的多样化，水性漆行业整体科技含量正在不断提高。尤其环保方面，低有害物排放的水性漆产品备受涂料消费者欢迎，同时更高技术含量、更高性能的水性漆在不断推出，以满足汽车轻量化和新能源功能化等新的技术趋势。

（3）色彩多样化，选择空间大

随着汽车消费群体趋向多元化，车企为了提升竞争力，在车身色彩的运用上更加开放和多样化。先进的车企在不久的将来，会实现消费者可以在一些平台选择自己喜欢的颜色，然后到相关店面进行施工即可。水性漆产品颜色的多样性，为车企的颜色定制服务提供了便利。

虽说车企的发展促进了水性漆企业的发展，然而机遇与挑战共生，汽车水性漆未来还有很长的路要走。

（4）新形势和新技术

现今，环保、轻量化、新能源化、智能化等新行业趋势的发展引发了汽车行业新一轮的技术变革，对包括水性漆在内的整个供应链提出了新的要求和挑战。

首先是环保方面。由于大气中的挥发性有机物（VOC）一部分是由溶剂型涂料施工过程产生的。近年来，国家和地方纷纷出台相关政策，推进挥发性有机物污染治理，完善涂料等产品VOC限制标准，鼓励推广使用水性涂料等低VOC涂料。兼具优异环保特性和高性能的水性涂料将是未来发展主流。

据了解，“统合涂料技术”主要包含三项工艺技术，分别为生态概念免中涂涂装工艺、“三涂一烘”水性涂装系统和“两涂一烘”系统。这些工艺通过减少底漆应用、减少涂层、降低闪干温度等方法，在确保车辆外观品质的同时，降低了施工过程中VOC和温室气体排放，并且快速推动了车企在设备、涂装工艺上的节能进程，受到主流汽车制造厂的推崇。

其次，随着国家环保制度的不断完善，先进车企逐渐新能源化，促使水性漆涂装技术的日益完善。车企的发展变革，或将带动汽车水性漆行业推出一系列与新能源汽车有关的全方位水性漆解决方案。

随着我国汽车产业的逐渐成熟和汽车保有量的不断增大，整车销售市场竞争加剧，利润空间进一步萎缩，汽车维修行业将成为汽车产业链上利润最大的一块“奶酪”。汽车涂装在整个汽车维修工艺中是利润较大的一块，原有的涂装工艺中汽车喷漆以油性漆施工工艺为主，油性漆中存在着大量挥发性有机物，带来的环境污染非常严重。伴随全社会环保意识的提高，汽车后市场中的环保问题也日益受到消费者、从业者以及有关监管部门的重视。4S 店与汽车修理厂正面临越来越严格的环保考核，而 VOC 是其中的重要指标，水性涂料也由此受到市场青睐。

汽车涂料主要包括底漆、中涂、面漆，其中面漆又分为本色漆和金属闪光漆。汽车涂料的水性化进程是从底到面逐步进行的。早在 20 世纪 60 年代，欧美发达国家已经率先使用水性电泳底漆，目前底漆已有 90% 以上采用水性涂料，88% 汽车中涂也已采用水性化技术，水性金属闪光底色漆的应用超过了 65%。

在中国汽车行业蓬勃发展的今天，其所带来的消费态势及技术趋势正引发新一轮的变革和飞跃，随之而来，汽车水性漆行业也将迎来前所未有的机遇与挑战。

从人类生存环境方面考虑，低公害、无公害化的水性漆施工成为汽车涂装的发展趋势，水性漆涂装工艺涂层质量与传统溶剂型漆相当，同时 VOC 排放量小。使用水性漆喷涂后的汽车，漆膜表面比较丰满，颜色晶莹剔透，还具有耐水性、耐磨、耐老化、不易变黄以及干燥迅速等优点。

水性漆工艺已经成了汽车涂装工艺的主流趋势，从环境保护方面考虑，国家将对涂装工艺带来的环境污染问题更加重视。随着技术及工艺的不断完善，相信水性漆工艺最终会逐渐取代传统的油性漆工艺。

第六节　面漆局部修补喷涂

面漆按照喷涂的区域可分为全车喷涂、整板喷涂和局部喷涂。局部喷涂适合于修补区域较小且修补区在板面边角的情况。面漆局部修补能节约耗材和人工，能使受损漆面更接近于车身颜色。面漆修补是打磨和喷涂相结合，喷涂时分为修补部分喷涂、过渡区喷涂，驳口区喷涂。

一　什么情况需要局部修补喷涂

汽车局部补漆适用于汽车车身钣金未损坏，仅车漆损坏的情况，常见的有小划痕刮擦、轻度刮擦、路沿刮伤、中等面积剐蹭等。局部修补可以更大程度保留汽车原厂漆，不损害汽车价值，而且节省车主的时间和金钱，因为局部补漆的费用肯定少于整面做漆的价格。

汽车局部补漆主要是在保证补漆效果、避免漆面色差的前提下，对漆面受损处进行快速修复。该技术最大程度地保留了原车漆，其特色主要是不影响修复的效果。

局部补漆技术对车漆受损位置、受损程度、受损面积有很高的要求，局部补漆不需要进行钣金修复，如果受损部位没有伤及到钣金，并且受损位置位于两棱线之间，受损面积不超过整个车身部件的 1/3，就可以进行局部修补喷漆。

二 局部修补喷涂可能会出现的情况

1. 色差

实际操作中很难把补漆颜色与原漆颜色调配得完全一致，即使成分完全一致的面漆喷涂后仍会出现色差，特别是开了几年的车，车身颜色会自然变化。为了减小新旧漆的色差，广大汽车维修漆工通过多年的实践，积累了丰富的经验，将局部补漆喷涂中的色差减至最小程度。

2. 表面无光

有些汽车在补完漆以后，虽然表面光滑平整，却黯淡无光。这是为什么呢？造成这种情况的原因一共有三个：底漆附着力太差；气温太低导致油漆干燥太慢；油漆受到了污染。

3. 起皱收缩

在喷漆的过程中，汽车漆面会出现皱纹或收缩变形这两种情况。出现皱纹的原因是漆层太厚，使内层和外层的油漆不能以相同速度干燥，因此会出现皱纹。而造成漆面收缩的原因是干燥方法不当，如果对刚喷涂的漆层进行过快的强制干燥，会导致漆面干燥不均而收缩。如果出现这两种情况，我们必须清除漆面，重新进行喷漆。

4. 出现砂纸痕迹

有时候汽车漆面看着很光滑，但是仔细看的话，会看见砂纸打磨的痕迹。导致这种情况的原因是漆面底层打磨的时候使用了较粗的砂纸，打磨完又没有用底漆填充砂纸痕迹。可以用干磨的方式来打磨砂纸痕迹，然后喷涂底漆。

5. 漆面流挂

汽车漆面在修补完以后，也可能会出现局部变厚的情况。它的成因是在喷涂后续的漆层时，没有给前一次喷涂的漆层留出足够的干燥时间。当汽车漆面出现流挂现象时，可以打磨漆面较厚的地方，然后再打蜡抛光就好了。

6. 开裂

汽车漆面有时候会出现开裂的情况，通常出现在面漆层。出现这种情况的原因是漆层过厚或者是漆料混合不均。出现这种情况需要清除漆层重新喷涂。

7. 漆面橘皮

漆面出现呈疙瘩状的情况被称为橘皮，因为漆面的疙瘩状类似于橘子皮的样子。它的成因有很多，一种原因是喷涂时温度过高从而导致流平不佳；还有一种原因是喷枪调节不当，从而造成油漆雾化不良，出现疙瘩状。

三 面漆局部修补喷涂方法

面漆局部修补喷涂包括板件打磨、板件清洁、板件喷涂、板件烘烤四个方面。

1. 板件打磨

局部修补前打磨是为了使新喷漆面与原车漆不会出现太大的色差，颜色有一个过渡，另外还可以使新喷漆更好的附着在底漆上。需要准备的设备、物品、耗材包括干打磨设备、海绵软垫、400～1000# 干打磨砂纸、吹尘枪、防尘口罩、棉纱手套、防护眼罩、耳塞、炭粉指示剂等。

1）首先穿戴好打磨时所需的防护用品，如防尘口罩、棉纱手套、防护眼罩等，如图 4-193 所示。

2）在需要打磨的区域用炭粉指示剂涂出打磨指示层，防止打磨时过度打磨，如图 4-194 所示。

图 4-193 穿戴防护用品

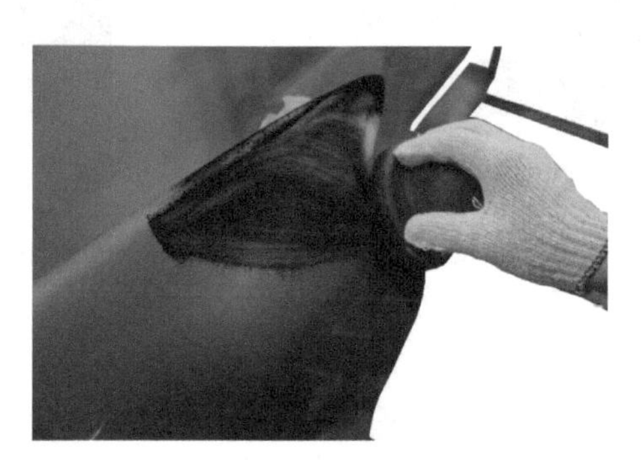

图 4-194 涂抹炭粉指示剂

3）将干打磨设备连接上电源，然后连接好高压气管，打开干打磨设备，操控开关至自动吸尘档，如图 4-195～图 4-197 所示。

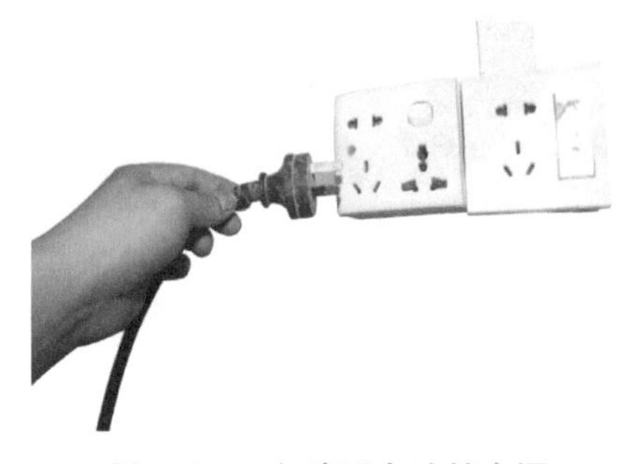

图 4-195 打磨设备连接电源

图 4-196 连接好高压气管

4）选择打磨设备的 3# 打磨头，然后在打磨头上装好海绵软垫，如图 4-198、图 4-199 所示。

图 4-197 调至自动吸尘档

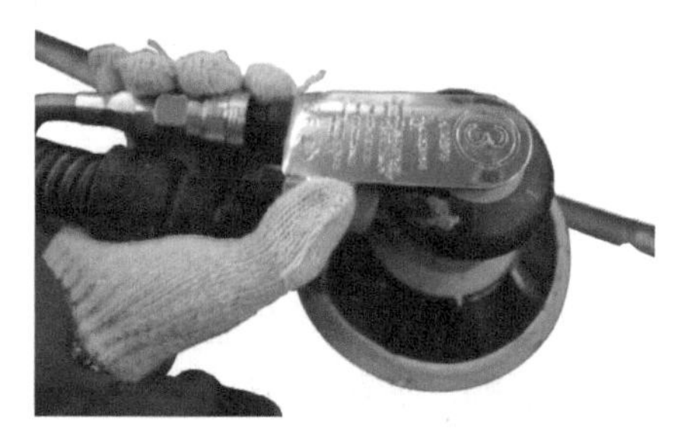

图 4-198 3# 打磨头

5）在海绵软垫上装上 400# 干磨砂纸，砂纸应和打磨头对孔，确保吸尘通畅，如图 4-200、图 4-201 所示。

图 4-199　安装海绵软垫

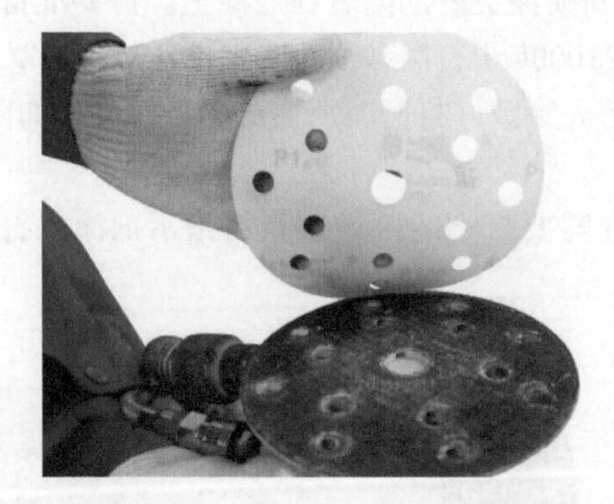

图 4-200　装上 400# 干磨砂纸

6）开启打磨头打磨受损部位底漆部分，直到受损部位打磨平整，打磨时打磨头应先接触板面再开启，不能将面漆磨穿，如图 4-202 所示。

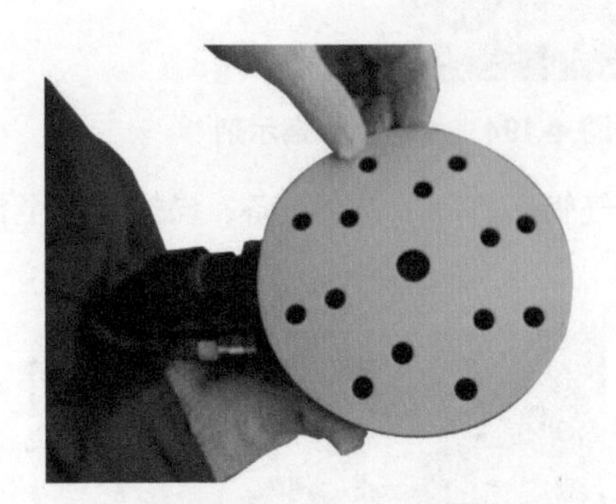

图 4-201　对孔安装

图 4-202　打磨板件

7）将吹尘枪接上高压气管，用吹尘枪对海绵软垫和打磨头进行除尘，如图 4-203、图 4-204 所示。

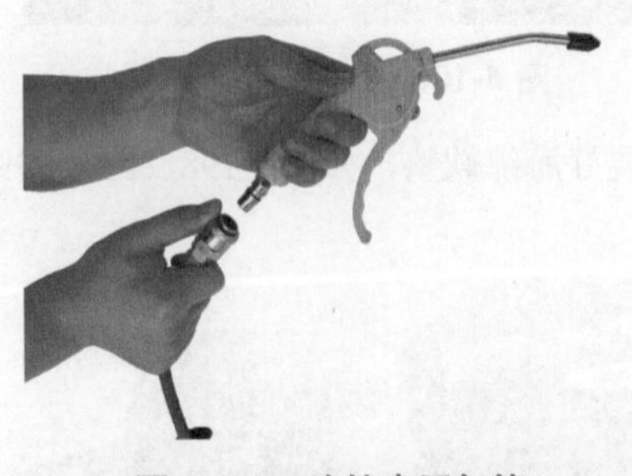

图 4-203　连接高压气管

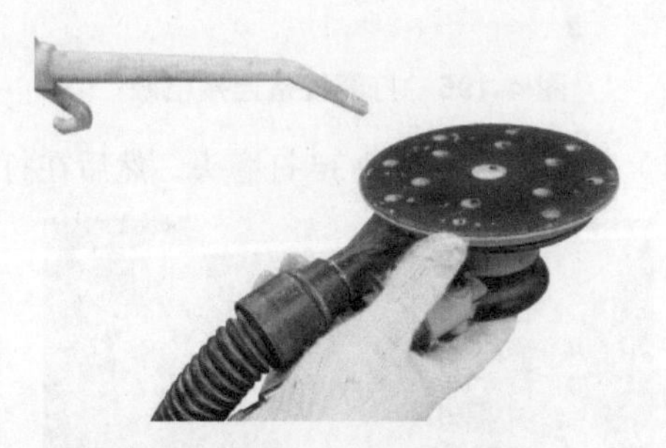

图 4-204　打磨头除尘

8）除尘完成后，打磨头装上海绵软垫，换上 1000# 干磨砂纸扩大打磨，砂纸应和打磨头对孔，确保吸尘通畅，如图 4-205、图 4-206 所示。

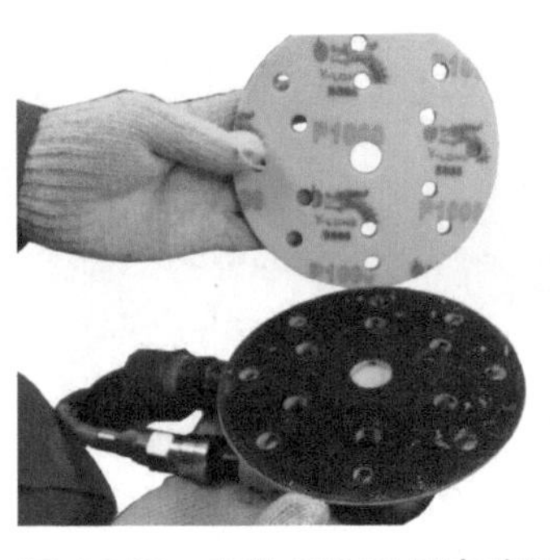

图 4-205　安装 1000# 干磨砂纸

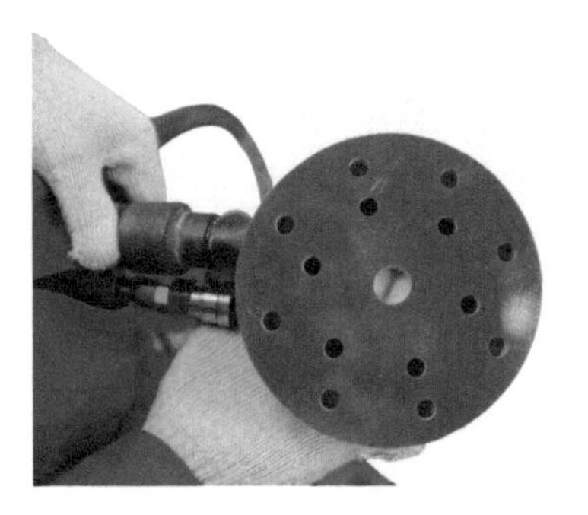

图 4-206　对孔安装

9）扩大 25cm 左右打磨。打磨时打磨头应先接触板面再开启，不能将面漆磨穿，如图 4-207、图 4-208 所示。

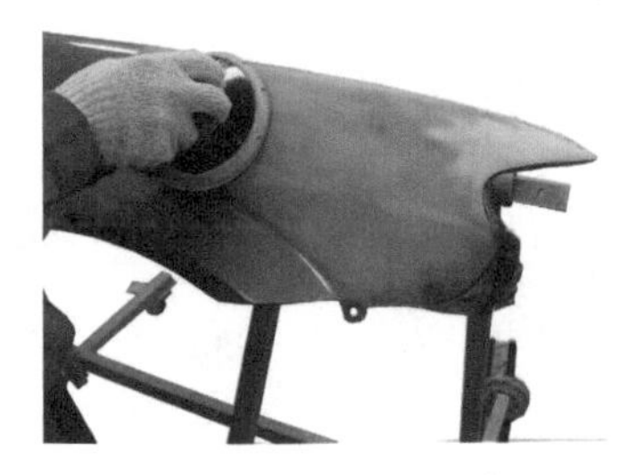

图 4-207　扩大打磨

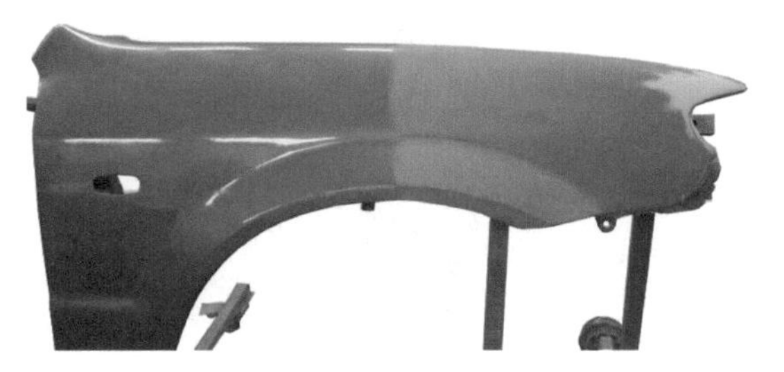

图 4-208　打磨后的板件

10）对于打磨机不方便打磨的边角部位，用 1000# 干磨砂纸手工打磨，打磨完成后漆面应平整光滑，如图 4-209 所示。

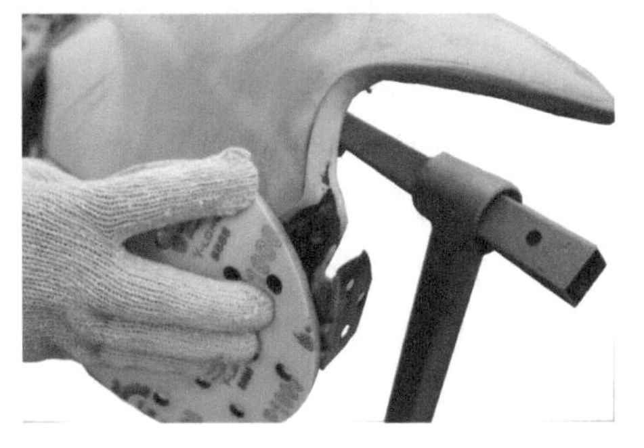

图 4-209　打磨边角

2. 板件清洁

需要准备的耗材及防护用品包括除油剂、除油布、防溶剂手套等。

（1）板件除尘

1）打开喷涂房电源开关，开启照明。将板件移至喷涂房进准备除尘，如图 4-210、图 4-211 所示。

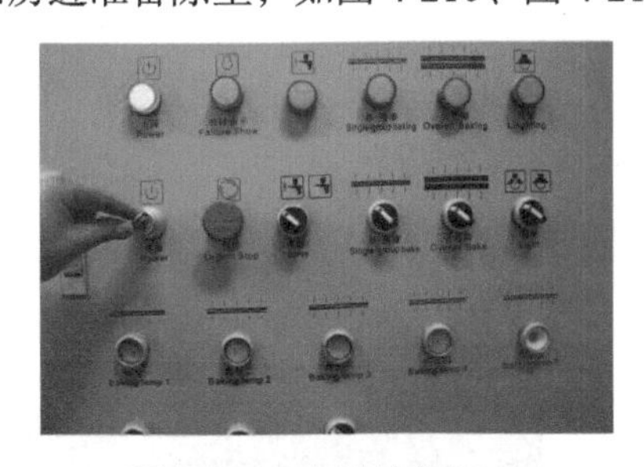

图 4-210　打开电源开关

图 4-211　打开照明开关

2）将吹尘枪接上高压气管，用吹尘枪配合抹布对板件里外除尘，如图 4-212、图 4-213 所示。

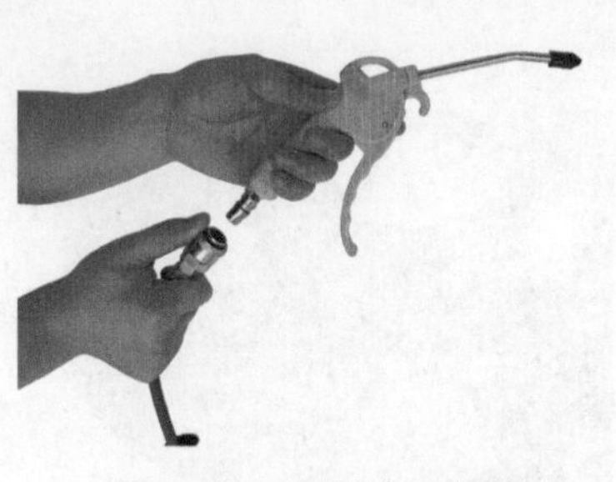

图 4-212　连接高压气管

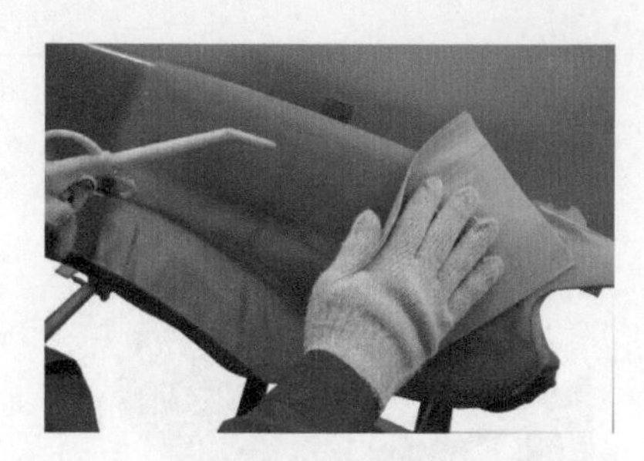

图 4-213　板件除尘

（2）板件除油

1）穿戴好除油所需的防护用品，如图 4-214 所示。

2）用喷壶将除油剂呈雾状喷洒在板件或除油布上，如图 4-215 所示。

图 4-214　穿戴防护用品

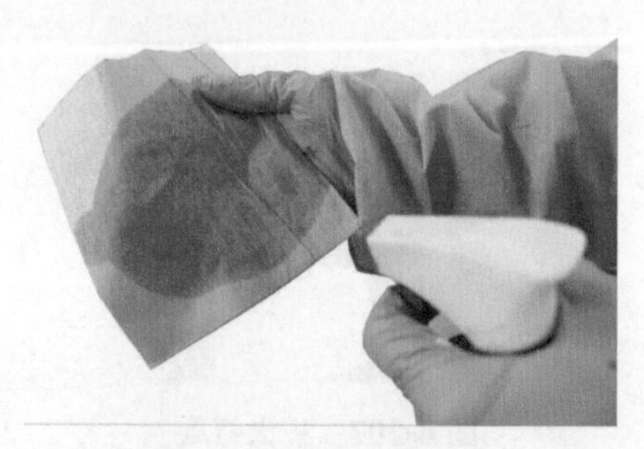

图 4-215　喷洒除油剂

3）用两张除油布一前一后进行擦拭，先擦板面、后擦边角，依次均匀除油，如图 4-216 所示。

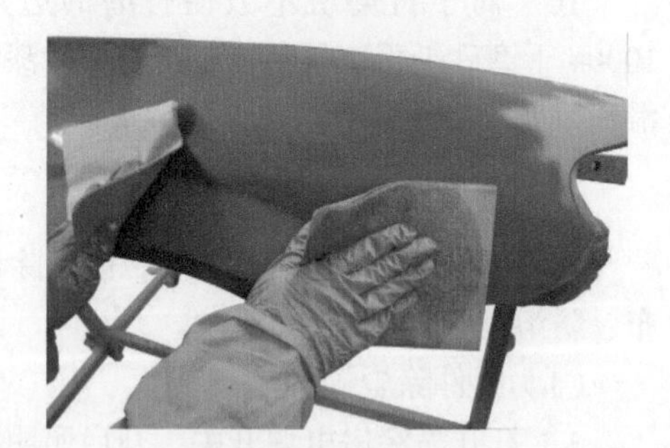

图 4-216　擦拭除油

3. 板件喷涂

需要准备的工具、耗材包括喷枪、吹风筒、粘尘布、水性色漆、稀释剂、固化剂、电子秤、调漆杯、调漆尺、过滤纸等。

（1）调漆

1）接通电子秤电源，打开电子秤电源开关，放上调漆杯后将其清零，如图 4-217 ~ 图 4-219 所示。

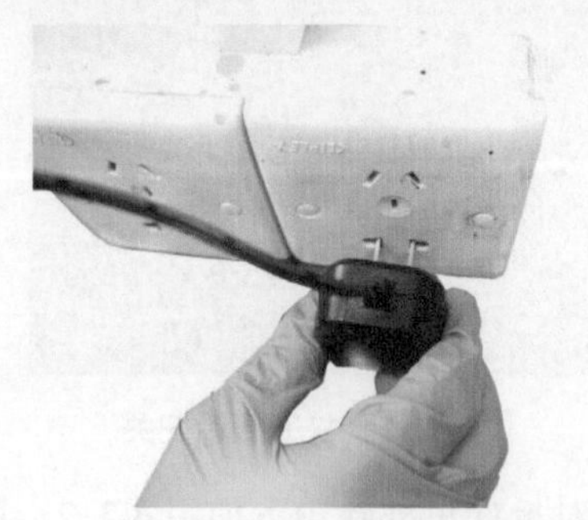

图 4-217　接通电子秤电源

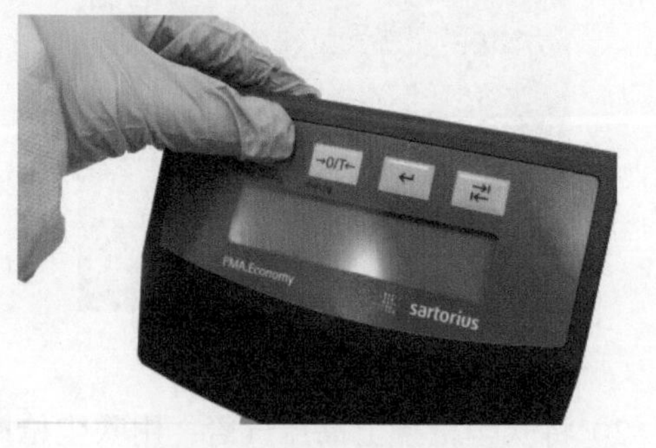

图 4-218　打开电源开关

2）取适量的水性色漆，向水性色漆中按比例添加稀释剂，水性色漆与专用稀释剂的比例为1∶（0.2～0.5），如图 4-220 所示。

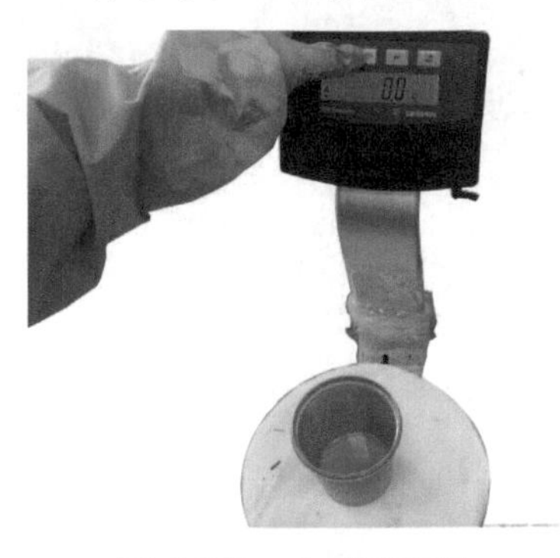

图 4-219　电子秤清零

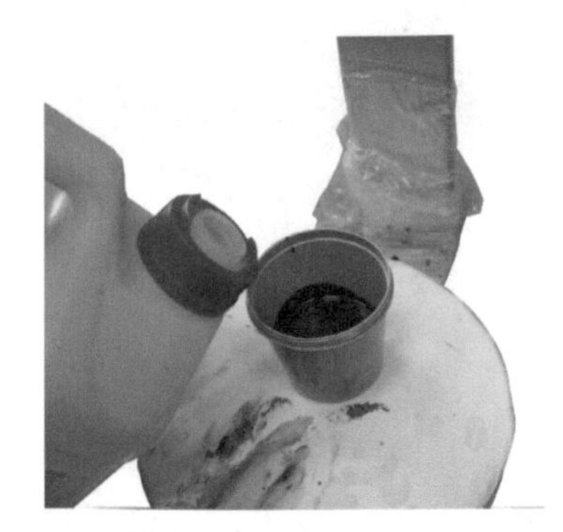

图 4-220　添加稀释剂

注意：每次添加另一种助剂前要将电子秤清零。

3）将添加好助剂的水性色漆彻底搅拌均匀，选择 200 目过滤纸分两次过滤掉色漆中的颗粒及杂质，并将色漆倒入喷漆壶，如图 4-221、图 4-222 所示。

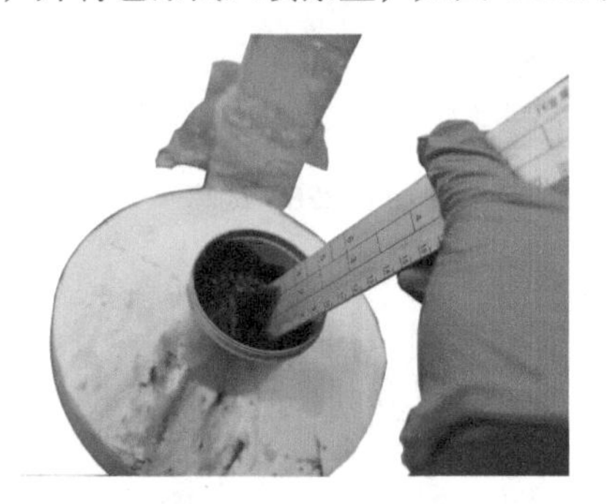

图 4-221　色漆搅拌均匀

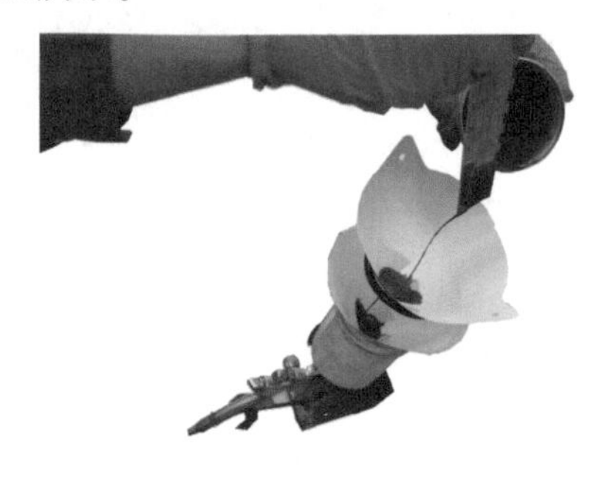

图 4-222　过滤色漆

（2）喷涂色漆

1）打开喷涂房喷漆开关，喷涂房换气系统开始工作，为喷漆提供一个清洁、安全、照明良好的密封环境，如图 4-223 所示。这样做，既可以隔开其他工序对喷漆的影响，又可以使喷漆所造成的污染得到有效的控制和治理。

2）将喷枪接上高压气管，然后对喷枪进行调节，调整喷枪的气压大小、出漆量和扇面形状，如图 4-224～图 4-227 所示。

图 4-223　打开喷漆开关

图 4-224　连接高压气管

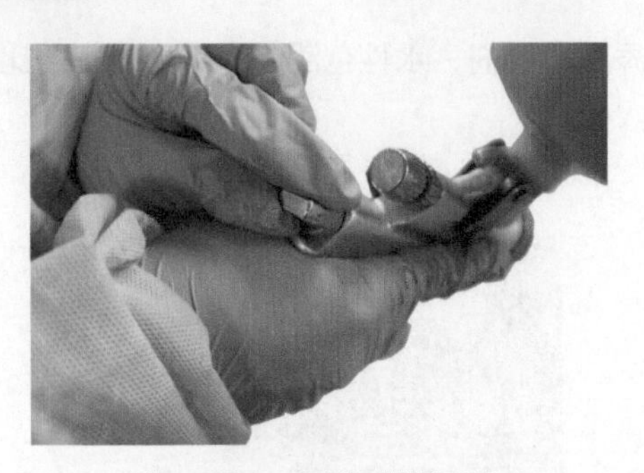

图 4-225 调整喷枪气压

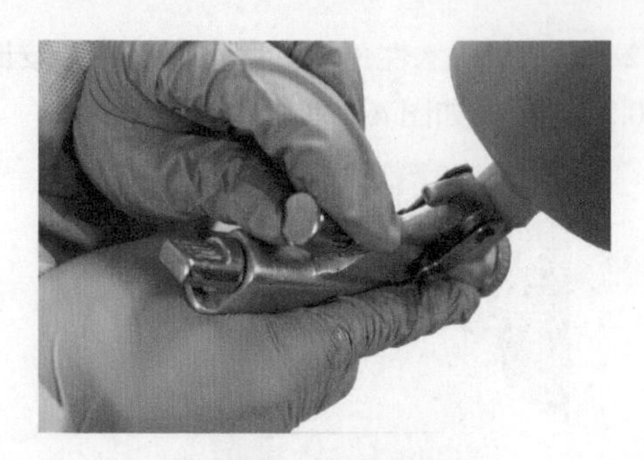

图 4-226 调整出漆量

3）试喷，扇面应从中间向两边扩散呈椭圆形，如图 4-228 所示。

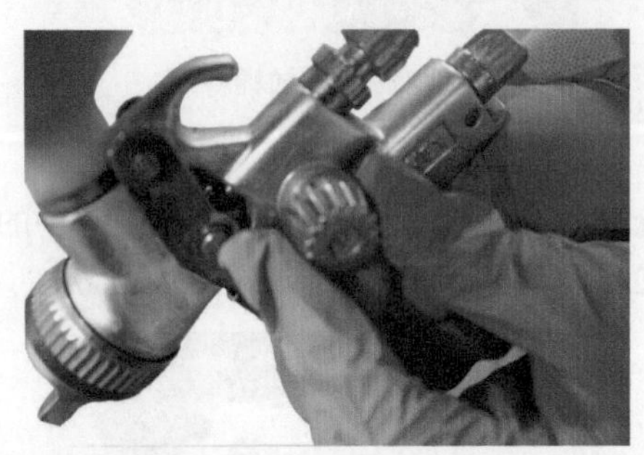

图 4-227 调整扇面形状

图 4-228 试喷

4）喷涂板件，薄喷，先喷涂底漆部分边角，再喷涂板件表面，遮盖率 80% 左右，如图 4-229 所示。

图 4-229 第一遍喷涂

注意：喷涂时要将高压气管挂在背后，防止气管碰到漆面产生缺陷，喷枪距离喷涂点 150 ~ 200mm，并且喷漆时喷枪与喷涂点垂直，利用手腕的灵活转动来移动喷枪，不可移动身体，与上次喷涂重叠宽度为 1/3 ~ 1/2。

5）将吹风筒接上高压气管，用吹风筒吹干色漆，吹风时吹风筒距离板件表面 500mm，与板件表面成 45° 角，如图 4-230、图 4-231 所示。

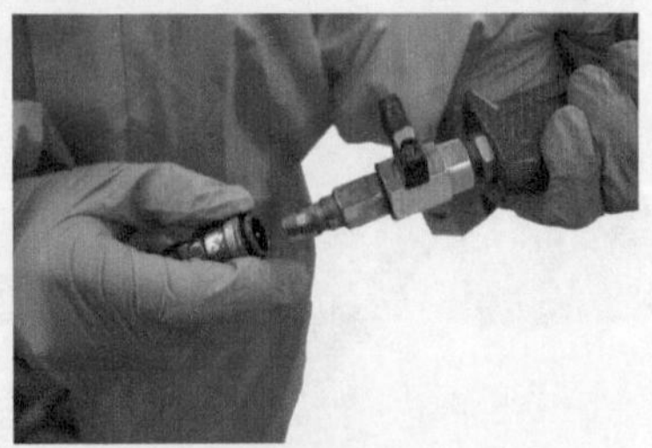

图 4-230 吹风筒接上高压气管

图 4-231 吹干色漆

6）待色漆完全干燥后用粘尘布粘尘，然后喷涂板件，先喷涂底漆部分边角，再喷涂板件表面，遮盖率 100%，如图 4-232、图 4-233 所示。

图 4-232 板件粘尘

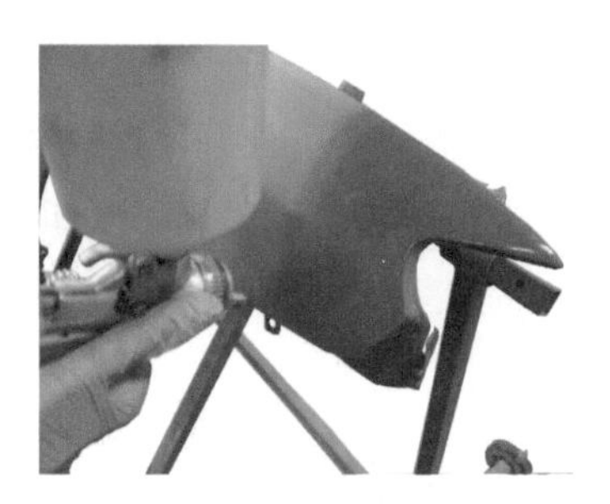

图 4-233 第二遍喷涂

7）用吹风筒吹干色漆，待色漆完全干燥后用粘尘布粘尘，如图 4-234、图 4-235 所示。

图 4-234 再次吹干色漆

图 4-235 再次板件粘尘

8）对板面的打磨区进行雾喷，使金属颗粒排列均匀、整齐，如图 4-236、图 4-237 所示。

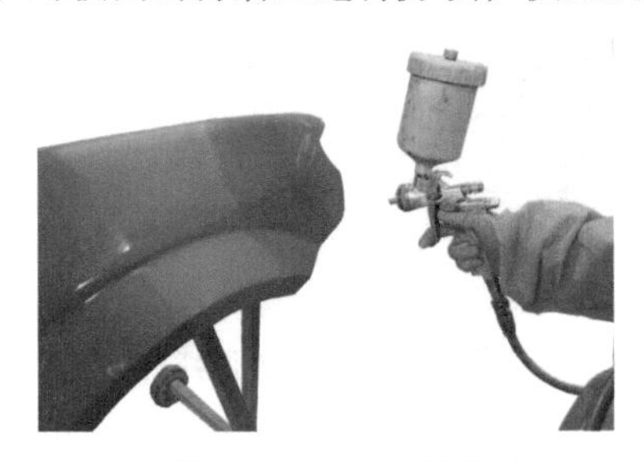

图 4-236 雾喷板件

图 4-237 色漆喷涂完成

注意：打磨区边缘应预留出 10cm 左右的部分，该部分不要喷涂色漆。

9）喷涂完成后将喷枪分解开来清洗干净，如图 4-238、图 4-239 所示。

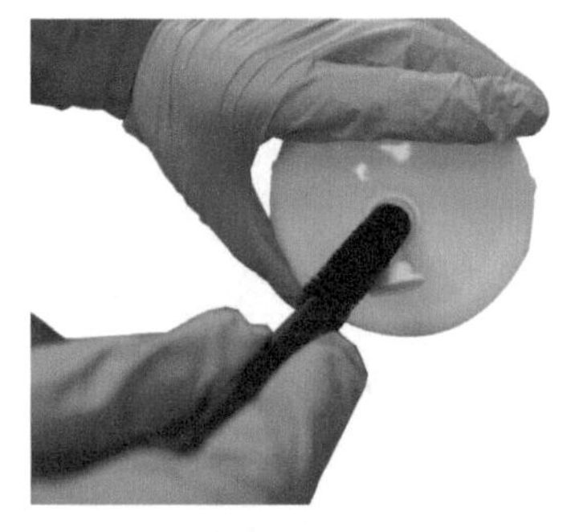

图 4-238 清洗喷壶盖

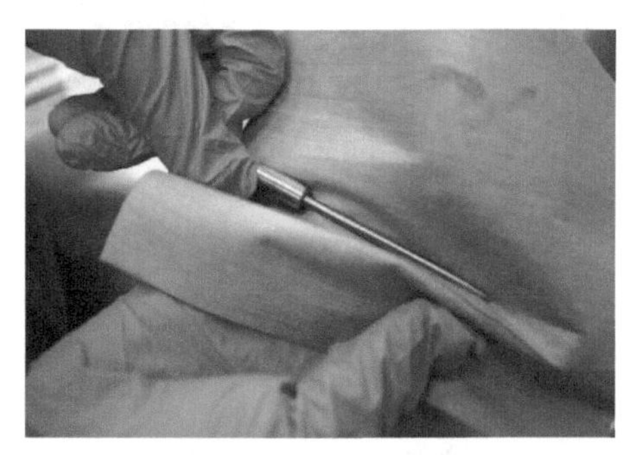

图 4-239 擦拭针阀

（3）调漆

1）接通电子秤电源，打开电子秤电源开关，放上调漆杯后将其清零，注意每次添加另一种助剂前要将电子秤清零，如图 4-240 ~ 图 4-242 所示。

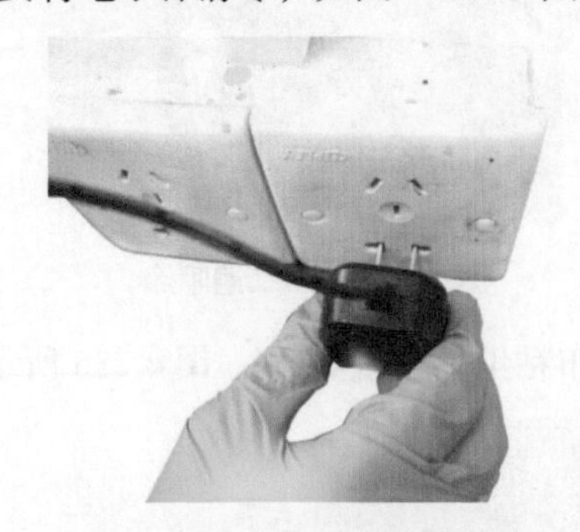

图 4-240　接通电子秤电源

图 4-241　打开电子秤电源开关

2）取适量清漆，向清漆中按比例添加稀释剂、固化剂等助剂，漆、固化剂和稀释剂的比例为 2∶1∶（0.3 ~ 0.6），如图 4-243、图 4-244 所示。

图 4-242　电子秤清零

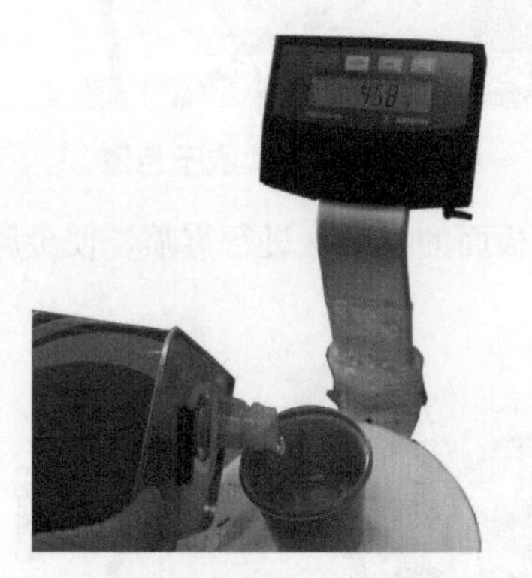

图 4-243　添加清漆

3）将添加好助剂的清漆彻底搅拌均匀，选择 200 目过滤纸过滤掉清漆中的颗粒及杂质，并将清漆倒入喷漆壶，如图 4-245、图 4-246 所示。

图 4-244　添加助剂

图 4-245　清漆搅拌均匀

（4）喷涂清漆

1）将喷枪接上高压气管，然后对喷枪进行调节，调整喷枪的气压大小、出漆量和扇面形状，如图 4-247 ~ 图 4-250 所示。

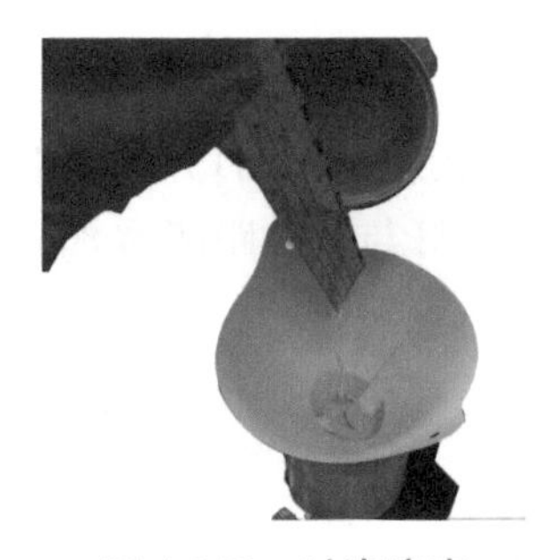

图 4-246 过滤清漆

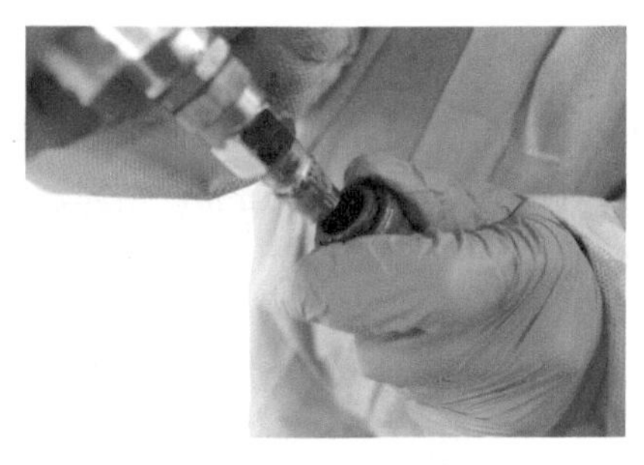

图 4-247 连接高压气管

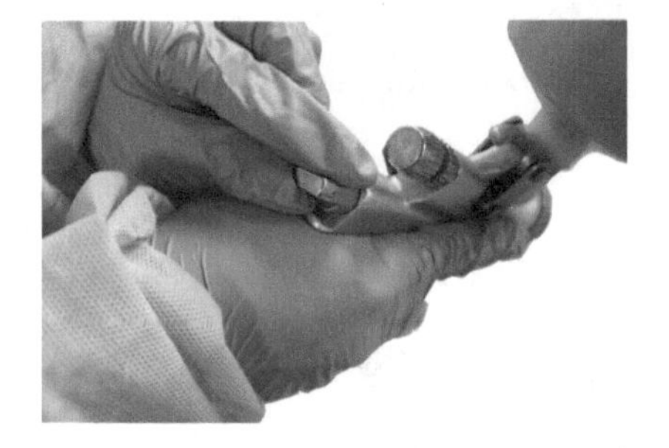

图 4-248 调整喷枪气压

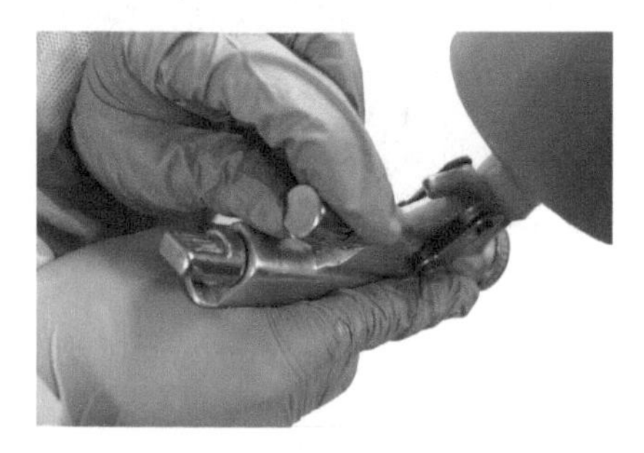

图 4-249 调整出漆量

2）试喷，扇面应从中间向两边扩散呈椭圆形，如图 4-251 所示。

图 4-250 调整扇面形状

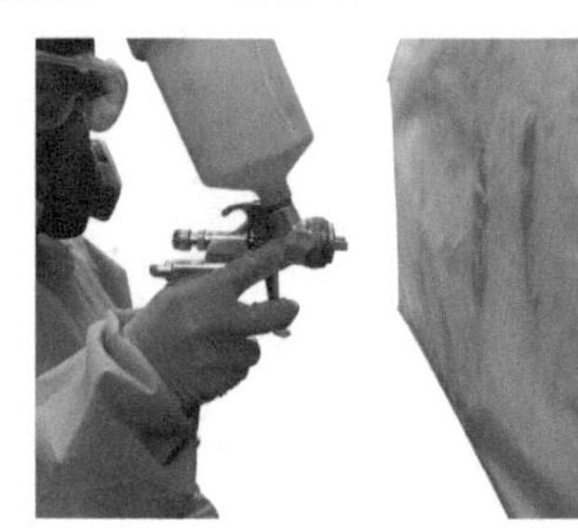

图 4-251 试喷

3）在色漆完全干透的情况下整面喷涂清漆，先喷涂边角，再喷涂板面，遮盖率 80% 以上，如图 4-252 所示。

4）清漆层闪干 3 ~ 5min 后，用手轻轻触碰板面，当漆面有粘手感但漆不粘在手上时，即可喷涂第二遍清漆。这时扩大喷涂，先喷涂边角，再喷涂板面，遮盖率 100%，要求漆面饱满、不粗糙，无露底、流挂等缺陷，如图 4-253 所示。

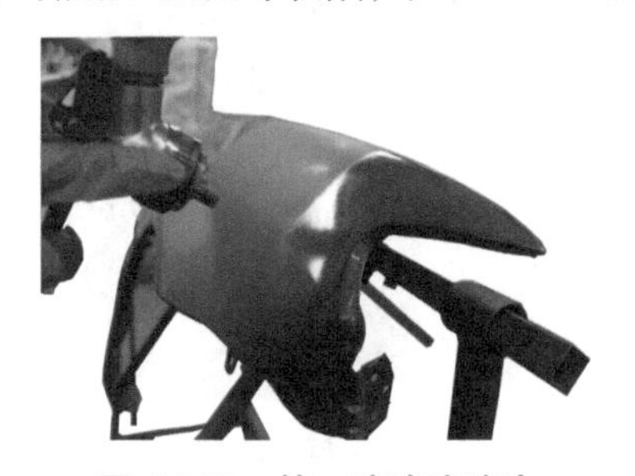

图 4-252 第一遍清漆喷涂

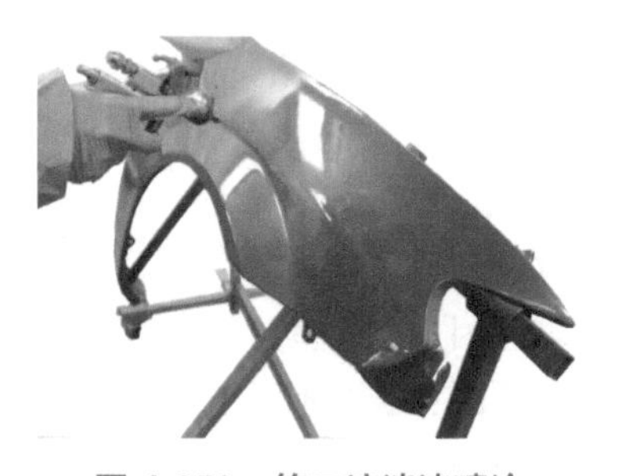

图 4-253 第二遍清漆喷涂

4. 板件烘烤

1）新喷漆面静置 15 ~ 20min 后进行漆面烘烤。关闭喷涂房照明，打开总烤漆开关，设置红外线烤灯的烘烤时间为 45min、烘烤温度为 60℃，调整烤灯与板件距离为 80 ~ 100cm，如图 4-254 ~ 图 4-257 所示。

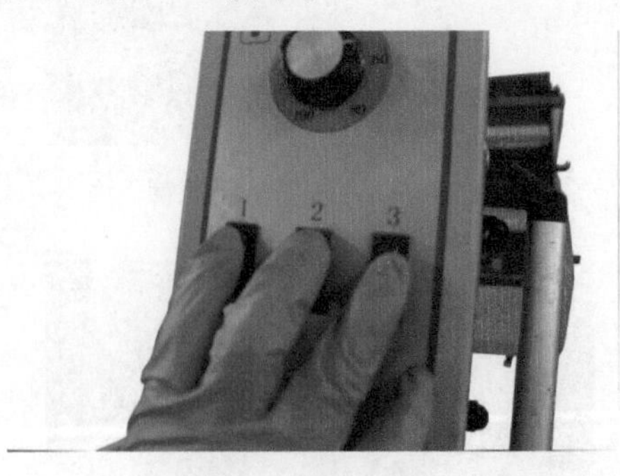

图 4-254　打开烤漆开关

图 4-255　设置烘烤时间

图 4-256　设置烘烤温度

图 4-257　烘烤板件

2）在烘烤板件时将喷枪拆卸清洗干净，工具整理归位，如图 4-258 所示。

四　喷涂出现的问题及对策

1. 痱子

漆膜表面呈现成片的大小不等、密度不同的气泡，被形象地称为“痱子”。大气泡直径大于 1.5mm，一般成片出现；有时也会单独出现；小气泡直径一般为 0.5mm，其分布蜿蜒曲折或状似指纹。一般来说面漆层中气泡出现的机会要比油漆与基底之间更多。

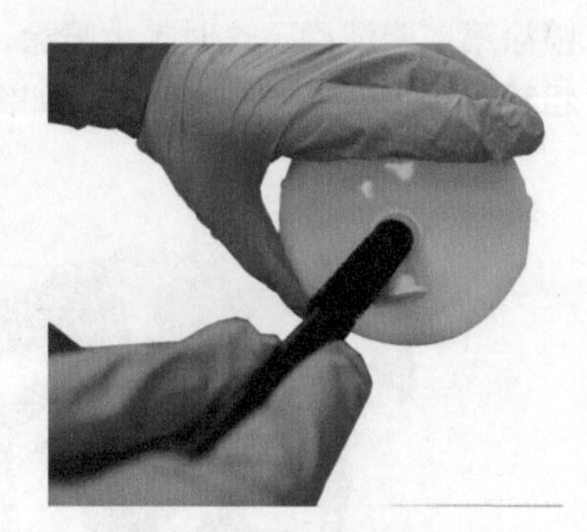

图 4-258　清洗喷壶盖

（1）形成原因

1）环境原因：喷漆室温度高，湿度高，风速快。

2）基底原因：表面不清洁，残留了水、油脂等污染物。

3）喷涂原因：漆膜厚度不够，增大了漆膜的透气性。

4）设备、烘烤原因：漆膜在完全固化之前受到雨淋或暴露在温度很高的环境中，因水气渗入生产气泡。

5）涂料原因：稀释剂挥发太快。

（2）预防方法

预防“痱子”的方法包括：改善涂装环境，满足合适的涂装温度、湿度、风速等条件；喷涂前对基底进行严格的检查；加强设备管理，保障设备工作状态良好，调整烘烤温度和时间；提高喷涂技能，注意正确的喷涂手法；在漆膜完全固化之前，要避免使其暴露在湿度太大和温度变化剧烈的环境中。

（3）修补方法

用针挑破气泡，确定气泡的深度，用低倍放大镜查明气泡产生的原因。当气泡出现在油漆层之间，将缺陷区域打磨掉，露出完好的漆层后，重新喷漆。若缺陷严重，或气泡发生在底漆与基底之间时，则应将基底上的漆层全部脱掉，重新喷漆。

2. 针孔

针孔是指漆膜上出现众多细小孔洞，通常直径都小于 1mm，常见于填眼灰、原子灰或玻璃钢表面。

（1）形成原因

1）环境原因：喷漆室温度高，湿度低，风速快。

2）基底原因：油漆被吸入基底上的孔洞内，如腻子不良。

3）设备、烘烤原因：升温过急，漆膜表干过快，流平时间不足。

4）喷涂原因：涂料吐出量大，涂膜过厚，喷涂雾化不良。

5）涂料原因：稀释剂挥发太快，涂料流平不良，涂料中混入水分等异物。

（2）预防方法

预防“针孔”的方法包括：改善涂装环境，满足合适的涂装温度、湿度、风速等条件；喷涂前对基底进行严格的检查；加强设备管理，保障设备工作状态良好，调整施工工艺，延长流平时间，减缓烘干的升温速度；提高喷涂技能，注意正确的喷涂手法；改善涂料性能，提高涂料的针孔极限；适当更改稀释剂或降低施工黏度。

（3）修补方法

将漆膜打磨至底漆层，填补针孔，局部喷涂底漆。打磨平滑后，再重新喷漆。

3. 鼓泡 / 空气陷入

尺寸较大的圆形鼓泡或气泡通常出现在接缝区域或死角处，或者出现在原子灰较厚的表面。

（1）形成原因

1）施工原因：原子灰、填眼灰或底漆施工方法不当，空气陷入漆膜，陷在漆膜下的空气膨胀，使漆膜与基底分离；漆膜连接处的羽状边处理不当。

2）涂料原因：使用的稀释剂挥发太快。

3）喷涂原因：施工黏度太高；压缩空气的压力太高或干喷等在底漆内形成气孔或气泡；一次喷涂太厚，漆膜盖在缝隙或死角上，使漆膜下面形成空隙。

4）基底原因：没有正确地处理及封闭基底，特别是在喷涂玻璃钢表面时。

5）设备、烘烤原因：烘干漆膜时温度太高。

（2）预防方法

预防此类缺陷的方法包括：正确地使用原子灰、填眼灰或底漆；正确打磨羽状边；避免油漆一次喷涂过厚，保证油漆渗入缝隙和死角；一定要使用合格配套的稀释剂，并按照正确的喷涂工艺操作；底漆要喷涂得薄而湿；检查基底有无气孔，特别要注意玻璃钢表面胶层内的气泡，仔细清除气泡并封闭基底；烘烤漆膜时，防止温度过高。

（3）修补方法

根据气泡的深度将相应的漆膜全部打磨掉，修补好下层缺陷后，重新喷涂面漆。

4. 泛白 / 起雾

水汽凝结并陷在漆膜内，使漆膜颜色泛白。

（1）形成原因

1）环境原因：喷漆室温度、湿度高；喷漆房内有穿堂风，或者空气流动不良。

2）涂料原因：使用的稀释剂挥发速度太快；溶剂和稀释剂选配不当，真溶剂挥发过快，造成树脂析出而泛白；涂料或稀释剂含有水分。

3）喷涂原因：压缩空气的压力太大，喷枪调整不当；用压缩空气吹拂漆膜，试图加速溶剂挥发；基底温度低于室温。

（2）预防方法

预防此类缺陷的方法包括：尽可能避免在阴雨、寒冷或潮湿的天气喷漆，并让漆膜中的溶剂自然挥发；使用适当等级的稀释剂；降低压缩空气的压力，减小冷却效应；喷漆房适当加热、排风，避免穿堂风。

（3）修补方法

漆膜起雾轻微时，待漆膜完全固化后抛光修复。漆膜超雾比较严重时，打磨漆膜表面，然后使用适当等级的稀释剂或不起雾的稀释剂重新喷涂。可将喷漆房温度升高 5℃以上，并降低湿度，避免穿堂风，重新喷涂。

注意：色漆层出现起雾现象时，可能各底漆层也存在类似的缺陷，因底漆表面无光泽，不易发现此缺陷。但这种缺陷会引起各漆层间的结合力降低，甚至起泡。

5. 缩孔 / 鱼眼

漆膜表面出现大量的大小从针孔到直径 1cm 的火山口状空洞或凹痕，被称为“缩孔”或“鱼眼”。通常大尺寸的凹痕单独出现，而小凹痕则以较小密度成片出现。在凹痕的中心一般可发现小的杂质颗粒存在。

（1）形成原因

此类缺陷的形成原因包括：涂料表面张力发生变化，喷漆环境中或基底表面上存在含硅的有机化合物；存在其他污染源，如油脂、肥皂结块、洗涤剂、尘土、蜡或来自喷枪的油等；涂料中含有不匹配的成分，如压缩空气中含有油水；喷漆房内蒸气饱和。

（2）预防方法

预防此类缺陷的方法包括：

禁止在喷漆车间使用含硅类的抛光剂；无论是设备、工具还是生产用辅助材料（砂纸、粘尘布、过滤袋、清洁材料等），绝对不能带有对油漆有害的物质，尤其是硅酮；提高涂料的抗缩孔能力；确保压缩空气清洁，应无油无水；确保涂装环境清洁，空气中应无尘埃、油雾和漆雾等；被涂面保持洁净，严禁裸手、脏手套和脏抹布接触被涂面；确保旧涂层应充分打磨彻底、擦净；改良涂料性能，提高涂料对缩孔的敏感性；工艺改良，材质更换前进行仔细确认。

（3）修补方法

彻底清除缺陷区域的漆层，然后处理底材，重新喷漆。必要时，可以在油漆中添加流平剂。但是，对于此类添加剂，一定要按说明书的指导使用。

第七节　漆面后期处理

喷涂过程中常常会由于种种原因，在面漆表面造成一些微小的故障，例如流挂、个别的涂膜颗粒（脏点）、微小划擦痕迹和凹坑等，影响装饰性，必须进行漆面喷涂的后期处理。

新喷漆面后期处理的作用是得到高质量的涂面，使新喷漆面更接近于原装涂层。

一　新喷漆面的问题及处理方法

1. 流挂和涂膜颗粒的处理

在喷涂当中造成流挂是非常常见的故障，由于喷涂环境的影响，在涂膜表面有颗粒等也是不可避免的。若流挂的面积很小，涂膜表面颗粒很少，可以用单独修理的方法进行处理，修理必须是在涂膜完全干燥的情况下进行。处理过程为首先平整流挂或颗粒部位，然后用抛光的方法使修理部位与其他部位光泽一致，消除修理痕迹。

（1）平整修理

平整流挂和小颗粒多采用打磨的方法，但对于流痕或颗粒比较大的情况下，往往先用刮刀将流痕或大颗粒削平，然后再用较细的砂纸打磨来加快工作的速度。打磨流挂部位一般使用 P1500 ~ P2000 水磨砂纸配合硬质打磨垫块（不可使用软质打磨垫块）来进行，因为较细的砂纸产生的打磨痕迹比较容易抛光，但有时需要打磨的区域比较大，为提高效率可以先用较粗的砂纸（如 P800 ~ P1000）先打磨一遍，待基本完成后再逐级用细一级的砂纸打磨，直到打磨痕迹可用抛光的方法消除为止，注意不要跨级使用砂纸。

打磨时为防止磨到周围不需要打磨的部位，可以用贴护胶带对不需打磨的区域进行贴护。打磨时应使打磨垫块尽量平行于面漆涂膜，手法要轻一些，用水先将水砂纸润湿，然后在打磨区域上洒一些肥皂水，这样可以充分润滑打磨表面，且不至于产生太大的砂纸痕迹。打磨时要非常仔细，经常用刮水片刮除打磨区域的水渍来观察打磨的程度，只要流挂部位消除并与周围涂膜齐平即可，千万不要磨穿或使漆膜过薄，要给抛光留出余量，并保证抛光后仍有足够的膜厚。对于边角等涂膜比较薄且极易磨穿的地方尤其要小心。

对于颗粒等小范围的打磨，一般使用小型打磨块配合 P1500 ~ P2000 水磨砂纸来进行。有些涂装工具公司会专门为这项工作配有小磨头和配套砂纸。打磨方法同打磨流挂一样，须沿涂膜水平运动并用肥皂水润滑。如果颗粒过大或流痕突出部位非常明显，可以先用刮刀刮除，然后再用上述的打磨方法进行打磨。用刮刀刮除工作效率比较高，但操作上要求有一定的技巧，刮削时刀刃应略向上方倾斜，不可刮削过量。

（2）局部抛光

经过平整修理和打磨的区域必须进行抛光，对小范围修补区域一般使用手抛的方法即可，也可用机械抛光来提高效率。

手工抛光的材料一般使用法兰绒，因法兰绒质地较厚，且多为毛或棉质，非常适合抛光用。抛光时用法兰绒布蘸上少许抛光粗蜡或中粗蜡，用力对打磨区域擦拭以消除打磨痕迹，运动轨迹以无序为好，尽量不要留下磨削的痕迹。待砂纸痕迹基本消除并具有一定的光泽后，将抛光区域和抛光布清理干净，不要留下粗蜡痕迹，然后换用抛光细蜡再次进行细致的抛光。

对于新漆面而言，未抛光的区域即具备耀眼的光泽，经过抛光的部位光泽虽然没有减少，但已经变得比较柔和，像珠光一样悦目，所以往往会造成两个区域有明显的差异甚至有色差。因此，用细蜡抛光的面积要大于修理区域的 3 ~ 5 倍，使修补区域与未修补区域无明显的差异。最后，用上光蜡统一对整板进行上光即可。

用抛光机进行局部抛光同上述手工抛光的基本步骤相同。首先将中粗抛光蜡（由于用机械进行局部抛光，用中粗蜡即可）涂抹于修理区域，选用小型海绵抛光轮以较低的转速对修理区域进行研磨抛光，待修理区域基本消除打磨痕迹并显现出光泽后，逐渐提高转速并扩大抛光区域到修理区域的 3 ~ 5 倍。然后换用较大的抛光轮，用细蜡对整板进行抛光上光一体操作，消除光泽和颜色的差异。

2. 涂膜微小凹坑的修理

在面漆喷涂完毕后，涂膜上常常会有个别因喷涂表面清洁不净，留有油渍、汗渍等造成涂膜张力变化而形成的小凹坑（鱼眼），或是清除胶带时造成的小范围涂膜剥落等现象，对这些地方进行补漆操作时，若缺陷位置不明显，一般不需要用喷枪，使用小毛笔或牙签等对凹陷部位进行填补就可以了。但如果缺陷部位非常明显或所处位置是车辆极需要涂膜完美的地方，如轿车的发动机舱盖或翼子板等，一般需要采用点修补的方法（使用小型修补喷枪进行小局部喷涂）来修理。用牙签或小毛笔填补凹陷最好在涂膜未干时操作，如果涂膜已经干燥将会造成填补部位附着不良和颜色的差异。具体操作方法如下：

1）若面漆漆膜已经基本干燥，则需要用清洁剂对需要填补的区域进行清洁。如有必要可用 P800 以上的细砂纸进行简单打磨，但打磨区域切不可过大，只需起到提高附着能力的作用即可，然后用清洁剂清洁干净。

2）用牙签或小毛笔蘸上少许面漆（为保证没有色差，最好用富余的面漆。若为双组分涂料，则必须添加固化剂），并迅速滴到故障部位（鱼眼）或描绘于需要填补的部位（剥落漏白）。

3）用另一支小毛笔蘸取少许面漆稀释剂涂抹在修饰部位，以使修饰部位变得较为平整，并利用稀释剂的晕开和溶解作用，使修补部位与其周围相融合。

4）待完全干燥后，可以稍稍进行打磨并进行抛光处理，方法同流挂及颗粒的修理。

3. 面漆的抛光

溶剂挥发型面漆（硝基面漆）在干燥后涂膜表面会失光，通常需要进行表面抛光处理来恢复其光泽。目前通常使用丙烯酸基或丙烯酸聚胺酯型的双组分面漆，虽然表面具有高度的光泽，但由于喷涂环境的影响，喷涂表面有时也会产生大量的脏点，或是由于局部修补需要使修补部位与原涂层消除光泽上的差异或色差，往往也需要进行整板抛光处理。

抛光处理最好的时机是涂膜干燥程度为 90% 时。丙烯酸型双组分面漆一般在常温下干燥 2 ~ 3 天左右最适合抛光，具体的时间要看使用的是何种涂料以及干燥的温度等条件，参考涂料的使用资料可以比较好地进行掌握。如果抛光时涂膜还比较软，其中仍有较多的溶剂需要挥发，这样只能获得暂时的光泽，当剩余溶剂挥发时，面漆表面会褪色失光；若等面漆完全干燥后再抛光，由于双组分面漆的硬度很高，会造成打磨和抛光困难，增加劳动强度并可能影响涂膜的光泽和装饰性。

整板的抛光使用机械抛光方式比较好，既能保证整板抛光的质量，又可提高工作效率。在抛光所使用的材料上也要根据情况来选择。

抛光机有电动和气动两种，电动抛光机转矩比较大，在有负载时也可保证转动稳定，抛光时需要仔细把握。气动抛光机在有负载时转速会略有下降，抛光时要掌握好转速的变化。抛光机的转速可以从每分钟几百转到两三千转之间进行无级调节，要根据抛光的程度适当掌握。

抛光垫一般有三种：羊毛轮、布轮和海绵轮。羊毛轮的研磨和抛光能力最强，通常配合抛光粗蜡或中粗蜡对比较大的打磨区域进行抛光用；海绵轮抛光时留下的痕迹最小，通常用来配合细蜡进行上光用；布轮介于两者之间，作为一般抛光和上光一体操作比较适宜。抛光轮有不同的直径，直径大的通常用于大面积抛光，直径小的用于小范围修补抛光，要根据板材的面积大小合理选择。

抛光蜡分为粗蜡、中粗蜡和细蜡等若干种，粗蜡的研磨效果比较好，比较细的抛光蜡一般兼有研磨和上光的作用。对于大面积打磨的区域，由于有比较明显的打磨痕迹，所以用羊毛轮配合粗蜡或中粗蜡进行研磨和抛光比较适宜。对于仅需要抛光和上光的部位使用细一些的抛光蜡配合布轮或海绵轮即可。根据面漆的颜色不同，也要适当地考虑使用的材料，通常较深颜色的面漆更容易留下摩擦的痕迹，所以对黑色、深蓝色等较深的颜色以使用细一些的抛光蜡和布轮、海绵轮为好。

二 面漆后期处理

面漆后期处理的操作方法如下：

1）穿戴抛光处理所需的防护用品，有效保护操作人员和车身，如图 4-259 所示。

图 4-259 穿戴防护用品

2）检查新喷漆面缺陷，看是否有尘点、橘皮、流挂等现象，如图 4-260 所示。

标准：无尘点、橘皮、流挂等现象。

3）用遮蔽膜遮蔽需抛光板件的周边，如图 4-261 所示。板的边缘和板上凸筋等部位的漆膜非常薄，很容易抛光过头，所以应用贴护胶带预先将这些地方进行贴护，留待以后手工抛光。如用抛光机抛光需要仔细操作、防止抛漏。

图 4-260 检查新喷漆面缺陷

图 4-261 遮蔽

4）选择合适的水磨砂纸打磨缺陷处至光滑（水砂纸一般选择 1500 ~ 2000# 最为合适），如图 4-262 所示。

5）在打磨处涂上研磨膏，要估计好抛光蜡的用量，不要一次加得过多，也不可中途添加抛光蜡，如图 4-263 所示。

图 4-262 打磨缺陷

图 4-263 涂研磨膏

6）抛光机接通电源，如图 4-264 所示。

7）将抛光机转速调至合适标准，一般在 2000r/min 左右，如图 4-265 所示。

图 4-264 接通电源

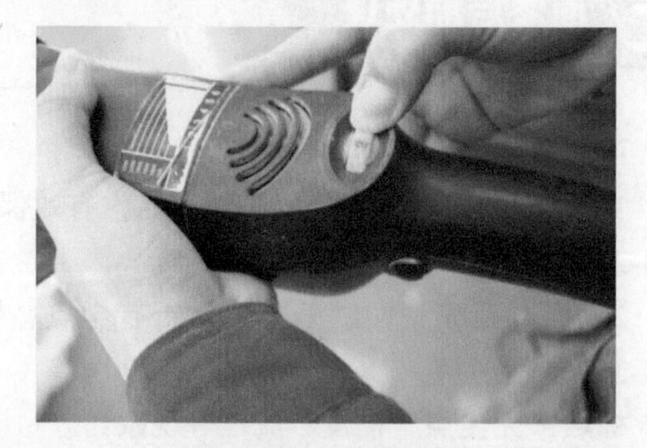

图 4-265 转速调整

8）用研磨抛光盘在打磨处抛光至有光泽出现。抛光操作时一次抛光的面积以 50cm × 50cm 为宜，因为抛光蜡中的研磨颗粒在刚刚开始研磨时可以保证有较好的效果，随着研磨时间的变长，研磨颗粒逐渐变得细小而失去研磨作用，如图 4-266、图 4-267 所示。

图 4-266 研磨（一）

图 4-267 研磨（二）

9）用抹布擦除板面的研磨膏，如图 4-268、图 4-269 所示。

图 4-268 擦蜡

图 4-269 初抛效果

10）在抛光处涂上抛光蜡，如图 4-270、图 4-271 所示。

图 4-270 选择合适的蜡

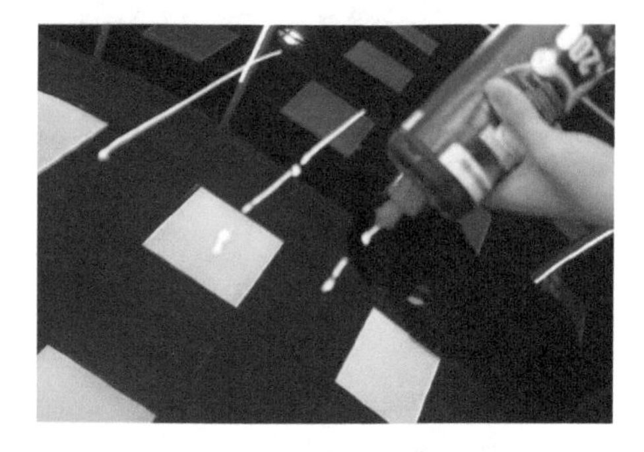

图 4-271 涂蜡

11）拆下研磨抛光盘，换抛光盘，如图 4-272 所示。

12）将抛光机转速调至 1500～2000r/min，如图 4-273 所示。

图 4-272　换抛光盘

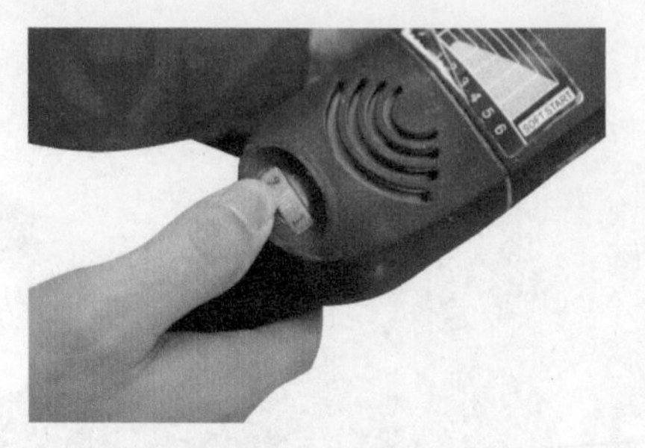

图 4-273　转速调整

13）抛光板件至光鲜、亮丽，如图 4-274、图 4-275 所示。抛光机在一个区域内长时间工作，会使该区域表面温度升高而造成漆膜软化，同时抛光蜡会在温度的作用下变硬而损伤漆膜表面，所以要根据需要经常淋一些水在抛光表面（不要过多），用以溶解抛光蜡和降低抛光表面的温度。

图 4-274　开始抛光

图 4-275　抛光板件

14）用抹布擦除板面的抛光蜡，如图 4-276、图 4-277 所示。

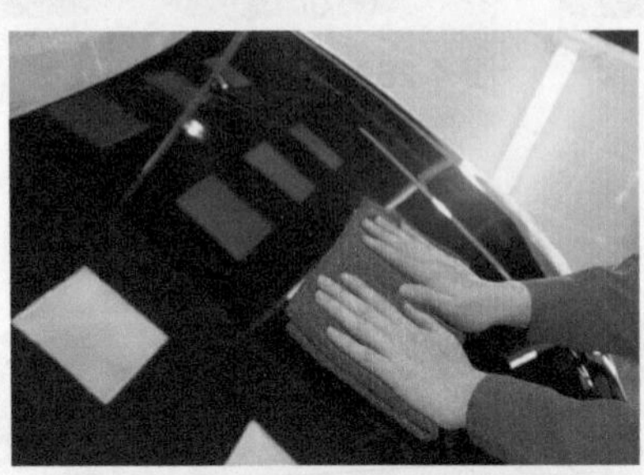

图 4-276　擦蜡

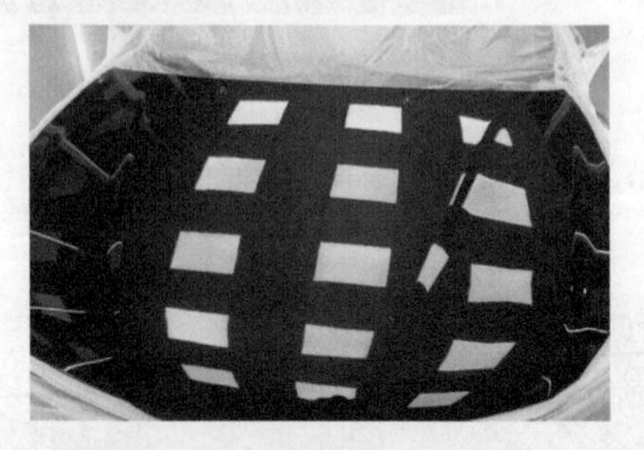

图 4-277　抛光还原后的效果

15）去掉遮蔽膜，抛光完毕，撕掉所有的遮蔽纸或遮蔽膜，如图 4-278 所示。

16）用水枪冲洗漆面及缝隙中的抛光蜡，如图 4-279 所示。

图 4-278　去除遮蔽膜

图 4-279　冲洗车身

17）用毛巾和吹尘枪将车身的水珠擦干、吹干，如图 4-280 所示。

18）检查处理完成后的漆面效果，如图 4-281 所示。

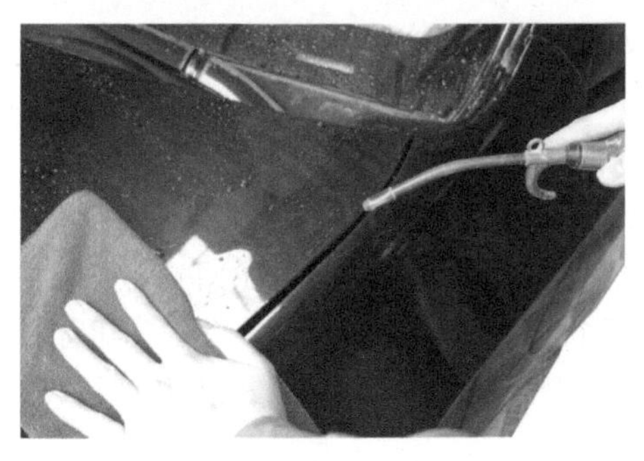

图 4-280 干车

图 4-281 检查

标准：漆面平整光滑，可以显示镜像。

三 相关知识拓展——涂膜的性能检测

涂膜是涂料的最终产品，涂膜性能检测是取得优良涂装效果的重要保证。涂膜性能的检测结果基本反映了产品的质量水平和功能水平。涂膜性能检测的内容主要包括基本物理性能检测、耐物理变化性能检测、耐化学性能检测和耐久性能检测。

要使涂膜检测的结果准确可靠，就需要制备符合要求的标准涂膜。按照产品标准的规定，在指定的底材上制得的具有一定厚度的均匀涂膜，是涂膜检测的基础。制得的涂膜要能真实反映涂膜的本质，即使有缺陷也要反映出来，但又不能因为外部的原因，而使涂膜本质发生改变。要制得均匀的涂膜样板，要注意底材的选择与处理、制备方法与条件等。底材的材质要按产品标准选定，表面处理要达到要求。制备涂膜时，涂料的黏度、制备方法、环境温度和湿度以及干燥条件要严格遵守产品规定。

1. 涂膜光泽的检测

（1）定义与内容

光泽是涂膜表面的一种光学特性，以其反射光的能力来表示。涂膜的光泽可分为有光、半光和无光三种。光线照射在平滑表面上，一部分反射，一部分透入物体内部产生折射。光反射的规律是入射角等于反射角。反射光的光强与入射光的光强的比值称为反射率。光投射到平整表面上的反射称为镜面反射。涂膜的光泽就是涂膜表面将照射在其上的光线向一定方向反射出去的能力。反射的光线越多，其光泽越高。

（2）测定方法

光泽的测定一般采用光泽仪来进行，其结果以从涂膜表面来的正反射光量与在同一条件下从标准表面来的正反射光量之比的百分数表示。涂膜光泽一般是指与标准板光泽的相对比较值。常用 60° 角的光泽仪测光泽。为提高分辨能力，对于高光泽涂膜（以 60° 角进行测量时，其光泽度高于 70%），可用 20° 角测量；对于低光泽涂膜（以 60° 角进行测量时，其光泽度低于 30%），可用 85° 角测量。

2. 涂膜鲜映性的检测

（1）定义与内容

鲜映性是指涂膜表面反映影像的清晰程度。它是能反映与涂膜装饰性相关的一些性能（光泽、平滑度、丰满度等）的综合指标，测定性能实际上也是涂膜的散射和漫反射的综合效应。

（2）测定方法

鲜映性测定需要使用鲜映性测定仪来测定。鲜映性测定仪的关键装置是一系列标准的鲜映性数码板，以数码表示等级，从 0.1~1.0 之间每隔 0.1 为 1 个等级，再加上 1.2、1.5、2.0 共分为 13 个等级，称为 DOI（distinctness of image）值。每个 DOI 值旁边印有几个数字，随着 DOI 值的升高，数字越来越小。观察被测表面可清晰地看到数字旁的 DOI 值，即为相应的鲜映性值。

3. 涂膜硬度的检测

（1）定义与内容

硬度是指涂膜表面对作用于其上的另一个更硬的物体所表现的阻力，是涂膜力学强度的重要性能。硬度可以通过一定质量的负荷作用在比较小的接触面积上，测定涂膜抵抗变形的能力来表现出来。

（2）测定方法

硬度的测试方法主要有三种：摆杆阻尼测定法、铅笔硬度测定法和压痕硬度测定法。

1）摆杆阻尼测定法。通过摆杆阻尼试验仪测定硬度时，摆杆横杆下面嵌入的两个钢球接触涂膜样板，在摆杆以一定周期摆动时，摆杆的固定质量对涂膜压迫，而使涂膜产生阻力，根据摆杆摇摆规定振幅所需要的时间判定涂膜的硬度，摆动衰减周期时间长的涂膜硬度高。

2）铅笔硬度测定法。通过一套已知铅笔芯硬度的绘图铅笔，用手工或使用铅笔硬度试验仪来测定涂膜的硬度。例如，采用一套中华牌绘图铅笔，从 6H ~ 6B 共 13 个硬度等级（其中 6H 最硬、6B 最软），从软到硬划犁涂膜，比能够划破涂膜的铅笔低一个硬度等级就是涂膜硬度。

3）压痕硬度测定法。涂膜的压痕硬度是指抵抗压头压入涂膜的能力，通常使用压痕硬度仪来测定。涂膜硬度越高，抵抗压头压入的能力越强，压痕越小。

4. 涂膜的耐冲击性检测

（1）定义与内容

耐冲击性是测定涂膜在重锤冲击下发生快速变形而不出现开裂或从金属底材上脱落的能力。它表现了被试验涂膜的柔韧性和对底材的附着力。

（2）测定方法

测试涂膜耐冲击性可采用冲击实验仪，用一定质量的重锤从不同的高度落在涂膜样板上，测定使涂膜产生变形而涂膜不被破坏的最大高度，单位为 cm。

5. 涂膜的柔韧性检测

（1）定义与内容

柔韧性是测定涂膜受到外力影响而变形时，抗开裂和被从物体上剥离的能力。它是涂膜抗拉强度、抗张强度、涂膜与底面的附着力等综合性能的反映。

（2）测定方法

测定涂膜柔韧性是将涂膜试板在柔韧性试验仪的不同轴棒上弯曲，以其弯曲后不引起涂膜破坏的最小轴棒的直径来表示。在涂膜不被破坏的情况下，弯曲轴棒的直径越小，涂层的柔韧性越好，单位为 mm。

6. 涂膜的附着力检测

（1）定义与内容

附着力是指涂膜与被涂物之间和涂膜的涂层之间相互结合的能力。附着力的好坏取决于涂膜与被涂物的结合力，另外还取决于被涂物的表面处理和涂装施工。

（2）测定方法

附着力的测试方法主要有以下两种：

1）划圈法。通过测定仪上的针头，在涂膜上匀速地划出一定直径、依次重叠的圈，划痕须贯穿涂膜露出底材。按涂膜的损坏程度不同，划圈法测附着力共分为 7 个等级，1 级最好，7 级最差。

2）划格法。通过切割工具将涂膜按格阵图形切割成 25 个或 100 个间隔为 1mm 的方格，割痕须贯穿涂膜露出底材，按涂膜的损坏程度不同，划格法测附着力共分为 6 个等级，0 级最好，5 级最差。

7. 涂膜的抗石击性检测

（1）定义与内容

抗石击性又称石凿试验，是将规定形状和质量的冲击物以一定的速度击向涂膜样板，根据样板受击损伤的斑点数目、大小和深度来评定涂膜的抗石击性。它模仿车辆行驶过程中砂石冲击汽车涂膜的情况，是涂膜抗冲击、磨擦和附着力的综合性能检测项目。

（2）测定方法

通过石子冲击试验仪把 4 ~ 5mm 的钢砂用压缩空气吹打到被测试样板上，每次喷砂 500g，在 10s 内以 2MPa 的压力冲向试板，重复 2 次；然后贴上胶带，拉掉松动的涂膜，将涂膜损坏情况与标准图片比较，取其最近似的标准编号，即为该涂膜的抗石击性结果，0 级最好，10 级最差。